天津市民の食生活

社会主義制度下の歴史人類学

劉征宇

風響社

まえがき

食は私たちの日常に欠かせない営みでありながら、その背景には文化、歴史、経済、そして社会構造が深く刻まれている。特に、中国のように広大な国土と多様な民族を有する国では、食は単なる栄養摂取の手段を超え、時代ごとの価値観や社会の動向を映し出す鏡のような存在である。

本書は、中国北部の都市・天津市を事例とし、一九四九年の中華人民共和国成立から二〇一八年までの約七〇年間にわたる都市住民の食生活の変遷を描くものである。その歴史的背景と文化的意義を明らかにし、「食」という視点から現代中国の社会や文化を理解する一助となることを目指している。

なぜ「食」が現代中国を理解するうえで重要なのか。その理由の一つは、食が政治・経済・文化の交差点に位置しているからである。たとえば、計画経済下で実施された食物配給制度は、国家が個人の日常生活にどのように関与していたかを示している。一方、改革開放後の市場経済の導入は、食卓に多様性と豊かさをもたらしたが、新たな階層間格差や健康問題も生じさせた。近年では、デジタルメディアを通じた食情報の普及が、人々のライフスタイルや食材選択に大きな影響を与えている。このように、「食」という視点から、中国社会の変遷や人々の暮らしの変化を読み解くことができる。

日本における現代中国の食に関する研究は、一九七〇年代以降、活発に行われてきた。しかし、多くの研究は、地域性・民族性を中心とした料理文化や、グローバル化による外食産業の変容、文化遺産としての食文化の保護・継承などに焦点を当てている。一方、都市部の家庭における食事の変遷を詳細に記録した民族誌的研究はまだ少なく、とくに毛沢東時代（一九四九～一九七六年）の都市部における家庭料理の実態については、十分な資料が存在しない。

こうした課題を克服するため、本書では現代中国の縮図ともいえる天津市を対象に、家庭の日常食と行事食を中心とした調査を行った。天津市は首都北京の喉元に位置し、交通の要衝として発展し、二〇世紀前半の中国北部における経済と政治の中心地となっていた。一九四九年以降は直轄市として中央政府の管轄を直接受け、新たな政策を施行する試験台ともなっていた。特に、食物配給制の実施と廃止に関して、天津市は最初に実施した四都市の一つであり、最後に廃止された都市でもある。

筆者は約一四ヵ月間にわたり現地調査を実施し、六二世帯計一五六人の食事構成に関する統計データ、二九世帯における参与観察の記録、五〇代以上の住民二〇人のライフヒストリー、食物配給に関わった関係者の証言、実際に使用されていた配給券・購入証・生活用品、地方誌や公文書など、多様なデータを収集した。これらをもとに、一九三〇年代以降の天津市民の家庭食事の持続と変化のメカニズムを探るとともに、毛沢東時代の都市部の食と日常生活の実態を明らかにする。また、社会主義体制下の一般市民が、限られた食料のなかでどのように工夫し、家庭の食生活を営んでいたのかも描き出す。

本書は、二〇二〇年に総合研究大学院大学文化科学研究科研究科長賞を受賞した博士論文を基に改稿されたものである。出版までの五年間にも、中国社会はかつてないほど急速な変化を遂げた。新型コロナウイルス感染症の世界的流行は、中国における食物供給システムや物流、外食産業に深刻な影響を及ぼした。ロックダウンや移動制限により、都市住民はオンラインショッピングや宅配サービスを活用するようになった。その一方で、配給制時代の食料確保の知恵を生かし、必需品の買いだめや隣人との物々交換、保存食の手作りなど、多様な対応を行った。これは、毛沢東時代の影響が現在の中国都市部にいまだ色濃く残っていることを示唆している。

そこで、本書を通じて、これまで日本ではほとんど知られてこなかった毛沢東時代の庶民の食事の実態を明らかにするとともに、当時培われた価値観や生活意識が、現在の都市住民の食行動にも受け継がれていることを伝えたい。特に、過去の食卓の記録をたどることで、パンデミックの影響や国家統制の再編が、今後の中国社会や人々の食生活にどのような変化をもたらすのかを考察する新たな視点を提供できればと考えている。

さらに、本書は中国食文化に関する研究にとどまらず、食を通じた社会主義国家の社会変遷の理解を広く読者に提供することを目的としている。近年、欧米圏や日本、中国の研究者は、旧ソ連や東欧諸国に加え、中国やベトナムなどのアジア諸国にも注目し、(ポスト)社会主義国の食と日常生活についての比較研究を進めている。本書がそうした研究動向の一助となれば幸いである。

●目次

装丁＝オーバードライブ・前田幸江

●天津市民の食生活——社会主義制度下の歴史人類学

序章

第一節　研究の背景と目的

本書の目的は一九四九年から二〇一八年までの中国人の食生活に焦点を当てて、この七〇年間において彼らがいかなる食生活を送ってきたのかを記述し、社会主義体制の実施が人々の食生活にいかなる影響を与えてきたのかを明らかにすることである。具体的には、中国の天津都市住民を事例とし、社会主義改造以降の都市住民の食生活を描いたうえで、家庭の食事事情を家族関係や社会制度の変化において考察する。

一九四九年の中華人民共和国建国以降、中国の共産党政府は社会主義社会の実現を目指すため、新たな社会システムを設計して、全国で社会主義改造を行った。すなわち、政府は従来の農業や手工業、商工業における生産手段の公有化を進め、中央集権化した経済管理体制を設置した。そのうえで、人々の日常生活をコントロールできる新たな戸籍制度、賃金制度や生活必需品の分配制度などの諸制度を実施した。それに加えて、伝統文化への批判や新たな社会主義文化の創造を中心に据えた一連の文化的かつ政治的運動を起こした。社会主義改造は政治の体制や経済の仕組みにとどまらず、住民たちの思想や習慣までも刷新するようになったため、従来の中国の社会構造や風俗習慣などに大きな変化をもたらし、人々の日常生活に強い影響を与えたと認められる［韓　二〇〇九：一一―一二、小長谷　二〇一〇：ⅱ―ⅲ］。

この社会主義改造の中で、共産党政府は同じ社会主義国家であるロシア・ソビエト連邦社会主義共和国（以下「旧ソ連」と略称）のモデルを模倣し、全国の都市部において生活必需品の配給制を実施し始めた。とりわけ、この制度において、政府は「各人はその労働（業績）に応じて配給を受け取る」という原則を主張し、生活必需品を個人の国家への貢献度に応じて分配することを定めた。このような制度の実施によって、生活必需品の一種である食物は国営の店舗を通じて、国家が定めた種類、数量や値段によって都市住民に販売されるようになった。中国食文化の全体像を考察した張光直（Kwang-chih Chang）によると、一九四九年以降の食物に対する国家分配（national distribution of the food resources）の実施をきっかけに、中国の食文化の歴史的発展が新たな段階に移行したと同時に、それからの中国人の食生活は大きく変化しつつあるはずだという［Chang 1977: 20］。

(一)　現代中国の食文化を対象とする先行研究

本書の中心的なテーマは現代中国の食文化研究に該当する。世界の研究者が行った食に関する研究は一九世紀末期から行われはじめ、一九六〇年代から盛んになってきたとされる［Messer 1984、Mintz・Du Bois 2002］。それとともに、中国の食に関する研究も次第に増えていった［陳・孫　二〇〇五、彭　二〇一三、張　二〇〇八など］。それらの中国の食に関する先行研究は主に清代以前の王朝時代及び中華民国期を対象とする歴史学・中国学（sinology）的ものを中心として行われている［Sabban 2014、徐・姚　二〇〇〇、趙・何　二〇一〇、趙　二〇一五など］[1]。こうした歴史学や中国学の研究に対して、中華人民共和国の成立以降（一九四九年以降）を対象とする研究は基本的に人類学の分野で一九七〇年代から取り組まれるようになった。

以下では一九四九年以降の中国の食文化を対象とする先行研究に注目し、これまでの研究がいかに展開してきたのかを時間軸で整理する。ただし、ここで述べる既存の研究は中国大陸（Mainland China）、すなわち一九四九年以降の中華人民共和国による実効支配が直接及んでいる地域を対象とするものに限る。

一九四九年以降の中国大陸（以下「中国」と略称）の食文化を対象とする研究は一九七〇年代より本格的に始まった。その中で、先駆的な研究はアメリカの考古学者・人類学者である張光直が一九七七年に出版した、*Food in Chinese Culture: Anthropological and Historical Perspectives* という編著である［Chang (ed.) 1977］。この編著において、張は中国の食文化の特徴を解明することを目的とし、ヨーロッパとアメリカの人類学、歴史学や中国学からの一〇名の研究者を集めて、王朝時代から現代までの中国の食文化を、先史時代（Ancient China）や漢代（Han）、唐代（T'ang）、宋代（Sung）、元・明代（Yuan and Ming）、清代（Ch'ing）、現代（Modern China）という七つの時代に分けて、通時的な考察を行った。

また、張光直は序章において、中国の食文化に含まれる全体的特徴を五点に分類し指摘し、食文化の歴史的発展を三つの段階に分けた［Chang 1977］。すなわち、五点の特徴は（1）豊富な食材の種類、（2）「飯（ご飯などの主食）」と「菜（おかず）」で構成される食事パターン、（3）食材の豊富さによる食事構成の多様性と柔軟性、（4）中国の伝統的な思想や信仰に関わる食事の作法と観念、及び（5）中国文化における食物そのものの重要性である。それと同時に、三つの段階が以下のようにある。第一段階は農耕の始まりからであり、食物の特徴的な種類、食事パターンの基本型が徐々に固定されるようになった。第二段階は社会が高度に階層化された以降の時期（基本的に夏あるいは商の時代以降の王朝時期）であり、食物配分の社会的差別化によって食文化の階層性が形成された。そして最後の第三段階は冒頭で言及したように、中華人民共和国の成立以降である。この段階で、中国の食文化及び人々の食生活は国家の計画的管理に基づく食物の分配システムの設置と実行によって、劇的な変貌を遂げるはずだと張は指摘した。

上記の張光直は、この編著において人類学と歴史学の双方から中国の食文化を捉えることを強調したが、実際には現代中国の食に関する記述が薄く（現代中国に関する論文は二編しかない）、さらに人類学的分析があまりなされていない点が後に指摘されている［西澤　一九八四］。ただし、この編著の出版によって、現代中国の食文化に対する人類学者の学術的関心が高まり、関連する研究事例が徐々に増加してきたことも事実である。張の研究の影響により、それ以降の研究は人類学の視点から行われ、主に（1）「食文化の全体的特徴に関するアプローチ」、（2）「消費文化のグローバル化における食生活の変容」及び（3）「社会構造変動下の食実践の維持」という三つのテーマに沿って展開されてきた。各テーマに該当する研究の内容とその特徴は以下三点にまとめられる。

1　食文化の全体的特徴に関するアプローチ

一九七〇年代以降、中国食の全体像に関心を覚えた研究者は上記の張光直が指摘した中国の食文化の特徴をふまえながら、食物の種類、調味料・調理方法、食事作法及び食に関する観念に注目し、それらに含まれる文化的コード（code）や社会的機能を把握した。

例えば、アメリカの人類学者であるユージン・アンダーソン（Eugene N. Anderson）は*The Food of China*という単著において、中国の食物を主な対象とし、歴史文献と現地調査のデータを活用し、中国の自然環境や物産種類をふまえながら、王朝時代から現代までの食物の全体像及びその通時的な変化をまとめた［Anderson 1988］。そのうち現代中国の食について、アンダーソンは当時（一九六〇、七〇年代）の人々が常食する主食とおかずの種類やそれらの作り方を整理したうえで、各地域・少数民族間の料理の食材や味付けの差異を提示した。この内容以外にも、中国の食物に含まれる文化的かつ社会的機能を重要視し、年中行事や冠婚葬祭に共食される行事食の象徴的意味をとりあげた［Anderson 1988: 137-261］。

アンダーソンの研究と類似した研究として、日本の民族学者である周達生も、現地調査のデータをふまえながら、調味料と香辛料の種類、料理の味付け、食事道具、主食の種類、及び特別の食物に含まれる象徴的意味などの内容に焦点を当てて、中国の食文化の全体像をとりあげた。そして、地域かつ民族の間に存在する食文化の差異を提示した［周　一九八九］。また、日本の人類学者である西澤治彦は現代中国の一般的な家庭及び宴会での食事作法を対象とし、食事の手順、食器の扱い方、食事の座順などの項目から中国の食事方法の特徴をまとめて、それに含まれる社会的機能や文化的コードを抽出した［西澤　一九九〇］。

上記の中国を単一な対象とする研究に対して、日本の人類学者である石毛直道は日本、中国や韓国の研究者を集めて共同研究を行い、東アジア諸国の食文化の共通性を比較文化的視点から探究して、以下の七点にまとめた。すなわち、（1）主食とおかずで構成される食事パターンの基本型、（2）米を中心とする主食、（3）蒸という調理法、（4）醤油をはじめとする豆類の発酵調味料、（5）ちゃわんや箸を基本にする食事道具、（6）「薬食同源」という食の思想、及び（7）食に関する年中行事である。さらに、これらの共通性に対して、石毛も、文化と文明論[2]の視点から、西洋の食文明と異なる東アジア文明圏を代表できる独自性として捉えた［石毛　一九八二］。このように、東アジア諸国の食文化の共通性及び西洋文化との独自性は主に食材の種類と加工、及び食に関するふるまい方と価値観に含まれることが明らかになった。

以上のように、現代中国の食文化の全体像を把握する研究者のいずれも、調理体系と食事行動体系[3]に着目してきたことがわかる。この二つの体系はある地域や民族の食事文化の中核を形成し、該当地域の独自性を支えると認められる［石毛　一九八〇：一三―一四］。それゆえ、本書での天津都市住民の食生活に対する考察においても、調理体系と食事行動体系のなかでも地域的な食材種類と調理方法、及び食事のとりかたと関連する価値観に注目し、天津地域の食文化の特徴を構造的に捉えることを試みる。

2　消費文化のグローバル化における食生活の変容

一九八〇年代末期からの中国社会においてはファーストフードやスーパーマーケットをはじめとする海外の食品産業や小売業が急速的に進出するとともに、西洋料理を提供するレストラン、及び世界中で生産され、加工された食品や調理道具などの商品が全国に普及するようになった。これらの海外からの食文化は当時の中国人の日常生活に徐々に浸透しつつあり、従来の調理体系や食事行動体系に強い影響を与えて、次第に人々の食生活に大きな変化をもたらした。このような新たな社会的変化に注目した研究者はグローバル時代における中国人の食の消費観念の変化に関心を持ち、外来の食文化の受容過程がローカルの人々の食生活にいかなる影響を与えるかを考察した。

それと同時に、食を対象とした人類学的議論にはシドニー・ミンツ（Sidney Mintz）の研究の影響が大きく、これによって新たな展開が現れてきた。アメリカの人類学者であるミンツはヨーロッパやアジア地域間のフードシステム（food system）の相互浸透の過程、及び、ある地域や民族の食習慣や料理の歴史的形成を解明するため、砂糖の生産・流通・消費システムの研究を進め、砂糖の使用及びそれをめぐる消費観念の変化を考察し、近代以降の世界貿易によってある食材が人々の食生活や地域の料理にもたらす影響を明らかにした［ミンツ　一九八八］。ミンツの研究によって、食に関する研究の枠組みは従来のある個別の国あるいは地域の食（またはその文化、生産や消費など）を対象とするものを超えて、グローバルなフードシステム（global food system）及びその影響まで広がるようになった。

このように、一九九〇年代以降に行われた、中国を対象とした先行研究は上記の研究動向の影響を受けながら、食のグローバルな流通や消費、及びトランスナショナルな（transnational）食品産業の進出が中国人の食生活にもたらす変貌に焦点を当てて展開していった。

この時期の先行研究を代表するものはアメリカの人類学者であるジェームズ・ワトソン（James Waston）が行った、

東アジアにおけるマクドナルドの受容過程を対象とする共同研究であった。この共同研究において、ワトソンは中国の北京、香港、台湾、韓国及び日本を含む五つの調査事例を集めて、マクドナルドが各地域においてどのように受容されてきたのかを分析し、外来文化と既存の文化との「文化接合（culture conjunction）」という過程を提示したうえで、この過程と人々の消費観念の変化との関連性を明らかにした［Waston (ed.) 1997］。そのうち北京の事例をとりあげた閻雲翔（Yunxiang Yan）は一九九〇年代初期の中国社会に形成された消費主義の隆興及び外食産業の発達という社会的背景をふまえて、生活水準の向上を求めた都市住民がマクドナルドにどのようなイメージや消費観念を抱くのかを考察し、そしてこのような消費観念がマクドナルドの経営方針の転換にいかに作用するかを分析した［Yan 1997］。閻の研究はトランスナショナルなフード・チェーンの急速な進出が中国人の食の消費行動にもたらす影響を明らかにしたうえで、グローバル化する消費文化の形成と人々の食生活の変容との関連性を示唆した。

上記のワトソンや閻の研究をきっかけに、中国人の食消費の行動や観念に対する学術的関心が高まり、消費文化の視点から現代中国人の食生活の変容に関する考察が徐々に増加するようになった。例えば、閻はマクドナルドでの人々の消費行動に対する考察を継続し、一九九〇年代前半の北京市内のマクドナルド店舗を、異なる消費者グループ向けの多元化の社会的空間として捉えて、ファーストフードブームの形成に関わる二つの要素、すなわち（1）食物をめぐる大量消費のトレンド、及び（2）都市部の若者をはじめとする新たな消費者グループを提示したうえで、外食店舗の経営方針の調整、消費者の観念変化、及び新たな消費者グループの形成という三者の間の動態的関連性を明らかにした［Yan 2000］。

また、二〇〇〇年に出版された景軍（Jun Jing）の編著は一人っ子政策[4]実施下の子供食品をめぐる消費観念の変化に着目し、生活水準の向上による栄養食品への社会的追求、子育てをめぐる世代間の消費観念の多様化、及び子供向けの海外食品産業の進出という三つの社会的文脈をふまえて、消費文化のグローバル化や家族構成の「4―2―

1型」[5]への変更が子供の食事行為にいかなる影響を与えるかを明らかにした［Jing (ed.) 2000］。ここで強調したいのは郭於華（Yuhua Guo）がこの編著にとりあげた調査事例である。郭は北京の都市部と江蘇省の農村地域において、学齢期の子供（八〜一一歳・合計五〇人）及び彼らの家族や先生を対象とした聞き取り調査のデータを収集したうえで、一九八〇〜九〇年代の中国における消費主義の隆興による子育てをめぐる世帯ごとの消費観念の変化、及び食の消費観念の世代間の差異を考察した［Guo 2000］。郭による考察は、海外食品産業の進出と外食中心の消費行動との相互作用に焦点を当てたそれまでの研究の枠組みをこえて、北京都市住民や江蘇省農家の家庭料理の変容に着目し、食の消費観念をめぐる社会的変化及び世代間の差異がもたらす影響を検討した。

以上のように、一九九〇年代から二〇〇〇年代にかけて、研究者はグローバルなフードシステムの形成における中国人の食の消費行為を主な対象とし、外食や市販食品の選択種類の変容を消費文化の視点から分析して、消費観念の変化と食生活の変容との関連性に対する一連の考察を行っていた。これらの研究は、中国食文化の全体像を静態的にとりあげた従来の研究と異なり、フードシステムの変化が消費観念にもたらす影響を重要視し、消費文化のグローバル化における食生活の実態を動態的に捉えるようになった。

上記の先行研究の成果である、食生活の実態に対する動態的把握は筆者の研究に対して有益な示唆を与えている。本書では天津都市住民の食生活を通時的に考察する際に、食物販売ルート（すなわちフードシステム）の時代的変化に応じた人々の食材入手の実践に着目し、入手種類と食事の組み合わせとの動態的関連性を分析していく。

3　社会構造変動下の食実践の維持

二〇〇〇年代後半になると、上記のような現代中国人の食生活の変容を考察する研究に、新たな潮流が出現した。研究者は中国の社会的かつ経済的な変化における人々の食実践に着目するだけではなく、社会変化に対する人々の具体的な対処の方法に関心を持つようになった。そして、それらの実践がある地域や集団の食生活の伝承をいかに支えるのかを分析し、社会構造変動下の人々の食生活の持続性を考察している。

例えば、イギリスの人類学者であるジェイコブ・クライン（Jacob Klein）は一九九〇年代以降の中国広東料理の変容に注目した。彼は地域料理の特徴に関する言説（discourse）、及び消費者のニーズに応じた料理店の経営方針の変更という現地住民の具体的な実践をとりあげ、外来の新たな食材や味付けの流入がもたらす影響を提示したうえで、地域料理文化の再構築における人々の食実践の役割を明らかにした［Klein 2007］。

また、クラインの研究と類似した研究に、歴史学者であるマーク・スヴィスロツキ（Mark Swislocki）の研究があげられる。スヴィスロツキは二〇世紀以降の上海料理の歴史的発展に対する通時的な考察を行ったうえで、ある地域の料理文化の伝承における現地住民のノスタルジア及びそれに関わる実践の役割を明らかにした［Swislocki 2009］。このように、研究者はグローバル時代における地域的な食文化・食生活の再構築を考察する際に、外来の食文化の影響よりもむしろ地元住民の食実践の役割を重要視するのである。

上記の研究者は地域的な食文化・食生活の再構築と地元住民の食実践との相互作用を分析する際に、ある実践の歴史的な形成背景にも注目し始めた。すなわち、研究者は現在の人々の食実践に注目し、二〇世紀以降の中国に起こった政治的、経済的及び社会的変化をふまえながら、ある実践に含まれる経験と観念がいかに形成され、定着されてきたのかを解明したうえで、かつての社会構造の変動と現在の人々の食実践との関連性を検討した。

それらの研究の中で、西澤は食事の方法に注目し続けて、社会主義改造以降の社会構造と家族制度の変化をふまえながら、家族内部の食事をめぐる実践の持続性を再考した。詳述すると、西澤は中国人の食事作法に対する通時的な考察において、二〇世紀初期以降の中国家庭の食事事情を対象とし、民族誌資料や参与観察の調査データをふまえながら、家庭料理の役割分担や共食メンバーをめぐる人間関係の強靭性を明らかにしたうえで、社会主義改造以降の中国人の家庭における食事の準備や食事のとりかたをめぐる実践の持続性を指摘した［西澤　二〇〇九］。ただし、この研究に関しては後で述べるように、分析データとする民族誌資料の時代的な制約があるため、社会主義中国に関する情報の不足が指摘できる。しかし、西澤がとりあげた研究の枠組みとアプローチである、家庭の食事に関する実践を家族制度と社会構造の時代的な変化と合わせて考察することは本書にとって重要な参考事例であると考える。

二〇一〇年代以降の先行研究は食材購入、外食及び行事食のとりかたなどを含む、より多様な対象から社会構造変動下の人々の食実践の持続性を考察した。例えば、上記で提示した、広東料理の変容に対する考察を行ったクラインは二〇一〇年代初期以降に、調査地を雲南省昆明市に変更し、食材の生産と消費に関わる新たな社会的運動の形成における人々の既存の消費観念の持続性に関心を持つようになった。彼は人々の野菜消費の実践に着目し、昆明市で出現した有機農産物の購入や市民農園の利用という新たな動きを事例とし、それらの新たな消費行動をする都市住民が抱く観念を考察し、その観念の形成と社会主義体制下のフードシステムの実施との関連性を明らかにした［Klein 2014, 2015］。

また、河合洋尚と筆者が編集した報告書においては社会主義制度下の人々の食生活の持続と変化に注目し、社会主義改造に基づく諸制度や運動の実施によって形成されてきた社会関係や観念が、人々の食や食をめぐる実践にいかに作用するかを考察した［河合・劉編　二〇一八］。この報告書は計画経済時代における（1）国家ポスターでの食イメージの表現方法、（2）天津都市住民の野菜消費、及び、市場経済時代における（3）外食のテーブルマナー、（4）広東省のヤオ族村落での米より作られた飲食物の共食、（5）江蘇省の漢族村での端午節の粽の手作りと贈答、（6）雲南省での焼き物の露店に対する大学生の外食消費、（7）広州都市部での食の景観（foodscape）と地域料理をめぐる地元住民の実践、という七つの研究事例を通して、各地域における歴史的な食の実践が、現代の人々の日常生活に与える影響を明らかにした。その中で、筆者の研究は、計画経済時代における天津都市住民の野菜消費を対象とし、人々が食物の配給制の実施による様々な規制に対して、民国期に形成された社会関係と経験を生かして、様々な戦略的な手段を通して日常の野菜を確保できるようになったことを解明した。そのうえで、これらの対処手段によって定着された食消費の観念が、現在の人々の食生活に影響を与え続けることも提示した［劉 二〇一八］。

以上のように、二〇〇〇年代後半以来の先行研究はグローバルな市場経済の導入によるヒトとモノの移動が、現地の食と食実践に変化をもたらし、またはある地域や民族のローカルな食文化を創造してきた過程について議論すると同時に、社会構造変動によって人々の社会関係と観念がいかに形成され、さらにそれらの社会関係と観念が具体的な実践を通して彼らの食生活にいかなる影響を与えるかも探究してきた。本書においても、天津都市住民の食実践を考察する際に、それらの実践に関わる社会関係や観念に注目し、それらの社会関係や観念がいかに形成され、さらに人々にいかに活用されてきたのかを分析する。

(二) 問題の所在

ここまでは現代中国の食文化を対象とする先行研究に対して、張光直から始まる中国の食の人類学研究の議論の流れや分析の視点の転換によって三つのテーマに分けて整理した。さらに、各テーマに関する先行研究の成果をふまえたうえで、（1）中国あるいは個別の地域料理の全体的特徴に対する把握、（2）フードシステムの変化と人々の食材選択との動態的関係、（3）人間関係や観念の活用と食実践の持続との関わりという三点を、本書の考察にとって重要な着眼点として提示した。

上記の先行研究の成果を重要視する一方で、既存の不足点や問題点を克服することが必要である。そのため、本書の目的をふまえながら、先行研究で残された課題と問題点を以下の二点で指摘する。すなわち、（1）毛沢東時代の食生活に対する記述の欠如、そして、(2) 家族内部の食事事情に対する考察の不足である。

1　毛沢東時代の食生活に対する記述の欠如

毛沢東時代とは一九四九年に中華人民共和国が建国してから彼が死去した一九七六年までの時期を指す。その約三〇年間の間に、共産党政府は都市部と農村地域の二元対立のフードシステムを実行しており、国家の計画に則って物資の生産・流通・分配を管理していた。この時代の人々の食生活は国家の政策計画及びイデオロギーにコントロールされ、従来の中華民国期より大きな変化を遂げた。それゆえ、張光直は一九四九年以降の時代を中国食文化の歴史的な発展の第三段階として捉えて、新たなフードシステムにおける人々の食生活に対する考察の重要性を提示したのである [Chang 1977]。さらに、二〇〇〇年代後半に行われた既存の研究は毛沢東時代に形成された社会関係と観念が現在の食生活にもたらす影響にも着目し、関連する考察を行ってきた。

ところが、一九七〇年代以降の先行研究の内容から見れば、毛沢東時代の人々の食生活に関わる記述は断片的な内容にとどまり、フードシステムの実行状況の概況、家計調査、及び個人の経験の記録という三種類の研究に散見される。

フードシステムの実行状況の概況に関してはアメリカの人類学者であるウィリアム・スキナー (G. William Skinner) が行った野菜供給の研究があげられる。この研究において、スキナーは社会主義改造以降の中国都市部における野菜の供給を対象とし、国家の公文書や政府資料及び一九七七年に収集した都市部の調査データに基づいて、当時の都市部で供給される野菜の産地分布や流通状況を明らかにした [Skinner 1978]。また、野菜を対象とした議論以外に、池上彰英 [一九九四] と湯水清 [二〇〇八] の研究では政府資料や公文書に基づいて、穀物の供給状態を考察した。前者の農業経済学者である池上は一九五〇年代以降の食糧システムの変遷過程を整理しながら、農村部における食糧の生産、流通や販売の歴史と特徴を明らかにした［池上 一九九四］。一方、後者の歴史学者である湯は一九五〇年代中期の上海都市部を対象に、穀物配給制の実施過程と政策調整を整理したうえで、この制度の実施に対する住民の対処方法を提示した［湯 二〇〇八］。

家計調査に関する研究を代表するものは国連社会開発研究所(6)（United Nations Research Institute for Social Development、UNRISD）が一九八三年に発表した調査報告である［Croll 1983］。この報告の執筆者であるエリザベズ・クロール（Elisabeth Croll）は中国の公文書や統計データを整理したうえで、一九八〇年に北京や上海の都市住民と農村住民を対象とした聞き取り調査を行い、合計七五世帯の家計構成のデータを収集した。これらの歴史資料や調査データに基づいて、クロールは一九七〇年代末期の都市住民の日常食の構成種類をとりあげたうえで、世帯の人数や収入による食物消費の差異性も提示した［Croll 1983: 107-155, 209-278］。クロールの報告と類似した研究に関して、中国人の食物消費の特徴を論じた李哲敏は国家の統計データや公文書に基づいて、一九四九～一九九九年の間における中国人の食事構成の特徴と通時的な変化をまとめた［李 二〇〇七］。この研究において、李は一九四九～一九七七年間（毛沢東時代に該当）における中国人の食事内容が均質化され、主に穀物や野菜から構成されると指摘した［李 二〇〇七：三〇］。

個人の経験の記録に関しては賈蕙萱と石毛直道が出版した対談集があげられる［賈・石毛 二〇〇〇］。この対談集において、石毛の質問を受けた賈は自身の経験をふりかえりながら、中学校時代、大学時代や就職後という三つの時期の日常食に関する出来事を断片的に語った［賈・石毛 二〇〇〇：五六―六五、六四―七〇、八三―一一九］。この研究以外に、個人の経験の記録に関する出版物は主に配給券や購入証などのコレクションをまとめて出版するものであり、特に有名人などの個人的な記憶や語りなどを記録し、当時のコレクションをあわせて編集したものが多い。

上記の三つのテーマを対象とした研究のいずれも、毛沢東時代の人々の食生活の全体像をある程度で提示したが、食生活の実態に対する詳細な記述までは行われていない。それゆえ、先行研究の大きな問題点の一つは毛沢東時代の食生活に関する詳細な記述が抜け落ちていることだと言える。

2　家族内部の食事事情に対する考察の不足

家族は血縁・婚姻でつながる社会関係の最小の単位とされ、料理という共通の文化を共有する小集団である。食と社会について論じた河合利光によると、家族的集団あるいは世帯（household）が食の消費単位や労働分業の基本的単位であり、調理法、食材、料理の光沢や味、香りや匂い、共食できる相手、テーブルマナーから配膳や後片付けの仕事の分担まで、目に見えない社会的かつ文化的なルールや感覚がそこで共有されているという［河合二〇一一：三三］。すなわち、家族内部の食事は料理や食事行動に含まれる社会的かつ文化的意味を共有し、ある地域の食事文化の中核の伝承を支えている。さらに、家族は多様な食物の獲得と消費行動の交叉する場であるため、食をめぐる人々の社会関係と観念を形成したり、維持したりしている。それゆえ、地域の食文化の全体像、及び社会構造変動下の食実践の持続性を明らかにする場合、家族内部の食事事情は不可欠な考察内容となり、世界中の研究者に重要視されるようになっていると言える［Douglas 1982、Goody 1982、石毛・井上編　一九九一など］。

ところが、現代中国の食文化を議論した先行研究には家族内部の食事事情に対する考察が相対的に少ない。さらに、これらの研究は社会主義改造以降の家族内部の食実践の持続性を提示したが、家庭の食事事情の実態に対する詳しい記述やそれに関する分析を深く行ってこなかったと筆者は考える。例えば、本書にとって重要な参考事例である西澤の研究［西澤　二〇〇九］は社会主義改造以降の中国人の家庭食事を考察する際に、毛沢東時代の中国大陸に関する民族誌資料の欠如の結果、同時代の香港・台湾に関する民族誌資料を分析事例として用いた。さらに、提示された民族誌資料は基本的に農村地域を対象としたものである。このような分析資料に関する時代的制約や情報の供給不足によって、西澤の考察は毛沢東時代における中国大陸の家庭、特に都市家庭での食事事情と人間関係の実態に触れず、社会主義改造以降の中国人の生き方や価値観の変化及びそれが家庭食事にもたらす影響を深く分析できなかったのである。それゆえ、家族内部の食事事情に対する考察の不足は先行研究のもう一つの問題点として捉えられる。

(三) 理論的視座と方法論

上記の中国を対象とした先行研究の問題点に対して、本書はこれまでの他の地域の食文化研究の成果をふまえて、以下の二つのアプローチから議論を展開していきたい。すなわち、(1) 家庭の食事を中心とするライフヒストリーの記述、及び (2) 食実践と社会関係の構築・活用との関わりである。

1 家庭の食事を中心とするライフヒストリーの記述

前文で提示したように、世界中の研究者はある地域の人々の食生活を考察する際に、家庭の食事を重要な切口として重要視している。それらの研究者の中で、家庭の食事に対する考察の重要性を最初に言及したのはイギリスの人類学者であるメアリー・ダグラス (Mary Douglas) である。彼女は一九七二年に提出した **Food as System of Communication** という論文において、食事が身体維持のような栄養的機能を持つだけでなく、社会的な事象でもあると指摘し、コミュニケーションとしての家庭の食事システム (family food system) の研究を提示した [Douglas 1982]。より具体的には、彼女は家庭料理のメニューの決定をめぐる家族メンバーの力関係及び、労働者階級の家庭における平日と週末の異なる食事パターンという内容に着目し、四世帯のイギリス人家庭の食生活のデータをふまえながら、食事の構成内容と家庭の社会的構造との強い関係を分析した。ダグラスの分析は食の栄養的機能や食物のシンボリズムに焦点を当てた従来の研究の枠組みにおいて、家庭の食事内容や家族制度、社会構造という三者の関連性を考察するという視点を加えた。

上記のダグラスの研究に対して、イギリスの社会人類学者であるジャック・グッディ（Jack Goody）は歴史的な時間の問題の軽視や比較研究の不足という欠点を洗い出したうえで、家族制度と食べ方の問題への分析にとって歴史研究と比較研究の重要性を指摘した。グッディは家族制度と生産様式との関係に着眼し、食物の生産から消費に至るまでの各プロセスを社会的文脈において考察した。具体的には、彼は一九五〇〜七〇年代に収集したアフリカのガーナ北部の村落の家庭経済（domestic economy）に関する調査データ、及び、中国やフランスを含むユーラシアの高級料理（haute cuisine）に関する歴史資料をふまえたうえで、各地域間の料理文化の差異及びその歴史的形成過程と社会的要因の比較分析を試みた［Goody 1982］。この研究によって、家庭の食事を対象とした一九八〇年代以降の議論には家族制度や社会構造の歴史的変化を合わせて通時的に考察するという新たな研究方法が加わった。

その中で、一九八〇年代以降の日本の人類学者は家庭の食事、家族制度や社会構造という三者に焦点を当て、ある地域やグループの食文化の特徴とその歴史的変化を解明し、それに関連する考察を行い始めた。とりわけ、日本の国立民族学博物館では食文化研究の拠点として、関連する一連の研究を展開するようになった［韓　二〇一七：二四―二五］。これらの研究を代表するものは石毛直道が一九八三年から行った、日本の食卓文化を対象とした国立民族学博物館の共同研究である。この共同研究の成果の一つである『現代日本における家庭と食卓：銘々膳からチャブ台へ』［石毛・井上編　一九九一］は食卓という装置の変わり目に着目することを通して、銘々膳、チャブ台、椅子式テーブルという三つの段階に分け、日本人の食卓生活史の実態とその変化に対する通時的な考察を行った。この中で、「食卓生活史の調査と分析」という部分は七〇歳以上の女性を対象とした聞き取り調査のデータに基づいて、二〇世紀以降の日本社会の変化をふまえながら、家庭と食卓をめぐる情景の全貌やその変化を取り上げた［石毛・井上編　一九九一：五五―一二二］。

石毛以外に、宇田川妙子はイタリア社会における食の動態的な意味体系を論じる際に、一九八六～八七年に収集した調査データに基づいて、当時のイタリア人の一日中の食生活の様式をまとめ、家族食事におけるパスタの役割を、家族内部の人間関係や役割分担という文脈において解明した〔宇田川　一九九二〕。また、朝倉敏夫〔二〇〇〇〕と野林厚志〔二〇〇〇〕の研究でも、家族内部の人間関係と性別の役割分担に焦点を当てて、韓国や台湾の食文化の特徴を考察した。前者の社会人類学者である朝倉は一九八〇～九〇年代における韓国の農村部と都市部の居住空間に着目し、韓国の家庭における食事場所の空間分離の原理及びそれをめぐる家族関係の特徴を提示した〔朝倉二〇〇〇〕。一方、後者の民族学者である野林は台湾原住民族であるヤミ人を対象とし、彼らの家庭食事における魚料理をめぐる性別の規制に着目し、性差に関わる食物規制の存在原因を、生業活動での役割分担や男女関係という文脈において解明した〔野林　二〇〇〇〕。

上記の世界の諸地域の家庭の食卓への考察以外に、中国人を対象とした議論も見られた。例えば、韓敏は安徽省北部の農村地域を調査地とし、現地の人々の日常食や行事食としての麵類食品の種類を取り上げたうえで、それらの食品に込められる文化的意味と社会的機能を民俗学の視点によって提示した〔韓　一九九九：一一五―一二四〕。

また、石毛も、二〇世紀以降の中国人の家庭食事の変容に関心を持ち、ライフヒストリー研究の方法を活用し、ある個人の食生活史を社会的文脈においてとりあげている。石毛は一九四一年に河北省の農村地域に生まれた賈蕙萱をインタビューし、彼女のライフヒストリーを時間軸とし、一九四〇年代から七〇年代までの個人の食生活史を、解放前後（一九四〇年代）、大躍進・文化大革命時代（一九五〇～六〇年代）、賈の北京での就職後の時代（一九六〇～七〇年代）という三つの段階に分けて記録した〔賈・石毛　二〇〇〇〕。この対談集でとりあげた個人の食生活史は質問者の学術的関心と回答者の個人経験に基づいて記録されたため、前文で指摘されたように断片的な物語にとどまった。ところが、社会主義体制下の家庭の食事の変化を対象とする議論に対して、石毛が活用した食をめぐるライフヒストリー・ライフストリーの研究視点、すなわち社会的変化や人生のステージの変化をあわせながら、個人の食生活史を記述することは新たな方向性を示唆している。

以上の先行研究の成果をふまえ、本書は以下のアプローチを活用していきたい。すなわち、家庭の食事や家族制度、社会変化という三者の関連性に注目し、食をめぐるライフヒストリーの記述を通して、社会主義体制下の都市家庭の食生活を通時的に描く。ただし、中国の社会学者・人類学者である費孝通が指摘したように、中国社会での家族は明確な境がなく、その範囲は生育や扶養、養育、生計などの異なる機能に応じて常に変化しており、各人の自己を中心とした同心円状のネットワークにおいて自在に伸縮している［費　二〇一九［一九四八］：九七―一〇七］。そこで、本書では、都市家庭の日常食と行事食の実態を記述するため、家族を最小の範囲として捉えていきたい。すなわち、本書で扱う家族は、英語の household の意味に近く、主に同居して共食している集団である。そして、このような集団が生活している場所を家庭として扱う。

2　食実践と社会関係の構築・活用との関わり

前文で言及した食と社会を論じた河合利光によると、食物は単なる栄養価値の問題にとどまらず、社会関係を結ぶために使われる社会的・文化的手段である［河合　二〇一一：三四］。すなわち、食は社会から切り離されて存在するものではなく、その周囲にある家族・親族を含む社会関係の中で実践される行為である。しかも、変化する社会状況の中で、家族・親族を超える多様な関係が形成され、あるいは食を通じた新たなコミュニケーションが行われるようになっている。要するに、人々は食に関する実践を共にすることによって、家族、親族、及びそれを超えるより多様な社会的関係を構築・活用するのである。

一九八〇年代後半から一九九〇年代にかけて、食実践と社会関係の活用・構築との関わりに注目した研究者は社会主義国家を調査地域とし、国家のフードシステムの実施状態に対する人々の対処方法に重点をおいて、既存の社会関係の活用に基づく生活必需品の入手・交換を考察した。

その中で、多くの研究者は旧ソ連時代の東欧諸国を対象とし、生活必需品の入手・確保をめぐるインフォーマルな交換に着目し、人々がこの行為を通して国家の規制にいかに対処するのかを明らかにした［Patico・Caldwell 2002: 287-288］。例えば、ロシアの政治経済学者であるアレナ・レデネヴァ（Alena Ledeneva）は供給不足や国家規制に対して物資の確保のために行われたインフォーマルな手段（ロシア語の「blat」）に着目し、旧ソ連時代及びその解体以降の時代に暮らした都市住民が、この手段において既存の社会関係をいかに活用し、さらにどのような新たな人間関係を形成するかを考察した［Ledeneva 1998］。

旧ソ連の事例以外に、アメリカの人類学者である楊美恵（Mayfair Mei-hui Yang）は一九八〇～九〇年代の中国大陸で行った現地調査のデータに基づき、物資分配システムの国家規制に対する都市住民の対処方法に注目し、物資獲得をめぐる実践において各種の縁故関係がいかに活用されていたのかを考察した［楊 二〇〇五］。

以上の研究によって、社会主義体制下で暮らしていた人々が食の入手・確保において人間関係を活用・構築する過程、及びそれがもたらす社会的影響は明らかになった。

一方、近年の人類学的研究における親族研究の再活性化にともない、食実践と社会関係との関わりに関する考察には新たな展開が現れてきた。親族研究の再活性化という新たな展開の特徴として、既存の血縁を中心とする親族概念を批判しながら、人々が生きて体験している「つながり」に注目し、このつながりを日常生活の文脈において記述し、内部的視点によって分析していこうとする姿勢である［高谷・沼崎 二〇一二：一三―一四］。すなわち、研究者は共同活動、相互扶助、友人関係という形での実質的な親族関係の重要性を確認し、同じ空間で行動を共にすることによって、人々の人間関係が文化的に構築されている過程に注目するようになる。(7) このような展開にともない、食実践と社会関係の構築との関連性に対する研究は食べ物の分配や共食、協同作業などの相互行為によって、親族関係に類する社会関係が構築されることを明らかにしてきた。

例えば、櫻田涼子、稲澤努や三浦哲也の編著においては食のつながりというテーマに注目し、東アジア、東南アジアやオセアニアの研究事例を集めて、それぞれの地域社会において人々が食実践を通してどのような社会関係を取り結んでいるかを記述したうえで、食べることによって紡がれる社会関係を社会文化的脈絡から明らかにした［櫻田・稲澤・三浦編　二〇一七］。この編著において、香港の漢族村での祭祀用の食品供物に関する事例を取り上げた瀬川昌久は中国人（漢族）社会における家族・親族の絆の重要性を指摘したうえで、食品供物の機能を共食・供食する相手との交信や交渉の手段として捉えて、共食や供食の行為が親族関係の文化的構築に寄与していることを明らかにした［瀬川　二〇一七］。以上のような家族・親族関係、及びそれに類する各種の社会関係の構築と活用における、社会行為としての食実践の役割は研究者に重要視され、新たな考察内容として既存の研究枠組みに加えられるようになっている。

以上の先行研究の成果と流れを参照し、本書は社会主義改造以降の家庭食事に対する通時的な考察を行う際に、食実践と社会関係の構築と活用との関係に着眼していきたい。ただし、ここでの着眼点は人々の食実践がどのような社会関係を構築・維持する点ではなく、家族関係を中心とする多様な社会関係の構築、維持と活用が人々の家庭食事に関する実践の持続と変化にもたらす影響におかれる点にある。

㈣　研究の目的と位置づけ

ここまで先行研究を整理し、既存の研究の問題点を洗い出しながら、残されたもしくは新たに生まれた課題を補えるアプローチと着眼点を提示した。以下は上記の内容をふまえながら、本書の目的を二点でまとめる。

（1）天津市の事例を通して、社会主義改造以降の中国人の家庭の食事事情を明らかにすることである。前文で整理したように、既存の先行研究には社会主義改造以降、特に毛沢東時代の中国人の家庭食事事情に関する記述が、極めて不足している。このような研究上のブランクを埋めるため、本書では家庭の食事を中心とするライフヒストリーの記述を通して、二〇世紀中期以降の中国人の個人と家庭の食生活に関する歴史民族誌を描いていきたい。

（2）家庭の食事の持続と変化を食実践と社会関係との関わりから解明することである。現代中国の食文化を対象とした近年の研究は社会主義改造が中国人の食生活の実践（食べる、作る、ふるまう、分ける、入手する、保存するなど）にもたらす影響に注目するようになっている。この動向をふまえ、本書では家庭食事、家族関係と社会制度という三者の関連性に焦点を当てて、食実践と社会関係との関わりというアプローチを活用しながら、家族内外の人間関係の構築や維持、活用が、人々の食実践の持続と変化に与える影響を明らかにしていきたい。

第二節　研究の方法

(一)　調査地の選定

本書は食物の配給制が実施された都市部に着目する。中国での食物配給制は一九五三年から一九九三年までの四〇年間に、全国の都市部で実施されていた。ほぼ全ての食物は配給制となり、国営の店舗を通して公定価格で販売されていた。都市住民は食物を購入する際に、現金だけでなく、購入証や配給券などの提示することが求められた。このように、社会主義改造以降の都市住民の食生活は配給制の実施によって大きな影響を受けていた。

調査地について、本書は都市の歴史的な特徴を参照し、天津市に選定した。この理由は天津市の近現代の歴史に関わる以下の二点、すなわち（1）中国王朝時代の食文化の継承と（2）社会主義政策の実施の試験場である。

（1）近代の天津地域は中国王朝時代の食文化を継承していた。王朝時代において、大運河の中継地としての天津市は移民都市として発展したため、多地域の食文化が混在していた。明清時代（一三六八〜一九一二年）に、この地域の食文化は山東と江南の料理文化の影響を受けながら、急速に発展していた。さらに、二〇世紀初期になると、清王朝の政権の瓦解によって首都北京に居られなくなった皇室貴族、官僚、宮廷の役人・料理人たちは北京と近くにある天津に移居してきた。それにともない、明清時代に十分に発展した宮廷の食文化が、天津の都市部に流れ込み、そこで継承されるようになった。そこで、近代の天津地域の食文化はかつての王朝時代の北方や南方地域の料理文化の特徴をもつと同時に、宮廷料理の中核も継承していた。このような食文化の歴史的な特徴をふまえた上で、筆者は社会主義改造が中国の伝統的な（王朝時代）食文化に与える影響を明らかにするため、天津地域に調査を行った。

（2）中華人民共和国の建国以降、天津市は直轄市[8]として設置され、中央政府の管轄を直接受けていた。首都の北京市と近いということもあり、共産党政府の最高指導者たちは天津市を政策の試験台とし、頻繁に訪れたり、新たな政策の試行状態を確認したりした。アメリカの歴史学者であるジェレミー・ブラウン（Jeremy Brown）も、現代中国における都市／農村間の対立・分離関係の形成過程とその社会的影響を論じた際に、社会主義改造以降の天津市を、共産党政府が新たな政策を試行する場所として捉えた［Brown 2012: 10］。とりわけ、食物の配給制の実施と廃止について、天津市は最初（一九五三年）に実施した四つの都市の一つ[9]であり、食物の配給制を最後（一九九三年）に廃止した都市でもある。このような政治的役割をふまえ、本書の調査地を天津地域の都市部のみに選定した。

(二) 調査地の概要

天津市（図1）は中国の四大直轄市の一つであり、華北平原の東北部に位置し、東南に渤海、西北に首都北京市と境を接している。

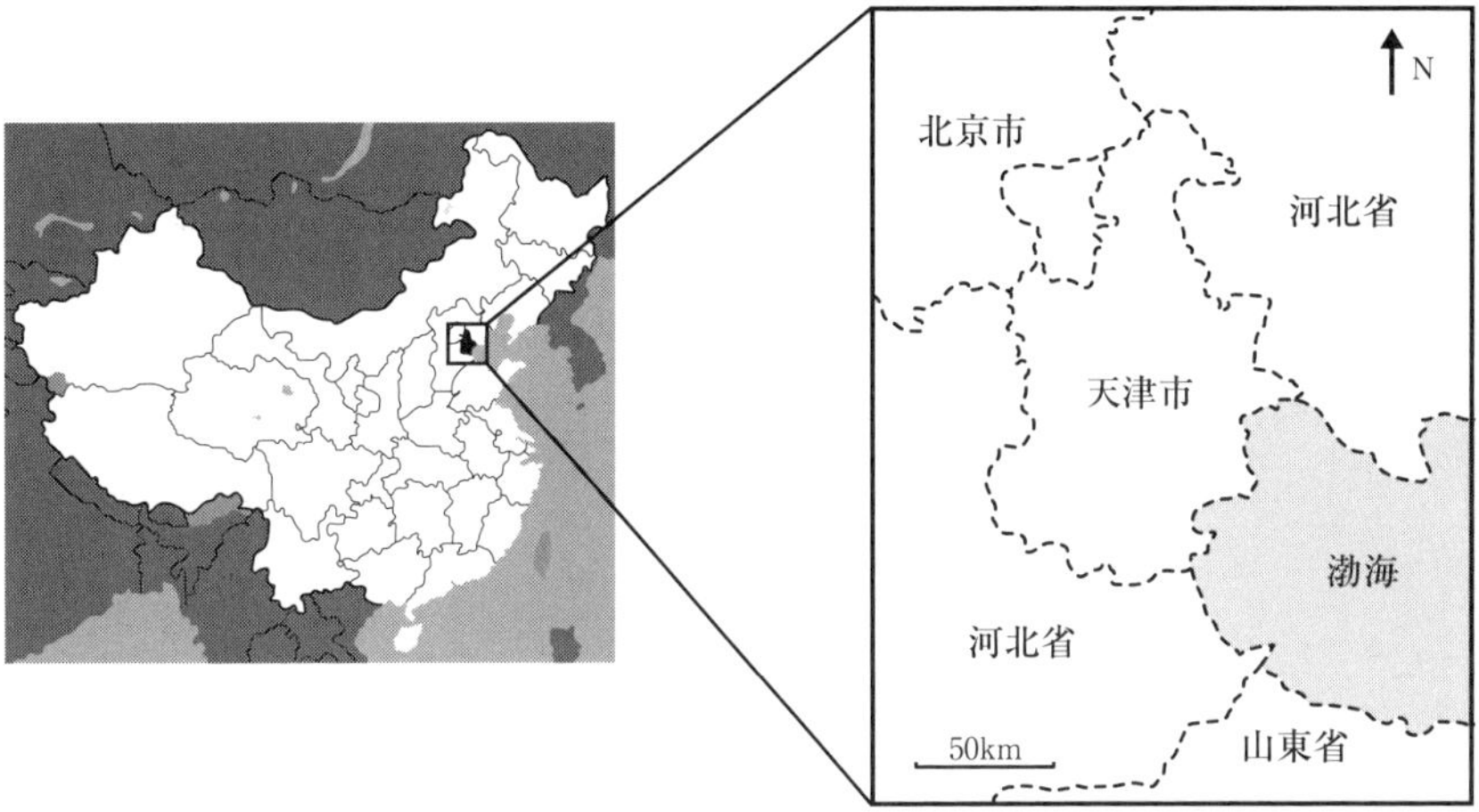

図1　天津の位置図（筆者作成）

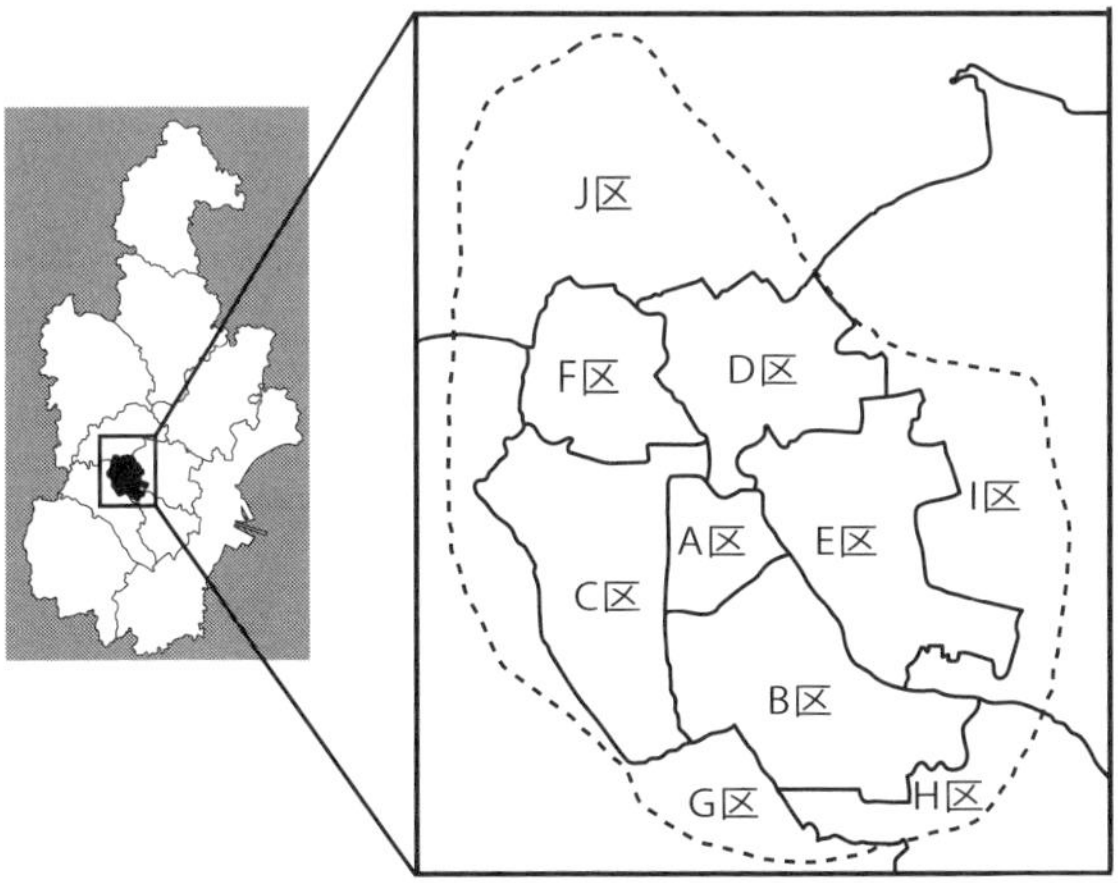

図2　天津都市部及び筆者の調査地域（筆者作成）

二〇一八年現在、市内には市中心部の六つの区を含む一六の区がある。そのうち都市部の地域範囲は中心部であるA～F区の六区、及びその隣接の郊外地域G～J区の一部から構成される。図2に点線で囲まれる地域は天津都市部の地域範囲であり、本書の調査地域である。

筆者が現地調査を始めた二〇一三年の統計データによると、中心部の六区の総人口は三九四・五四万人であり、そのうち都市戸籍[10]（Non-agricultural）をもつ住民は三九二・七七万人である〔天津市統計局編 二〇一四：七一、七三〕。都市住民の民族構成について、そのうちの九七・四一％は漢族住民である一方で、二・五九％は回族を中心とする少数民族の人々である〔天津市統計局編 二〇一二：一〇一―一〇二〕。また、住民の宗教信仰について、天津市の民族と宗教事務委員会によると、現在天津市内には仏教、道教、イスラム教、カトリック教、キリスト教という五種類の宗教団体がある〔http://mzzj.tj.gov.cn/tjzj/ 最終閲覧日二〇一九年九月一二日〕。

本書の調査対象者は上記の都市部（図2）に在住して、都市戸籍を持つ住民から選ばれた人々である。これらの調査対象者たちのいずれも、天津都市部に生涯にわたって住み続けてきた、地元の住民である。

（三）調査の概要

本書の調査は二〇一三年から二〇一八年までの間に中国の天津市を中心に断続的に行われた。[11] 天津の都市部での現地調査は、合計七回、約一四ヶ月であり、[12] 主に聞き取り、参与観察、資料収集という三つの調査方法を用いて展開した。[13] 調査の概要と内容は以下の通りである。

1 聞き取り調査

①現在都市住民の食生活の実態に対する把握

現在の天津都市住民の食生活の実態を把握するため、筆者は都市部に住んでいる合計六二世帯にインタビューを行い、各世帯の食生活に関するデータを収集した。インタビューの際に、世帯の人数構成や世帯メンバーの生活リズムを把握したうえで、食生活に重点をおいた質問を展開した。すなわち、「一日の食事回数」「それぞれの食事の内容・時間・場所」「各種の食材の入手ルート」「買い物の頻度」「行事食のやり方」「食の健康・安全への関心」「外食の頻度」「消費支出に占める食費の割合」及び「現在の生活水準」などの共通的な項目について聞き取り調査を行った。

付録の付表—1はこれらの六二世帯の基本情報をまとめたものである。世帯の構成は単身世帯、二～三人の核家族、または三～四人以上の世帯メンバーを含む三世代の拡大家族という三つの家族形態を含む。そのうち四一世帯（六六・一％）は核家族であり、夫婦二人（一九世帯）、夫婦と子供の三人（一七世帯）、または親子二人（五世帯）から構成される。残りの世帯のうち一〇世帯（一六・一％）は単身世帯であり、一一世帯（一七・八％）は三～四人以上の拡大家族である。

民族の要素から見ると、これらの世帯を構成するメンバーは漢族だけに限らない。六二世帯のうちの八世帯はイスラム信仰をもつ回族の世帯メンバーがいる。また、世帯メンバーが持つ宗教的信仰も多種である。六二世帯のうち、カトリック教信者がいる二世帯、仏教信者がいる三世帯、及びキリスト教信者がいる一世帯が含まれる。

六二世帯は「最低生活保障制度」[14]の対象とする低収入世帯から、会社員、学校の職員や教師などの中流層世帯、及び会社の経営者や公務員などの上流層世帯まで含む多様な階層の世帯タイプを含んでいる。

上記のような多種多様な家族構成、民族構成と宗教的信仰、及び階層要素を含む六二世帯のデータに対する分析から、現在の天津都市住民の食生活の実態を把握できると考える。

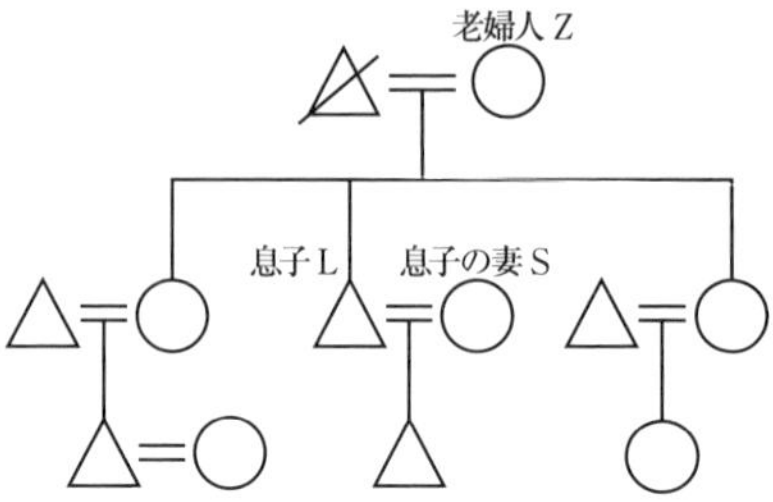

図3　老婦人Zの家族構成図（筆者作成）

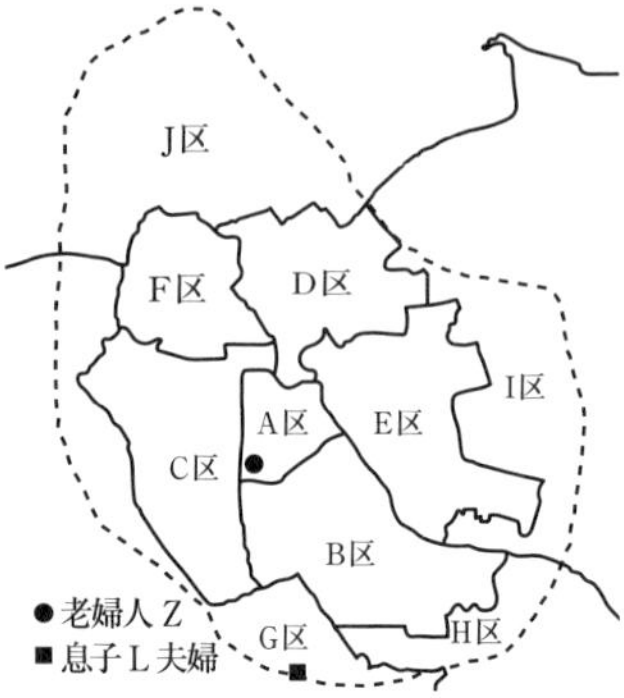

図4　老婦人Z及び息子L夫婦の現住所（筆者作成）

②食の経験をめぐるライフヒストリーの記録

社会主義改造以降の都市住民の食生活史を記述するため、筆者は上記の六二世帯から五〇代以上の男女メンバーを合計二〇人インタビューし、彼らのライフヒストリーに沿って、人生の各段階の家族構成や生活状態を把握しながら、各段階の家庭の食事事情を以下の共通した項目で聞き取った。すなわち、「一日の食事回数」や「それぞれの食事の内容・時間・場所」「行事食の種類とやり方」「常食する料理の食材と作り方」「食材入手の方法」「配給券・購入証などの種類と使い方」「近隣の食生活の状態」などである。このような複数のインフォーマントに同一の項目を聞き取ることによって、社会主義改造以降の人々の家庭食事に関する実践の多様性が把握できると同時に、彼らが語った内容を相互に確認し、当時の人々の一般的な食経験を明らかにすることができる。

ところが、家庭の食事事情を中心とする個人のライフヒストリーの収集に関しては、家族内部の人間関係に関わる個人や家族のプライバシーに触れて、多数のインフォーマントから詳しい情報を得ることが困難だった。さらに、二、三人のインフォーマントは匿名でも自分の家族の事情を研究事例として公開することを望まなかった。そこで、筆者は自分と親族関係にある老婦人Z、息子Lと息子の妻

S（図3）という三人のライフヒストリーを本書の主な分析資料として捉えた。ただし、この三人以外のインフォーマントに聞き取った食の経験も部分的に使って、各時代の都市住民の食生活の事例として生かした。

老婦人Z（付録の付表―1の7番世帯）は八〇代であり、A区に在住する（図4）。Zは一九三六年に天津の都市部のF区で生まれ、幼年期に両親と四人の兄弟とともに暮らしていた。一九五二年に小学校の教師として就職し、五六年に天津出身の夫と結婚した。結婚後、彼女はA区にある嫁ぎ先において夫の親族とともに暮らしていた。この大家族の嫁として、彼女は仕事を続けながら、調理、洗濯や夫の親族の世話などの家事を負担して、仕事と家族の両立といった生活を約四〇年間送っていた。一九九四年前後に、退職した彼女は現在の住所に引越して、三人の子女と別居し、夫とともに暮らしていた。二〇一八年現在、Zは夫と死別し、結婚して別居した末娘夫婦に世話をしてもらいながら、一人暮らしの生活を送っている（老婦人Zのライフヒストリーの略歴は付録の年表―1を参照）。

老婦人の息子L（付録の付表―1の55番世帯）は五〇代であり、妻SとともにG区に在住している（図4）。Lは一九六〇年に天津の都市部のA区で生まれ、幼年期や少年期に三世代の大家族の中で育った。一九八〇年に美術の専門学校に就職し、八四年に結婚した。結婚後の彼は仕事中心の生活を送りながら、妻と一人息子とともに暮らしていた。特に、美術の本業と副業の勤務の忙しさを理由に外食中心の食生活を、一五年間ほど（一九八四～二〇〇〇年）送っていた。ただし、二〇〇〇年代初期以降、彼は市販の食品の安全性を心配するため、外食を減らして普段の食事を自宅でとるようになった。現在、Lは本業と副業を同時にしながら、妻とともに暮らしている（息子Lのライフヒストリーの略歴は付録の年表―2を参照）。

息子Lの妻S（付録の付表―1の55番世帯）は五〇代であり、天津の都市部にある移民家庭に長女として育った。幼年期や少女期におけるSはD区にある生家において、両親や二人の兄弟とともに暮らしていた。当時、両親は共働きであったため、彼女は調理、洗濯や弟と妹の世話などの家事を負担した。一九七九年に、彼女は退職した母親の職場（美術の専門学校）に就職し、八四年に同じ学校で働く夫と結婚した。結婚後の彼女は専業主婦になり、夫と一人息子の世話をしていった。二〇〇八年頃に、Sは現在の住所に引越して、夫の世話をしながら、夫婦二人で暮らしてきた（息子の妻Sのライフヒストリーの略歴は付録の年表―3を参照）。

上記の三人のライフヒストリーに対する記述を通して、家庭の食事に影響を与える家族内外の要素は以下のように明らかにできる。

すなわち、家族内部の要素に関しては世帯メンバーの経済状態、上世代の嗜好や習慣、家庭料理をめぐる家族関係、料理の作り手の生き方と価値観、子育ての考え方などである。家族外部の要素は食物の販売ルートの変化、外食料理からの影響、食に関する情報の流れなどである。これらの家族内外の要素に対する分析によって、社会主義改造以降の天津都市住民の家庭食事事情を、家族関係と社会制度の時代的な変化と合わせて考察することができると考える。

③食物の販売ルートに関する聞き取り調査

上記の内容以外に、筆者は配給制度の実施における食物の供給状態を整理するため、元の国営店舗の店員にインタビューを行った。具体的には、一九五〇年代末期から四〇年間ほど設置されていた「副食店（国営の食料品販売店）」の経営状態に重点をおいて、そこで勤務した経験がある三人[15]に聞き取り調査を行い、副食店に出回る食材の種類及びその売り方に関するデータを収集した。

また、市民農園の経営者の一人にインタビューし、二〇〇七年以降に出現した新たな食物販売ルートの進出過程や経営状態を聞き取った。

2 参与観察

上記の六二世帯のうちの二九世帯に対して、筆者はこれらの世帯メンバーと食材の買い出しに同行し、日常食と行事食の料理を共に作ったり、食べたりして、参与観察を行った。特に、キーインフォーマントである三人（老婦人Z、息子Lと息子妻S）に対しては住み込みによって彼らと一緒に暮らしながら、彼らの生活リズムや食生活に関するデータを記録した。

3 資料収集

聞き取り調査や参与観察によって得られたデータを裏付けるため、文献資料、家族写真、生活用品も頻繁に活用した。

その中で、天津市に関わる地方誌、公文書や新聞などの歴史的資料を収集した。特に、配給券・購入証の収集家である七〇代の男性C3（付録の付表―1の23番世帯）の自宅を訪問し、配給制度において天津市政府が発行した配給券と購入証を撮影した。

また、キーインフォーマントである三人に対して、老婦人Zまたは息子の妻Sが書いた日記[16]をパソコンに入力し、一年間におけるこの二つの世帯がとった食事の献立をデータ化した。さらに、彼らの自宅に残っているかつての生活道具を撮影したり、古い写真をスキャンしたりして、各人が語った家族情報や食生活の状態を確認できる資料も収集した。

以上の調査方法を通して、本書では、計六二世帯の事例調査のデータおよび参与観察の記録に基づいて、現在天津都市住民の食生活の特徴をまとめることができる。それと同時に、三人のライフヒストリー、多数のインフォーマントの語り、及び文献資料や古い写真、生活用品などのデータに基づいて、社会主義体制下の人々の食生活を通時的に記述できる。特に、今までの先行研究の記述に欠如している毛沢東時代の庶民の家庭食事を、文字・写真の傍証及び多数の経験者の語りに基づいて詳述して、当時の人々の食生活の実態に近づける歴史的記録として提示することができる。

第三節　本書の構成

序章に続く本書の構成は第一章から終章までの五章から成る。各章の概要は以下の通りである。

第一章では近代（一九世紀前半～一九四九年）天津に関する歴史資料や先行研究をふまえながら、天津都市部の食文化の全体像を捉える。具体的には、天津地域の物産の種類、料理文化の特徴、及び地元住民の食事のとりかたに焦点を当てて、この地域産の農林水産物の種類を概説したうえで、料理の地域的特徴を整理し、地元住民の食事様式に存在する階層的差異と旧習の持続性を明らかにする。

第二章では現在の天津都市住民の家庭の食事事情をとりあげる。計六二世帯のデータに基づいて、住民たちの日常食と行事食の様式を概説したうえで、中流層にある二つの世帯を事例にし、家庭の食事の実態を詳述する。このような全体像と具体例をふまえながら、日常食と行事食の特徴をまとめる。そのうえで、これに影響を与えた家庭内外の要素、すなわち家庭内における個人の食習慣、生活経験と家族関係、及び家庭外におけるフードシステムの実行状態、食情報の流れと人間関係の利用を提示する。

第三章では家庭内部の要素に焦点を当てて、個人の食生活史に対する記録を通して、都市家庭の食生活の持続と変化のメカニズムを解明する。第二章で具体例としてあげた親子関係にある老婦人Z、息子L、息子の妻Sという三人のライフヒストリーを時間軸とし、一九三〇年代以降の天津都市家庭がいかなる食生活を送ってきたのかを詳述する。そのうえで、家庭の食事のとり方と構成、及び家庭料理の組み合わせと味付けが、世帯の経済状態、家庭料理をめぐる個人の嗜好と家族関係に強い影響を受けることを明らかにする。

第四章では家庭外部の要素に注目し、フードシステムの転換が都市住民の食生活にいかなる影響を与えるかを明らかにする。具体的には、二〇世紀以降の天津都市部におけるフードシステムのメカニズムの転換（自由売買―配給制―自由売買）によって三つの時期に分けて、各時期における食物の販売ルートの仕組みと実行状態をまとめて、都市住民が選択した食材の入手方法を整理する。そのうえで、フードシステムの転換に対して都市住民がいかに対応するか、さらにこれらの食実践が彼らの食生活にいかなる影響を与えるかを考察する。

終章では以上の議論をふまえ、結論を述べる。

注

（1）　中華民国期とは一九一二年に清王朝が倒されてから中華人民共和国が建国される一九四九年までの期間を指す。

（2）　文化と文明論に関する具体的な解釈は石毛が一九九四年に出版した論文に見られる。彼によると、「文化とはそれぞれが歴史的に形成され個別性をもつ民族文化のことであり、文明とは民族文化のちがいをのりこえて普遍的なものとしてひろまっていく文化のことである」［石毛　一九九四：二〇一］。

（3）　石毛は人間が「料理」をし「共食」をする動物だと考え、「料理」と「共食」という人間に特徴的な二つの文化的な行為が食事文化の中核を形成することを以下のように提示した［石毛　一九八〇］。すなわち、料理は自然の産物である食料に文化を付加し、食に関する物質的側面に該当する一方で、共食は食べるという人間の本能的ふるまいに文化を付加し、食の社会的側面に該当する。この二つの行為は調理体系（料理）と食事行動体系（共食）という体系をそれぞれに構成する［石毛　一九八〇：一三―一四］。

（4）　一人っ子政策とは一九七九年から共産党政府に実施され、一組の夫婦に子供一人を提唱する人口抑制政策である［若林敬子「一人っ子政策」『岩波現代中国事典』：一〇六八―一〇六九］。

（5）「4―2―1型」とは四人の祖母、祖父と二人の夫婦と一人の子供であり、逆ピラミッド型の家族構成をさす。

（6）国連社会開発研究所は「国連システムにおける自治機関として一九六三年に設立され、ジェンダーの平等、社会政策、持続可能な開発など、現代の開発問題の社会的側面について学際的な調査研究や政策の分析を行う」機構である（https://www.unic.or.jp/info/un/unsystem/other_bodies/unrisd/ 最終閲覧日二〇一九年九月一〇日）。

（7）例えば、中国都市研究に注目するヤンコヴィヤク（William Jankowiak）は社会主義改造以降の内モンゴルの都市住民が日常生活においてどのような人間関係を構築してきたのかを記述したうえで、親族関係に類する隣人関係、同僚関係や友人関係の形成過程とありかたを社会的文脈において考察し、それらの社会関係が人々の日常生活に与える相互扶助や信頼増進という効果を明らかにした［Jankowiak 2009］。

（8）直轄市とは中国で最高位の都市であり、省と同格の一級行政区画である。

（9）一九五三年十一月に、首都の北京、直轄市の天津、河北省の保定市、山東省の済南市という四つの都市は国家計画に基づく小麦粉の配給制を最初に実施し始めた。同年の十二月末までに、穀物の配給制は全国の都市部に広がるようになった。その後、配給制にされる食材の種類は穀物から増加し、食用油から豚肉、野菜、鶏卵や調味料などの食料品も含むようになった。

（10）中国の戸籍制度において、全国の人々の戸籍は住民の常住地によって二種類に分けられる。すなわち農村戸籍（農業戸口・Agricultural）と都市戸籍（非農業戸口・Non-agricultural）から構成される。

（11）本書の調査は総合研究大学院大学の学生派遣事業、及び公益財団法人アサヒグループ学術振興財団「第29回 生活文化部門」の研究助成金によって可能となった。

（12）調査時間は以下の通りである：①二〇一三年八月十六日～九月二日（一八日間）、②二〇一四年十月八日～十一月二十日（四四日間）、③二〇一五年一月十一日～三月二十二日（七一日間）、④二〇一五年五月二十九日～八月十七日（八一日間）、⑤二〇一六年八月一日～九月三十日（六一日間）、⑥二〇一七年十月三十一日～二〇一八年一月四日（六六日間）、⑦二〇一八年一月二十三日～三月三十一日（六八日間）。

（13）また、天津での現地調査以外に、筆者は天津地域の料理文化の独自性を見つけ出すため、北京市や上海市、杭州市、広州市、西安市を含む他の都市部において短期の調査も行い、各地域の市場や飲食街の状況を観察した。

（14）最低生活保障制度は社会扶助制度の一つであり、一九九〇年代半ばから中国の都市部で実施され始めた。この制度の対象者は主に都市住民であり、月額所得が各地方政府によって設定された最低生活保障ライン以下にある人々である。この制度の対象となった住民は地方政府から現金あるいは現物（主に食料品の購入チケット）の支給を定期的にもらうことができる。

（15）この三人は七〇代の女性L1（付録の付表―1の26番世帯）、六〇代の女性C1（付録の付表―1の35番世帯）及び五〇代の女性C２（付録の付表—1の34番世帯）である。それぞれの勤務年間について、L１は一九六二年から二〇〇一年までの三九年間であり、C１は一九七一年から一九九二までの二一年間であり、そして、C２は一九八七年から一九九七年までの一〇年間である。

(16) この二人が日記を書き始める理由と経緯は以下の通りである。老婦人が日記を書き始めるのは二〇一六年の一月であった。それは末娘が老婦人にさせたことであった。当時、自分の母は頭の反応が遅く、記憶力が弱くなると感じた末娘が、脳のトレーニングのために母に日記を書かせた。それによって、老婦人は毎日に何時起きて、何をして、食事に何を食べたかなどの内容を、日記のように書き始めた。それに対して、息子の妻が日記を書き始めたのは二〇一六年の九月であった。当時、息子の妻は定年退職を迎えた。それをきっかけに、筆者は退職後の生活を日記のように記録することを息子の妻に依頼した。彼女は筆者の願いを快諾し、それからの生活を記録し始めた。

第一章　天津都市部の食文化の概観

本章では天津都市部の食文化に関する概観を整理する。具体的には、第一節では天津の地理的環境と物産の種類に注目し、天津地域産出の農林水産物の品種を概説する。第二節では近代の都市発展の歴史に基づいて、宴席料理、大衆料理、西洋料理という三種類のカテゴリから天津料理の重層的特徴を整理する。第三節では近代における天津住民の食生活に注目し、歴史文献をふまえながら、人々の日常食と行事食の様式を取り上げる。

第一節　天津の地理的環境と物産の種類

天津市は中国の華北平原の東北部に位置し、東南に渤海、西北に首都北京市と境を接している。中国の四大直轄市の一つであり、渤海湾に国際港を持ち、華北地方の経済・貿易の中心地である。

「天津」という地名は「天子の津（天子の渡し場）」という意味があり、明代初期（一四〇四年）にはじめて登場した。この地域の発祥地は隋代の大運河の開通（七世紀初期）とともに形成された、南運河と北運河の交差地点の三会海口である。唐代（七世紀～一〇世紀）中期以降に南方からの食糧輸送の基地となり、金代（一二世紀～一三世紀）に「直沽寨」、元代（一三世紀～一四世紀）に「海津鎮」が設置され、物資輸送以外にも軍事拠点の要衝とされていた。明代初期に、北京を守備する燕王朱棣は兵隊を率い、運河を渡り南下し、首都南京に進撃した。皇位を奪い取った燕王朱棣（のちの永楽帝）は、渡った運河を「天子の津」として記念するため、この地域を「天津」と命名した。さらに、永楽帝は首都を北京に変更して以降、軍事要衝としての天津において「衛所」[1]という軍事基地を設け、軍隊を駐屯させ、警備を固めるための城壁の築造を始めた。そのため、天津は「天津衛」とも呼ばれた。

明清時代（一三六八～一九一二年）の天津は上記の物資輸送の中継地及び軍事拠点の役割を担い続けた。ただし、一八六〇年の開港によって、天津は中国大陸と欧米の異なる文化が出会うゲートウエイ・シティとなったと同時に、近代化を目指した洋務運動の中心の一つとなった。このような近代的発展にともない、二〇世紀前半の天津市は当時の中国北部の経済と政治の中心となっていた。一九四九年以降、天津市は中国共産党政府に直轄市として指定され、中華人民共和国の工業及び貿易の拠点として発展してきた。

(一)　地理的環境

天津は北緯三八度三四分～四〇度一五分、東経一一六度四三分～一一八度四分の位置にある。西北部に燕山が聳え立ち、東南部は渤海に接している。面積の九五・五％が華北平原で、残りの約五％は低い山地と丘陵である。地形は西北から東北にかけて次第に低くなっており、ちりとり形の傾斜地になっている。南運河、北運河、子牙河、大清河、永定河の五つの支流が天津郊外で合流して海河となり、市内を通り渤海湾に流れている。

天津は温暖、湿潤、大陸の季節風型気候であり、四季がはっきりしている。春季は風が強く少雨であり、夏季は暑く多雨であり、秋季は爽やかであり、そして冬は寒く乾燥している。中国政府のホームページによると、天津の年間平均気温が一一・四～一二・九度である。年間で、一月は一番寒い月であり、平均気温がマイナス三～マイナス五度である。対して、七月は一番暑い月であり、平均気温が二六～二七度前後である。無霜期が平均して一九六～二四六日間である。年平均降水量は五二〇～六六〇ミリメートルであり、そのうち約七割が夏の七月と八月にある。年間の日照時間が平均して二四七一から二七六九時間である[2]。

つまり、華北平原と海河下流に属する天津地域の自然環境は農耕に適する広い平野と豊富な水産資源があると同時に、中国の南方地域よりも相対的に寒く、乾燥した気候的特徴を持っている。

(二)　物産の種類

天津地域での農業生産は基本的に都市部を囲む農村地域にある。それらの農村地域では灌漑農業を行い、水稲、小麦やトウモロコシなど多種類の穀物、及び、二〇〇種ほどの野菜を収穫できると同時に、家禽や家畜を繁殖し、多種類の畜産物を生産できる。農産物と畜産物以外に、天津地域には水産資源の豊富さと養殖業の発達によって、多種多様な魚介類が一年を通して水揚げされる。以下では穀物、野菜、肉・卵、魚介類という四つの項目にわけて、天津地域の物産種類を整理する。

1　穀物

穀物の種類は小麦、水稲、雑穀などから構成される。そのうち雑穀はキビ、アワ、モロコシ（カオリャン）、アズキなどを含む。従来、天津地域は中国の北方地域の気候的特徴を持ち、南方よりも寒冷かつ乾燥しているため、稲作面積が少ない。ただし、明清時代に天津の「小站」地域においては南運河の利用によって水田が開発され、南方の優良品種の導入と育成によって水稲が栽培され始めた。二〇世紀前半に至ると、水稲は天津地域の重要な農産物として栽培されていた。特に、「小站稲」は天津地域の名産物として国内外に販売されるようになった。

2 野菜

天津地域において、野菜の露地栽培は基本的に毎年三月の春分から十一月の立冬まで行うことができる。十二月から翌年の二月は野菜の端境期である。露地栽培の野菜種類は主な食用部分によって果菜類、葉茎菜類、根菜類の三種類に分けることができる。その中で、果菜類はナスやトウガン、カボチャ、ヘチマ、ゴーヤー、ユウガオ、ズッキーニなどがある。葉茎菜類はハクサイやアブラナ、ホウレンソウ、パクチー、ウイキョウ、キャベツ、レタス、タマネギ、ネギ、エンダイブ、セロリ、モヤシ、ニラ、マコモ、ステムレタスなどがある。根菜類はカブ類（赤、青、紫、白）、ニンジン、ジャガイモ、サツマイモ、ナガイモ、カブカンラン、レンコンなどがある。それらの野菜の中でも、ハクサイ、青ダイコン（「青蘿蔔」）、黄色のニラ（「韮黄」）、タマネギの四種類は近代以降の天津の名産と認められる。

3 肉・卵

天津地域の農家が飼育する家禽・家畜は十数種類ある。その中で、住民が常食する畜産物の種類は鶏（肉・卵）、鴨（肉・卵）を中心とする家禽類と、豚（肉）、牛（肉・牛乳）や羊（肉）などの家畜類である。それらの種類以外に、ウサギ（肉）やロバ（肉）もあり、天津地域の珍味として食される。

4 魚介類

天津地域で獲れる魚介類は渤海湾からの海産物と海河からの淡水のものを含んでおり、多種多様である。その中で、魚の種類はマナガツオやヒラメ、ヒラ、サッパ、ツマリエツ、エツ、タツギョ、フウセイ、シラウオ、アオウオ、ソウギョ、パイイユ、ダントウボウ、ハクレン、コイ、フナ、モツゴ、タウナギ、ドジョウなどがある。それらの魚以外に、「晃蝦（淡水エビの一種）」、クルマエビ、川カニや海カニも獲れる。それらの魚介類の中で、シラウオと「紫蟹（川カニの一種）」は天津地域の特徴的な珍味である。

第二節　近代の都市発展と料理の特徴

近代天津の都市発展は一九世紀中期に起こったアヘン戦勝とアロー戦争及び清王朝の戦敗をきっかけとして始まった。戦敗の清王朝はイギリスをはじめとする欧米列強と講和条約を締結し、いくつかの沿海都市を条約港として定め、そこで租界の開設を認めた。一方、外国勢力の進出への対抗策として、清王朝はヨーロッパ近代文明の科学技術を導入して国力増強を目指した洋務運動（一八六〇年代前半〜一八九〇年代前半）を行った。このような新たな国内外の状況によって、首都北京の喉元で交通の要衝に位置する天津は一八六〇年の開港によって租界が開設され、同時に洋務運動の中心地の一つとなり、近代産業の導入が始まった。

二〇世紀初期に至ると、九つの租界が設置された天津は当時の中国における租界の開設が最も多いまちであり、欧米や日本などの外国文化と中国文化が混在していた。それと同時に、洋務運動の展開にともない、道路・鉄道、上下水道、市場や通信施設などの都市基盤が強化されるようになった。その後の南京国民政府時代（一九二八〜一九三七年）に、天津は華北地域の政治の中心地であり、経済、金融及び貿易の面で、上海につぐ第二の都市となっていた。このような中国華北政治や経済の中心地という役割は日本が天津を占領する時代（一九三七〜一九四五年）まで維持されていた。

上記のように、天津は一九世紀中期から一〇〇年余にわたる近代史において、都市の産業繁栄、基盤強化や面積拡大（図5）及び国内外との交通網の形成などの発展を果たした。それらの発展によって、近代天津においては欧

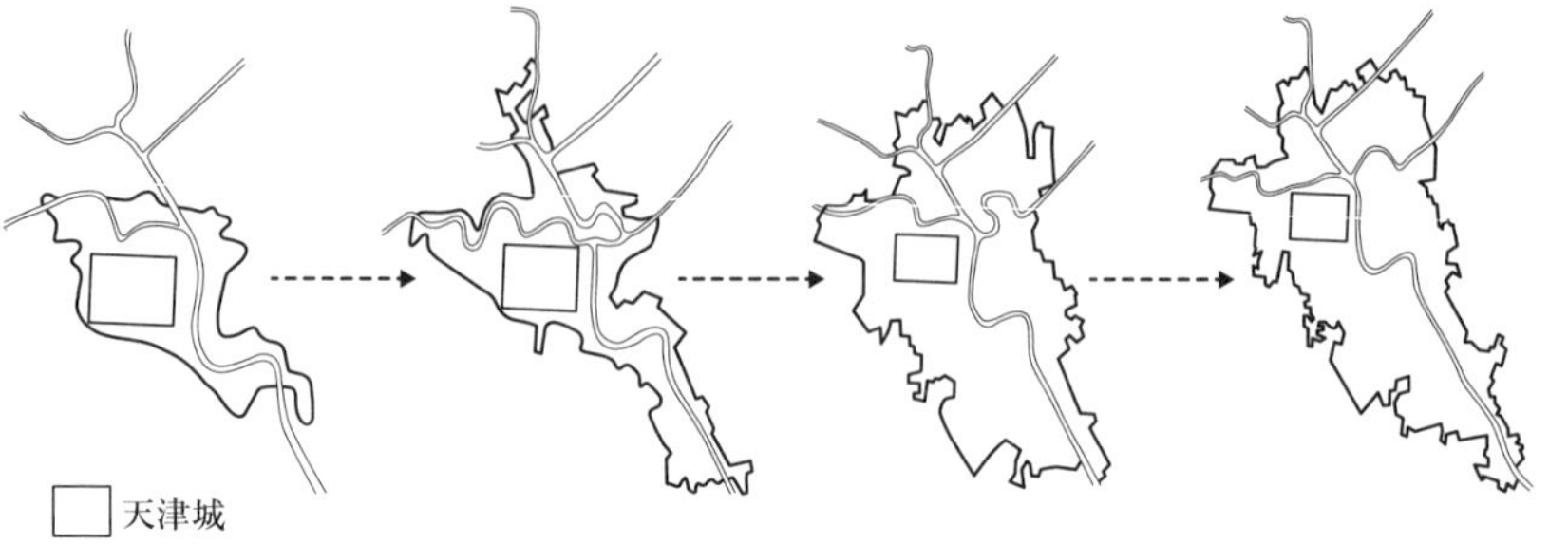

図5　近代天津におけるまちの広がりの変遷図（『近代天津都市史』の図（［羅編　1993: 116、308、498、632］に基づき筆者作成）

米や日本の外国文化が混在すると同時に、中核都市として求心力が高まり、国内の他地域からの物資や人が大量に集まるようになった。その結果、天津地域の料理は国内外の多種多様な文化、食材や人の集まりによって重層的に発展されるようになった。以下では都市商業の繁栄、労働者・貧民の流入及び租界の設置という三つの要素に分けて、近代天津料理の重層的特徴を整理する。

(一)　都市商業の繁栄と宴席料理の洗練

本節の冒頭で述べたように、近代の天津市は国内外の生産物の重要な市場かつ積載地となり、華北地域の重要な商業都市として発展していった。長期間の大量資本投入や貨幣経済の浸透にともない、都市商業が急速的に繁栄すると同時に、天津在住の資本家、政治家や皇室貴族などに富が集中していた。こうした富裕層の人々の頻繁な接待によって、天津市内の飲食業が隆盛になり、接待用の宴席料理が洗練されるようになった。

天津市内の飲食業の隆盛にともない、料理店の軒数が一九世紀末期以降に急増した。当時出版された地方誌や観光案内などの書物は飲食業の隆盛を天津地域の特徴として強調し、料理店の名前や住所をリストにまとめた。これらのリストから見れば、天津市内の料理店は一九世紀末期の二三軒から［羊城旧客　一八九八［一九八八］：九〇―九二］、二〇世紀二〇年代末期の九四軒まで急増した［甘編　一九二七］。また、このような軒数の急増と同時に、料理店が扱う特定の種類の料理は地域、民族や宗教の特徴によって細分化されるようになった。大まかに見れば、当時の文献で記録された料理は食材や味付けによって、天津料理（「津菜」）、清真料理、精進料理、国内の他地域料理という四つの種類に分類することができる。次に、具体例をあげながら、各種類の代表的な料理店及びそこで提供される宴席料理の特徴を記述する。

1　天津料理（「津菜」）

近代天津において、天津風の宴席料理を扱う料理店は主に三種類があり、すなわち「八大成」「二葷館」及び「酒席処」である。そのうち八大成は清代初期（一七世紀後半）に開店した「聚慶成」や「聚和成」「聚楽成」「義和成」「義升成」「福聚成」「聚升成」「聚源成」という八軒の高級料理店の総称であった。一九世紀後半、それらの料理店のいずれもが高級な宴席料理を中心として扱っていた。当時、高級な宴席料理は基本的に「満漢全席」[3]に関わるものであった。天津の八大成が扱う満漢全席は全国の山海の珍味が集まっており、料理の品数や食材の種類によっていくつかの様式が構成された。具体的に、おかずの品数の多い順に並べると、一八〇品の「焼烤席（羊や豚の丸焼きをメインとする）」、四八品の「燕翅席（燕の巣とフカヒレをメインとする）」、三六品の「鴨翅席（アヒルとフカヒレをメインとする）」、及び一六品の「海参鶏席（ナマコと鶏をメインとする）」であった。

二葷館あるいは酒席処は上記の高級な八大成よりもレベルが低い料理店の総称である。二葷館はより小さい規模であり、天津地元の食材をメインとする宴席を扱うと同時に、宴席以外の単品のおかずも販売した。代表的な料理店は「天一坊」「什錦斎」などがあり、基本的に天津地域の名物料理を扱った（例えば、「栗子扒白菜」[4]「罾蹦鯉魚」[5]あるいは「清炒蝦仁」[6]など）。それに対して、酒席処は基本的に結婚式、葬式あるいは誕生祝いに関わる宴席料理を扱い、宴席の主催者の自宅で料理代行サービスを提供した。それらの料理店は天津市内に点在しており、「永慶園」あるいは「酔春園」のように「〇〇園」という店名を持っていた。そこで提供される宴席料理は基本的に「四大扒」と「八大碗」という組み合わせであり、天津地元の料理をメインとした。「四大扒」とは「扒」という調理法で作った四品のおかずを指す。扒は煮込みあんかけにして鍋を返して形を整えるという調理法である。この調理法で作ったおかずは「扒整鶏（丸ごと鶏の煮込み）」「扒整鴨（丸ごと鴨の煮込み）」「扒肘子（豚モモ肉の煮込み）」「扒海参（ナマコの煮込み）」「扒魚（丸ごと魚の煮込み）」などを含んでおり、基本的に鶏や鴨、豚、魚をメインの食材としている。それに対して、「八大碗」は八品のおかずであり、いずれも大きな碗に盛られる。それらの調理法は「四大扒」より多様であり、「扒」の他に、「清炒（塩味の炒め物）」や「軟溜（溶き卵をつけて低温であげ、さっと煮込んでとろみをつけたもの）」「油爆（油に通して強火で炒めたもの）」「折燴（一度火を通して形を整えた材料を鍋に入れとろみをつけて仕上げる）」「紅焼（醤油煮込み）」「篤（手早く煮てとろみをつけて仕上げる）」なども含んでいる。また、おかずの食材は基本的に天津産のものであり、肉や魚介類をメインとしている。

2　清真料理

清真料理とは中国に居住する回族や他のムスリムの料理をさす。天津地域での回族の移住は元代におけるイスラム教を信仰する軍人の駐屯をきっかけとして始まり、明清時代における天津城の建設と発展に伴い急速に進んでいた。『元史』によると、一三〇九年に、元王朝の皇帝は中央アジア康里部出身の二〇〇〇人の軍隊（「康里人・カンクリ人」と呼ばれる）を、天津の沿海地域の「直沽」に駐屯させた［［一九七六］：五一二］。これらのイスラム教を信仰する駐屯軍の軍人は新しい耕地を開墾したり、現地の漢族と通婚したりして、天津地域に定住し始めるようになった。明王朝に入ると、天津城の建設と発展にともない、江蘇や浙江などの江南地域出身の回族が、軍隊駐屯や商売活動によって天津に移住し続けるようになった。このような持続的移住によって、天津地域の回族は徐々に増加していた。清王朝の末期（一八八四年）に至ると、天津地域の回族人口は六〇〇〇世帯に広がり、三万人ほどあった［劉二〇〇七：八五］。

近代天津の清真料理は上記の回族の移住によって出現し、天津地域の物産種類の特徴に応じて徐々に発展した。すなわち、料理の食材は羊肉や牛肉をメインとすると同時に、鶏、鴨などの家禽類、及び魚、エビなどの魚介類が加わる。それらの清真料理を扱う料理店は基本的に回族住民が経営するものであり、天津市内の商店街に点在し、接待用の宴席料理を扱うと同時に、単品のおかずも客に販売していた。そのうち宴席料理は「全羊席（羊の全ての部位を使った宴席）」あるいは燕翅席などの様式があり、豚以外の山海の珍味が集まり、清炒や軟溜、油爆、扒、紅焼、篤などの多種な調理法で作ったおかずから構成される。当時の天津市内においては、上記の高級な宴席料理を扱う料理店は「鴻賓楼」や「会芳楼」をはじめとして十二軒あり、「〇〇楼」という統一の様式で店名をつけられるために「十二楼」と総称された。

3　精進料理

中国の精進料理は「素菜」あるいは「素食」と呼ばれ、主に仏教や道教の戒律に基づいて殺生や煩悩への刺激を避けることを主眼として調理されたものである。このような料理で、避けるべきだと考えられている食材は基本的に動物性の食材と五葷(7)の二種類である。明清時代の天津において、仏教や道教が急速的に発展し、仏教寺院や道教廟観が市内や近郊地域に広がるようになった。先行研究の統計データによると、清王朝の中期に至ると、天津地域において、仏教の寺院数が約一〇〇〇寺に達したと同時に、道教廟観が約三〇〇ヶ所もあったという［濮・莫二〇〇四：九八―九九］。このような寺院や廟観の広がりに伴い、信仰者の人口も急速的に増加していった。一九三一年に出版された『天津誌略』によると、当時の天津市内では、仏教寺院が至るところに分布し、住民の八～九割は仏教を信仰していた［宋　一九三一：五六］。それにより、こうした宗教の信仰者を対象とする料理店が、清代以降の天津市内に開店し、「素菜館」と総称された。二〇世紀初期に至ると、天津市内の素菜館は一〇軒ほどとなり、上記の動物性の食材と五葷を使わない精進料理を扱った。これらの店の中で代表的であった「真素楼」の料理人は大豆製品と旬の野菜などをメインの食材として、多様な調理法によって一〇〇種類ほどのおかずを作ることができた。とりわけ、肉食に似せたもどき料理を考案し、精進料理で構成する燕翅席、鴨翅席あるいは海参席などの宴席も用意できた。

4　国内の他地域料理

上記の天津料理、清真料理及び精進料理以外にも、山東料理、江浙料理あるいは広東料理を扱う料理店が近代天津において存在した。それらの料理店は該当地域出身の移民や商人を主な対象とし、各地域の特徴がある宴席料理を提供していた。

(二)　労働者・貧民の流入と大衆料理の発達

近代天津において、大衆料理の発達は移民の流入による都市人口の急増と緊密に関係する。一九世紀後半以降の天津は都市の産業繁栄、基盤強化や面積拡大にともない、人口が急速に増加した。『天津人口史』によると、一八四〇年から一九四八年までの一〇〇年余にわたって、天津都市部の人口は一九・八万人から一九一・三万人まで増加した。特に、二〇世紀初期の約一五年間（一九〇六～一九二八年）に、四二・四万人から約三倍である一二二・二万人に達した［李編　一九九〇：二八八］。このような人口増加の最大の原因は外からの人口流入であった。すなわち、近代以降の天津都市部は周りの農村地域に対する求心力が高まり、移住や就職を目的に移民が大量に流入するようになった。例えば、上記の人口急増の二〇世紀初期においては毎年約三万人が天津に流れ込んだと言われる〔天津地域史研究会編　一九九九：一六二〕。天津に流入した人々には就業の機会を得て、港湾労働、工場やサービス業に働く者がいる一方で、無職で収入をもたぬ貧民になった者も存在する。それらの労働者や貧民を含む天津の庶民たちは、経済的な余裕をもたないために前述した宴席料理を扱う高級な料理店に気軽に入ることが不可能で、その代わり、より簡単に食事ができる店舗を求めた。その結果、こうした庶民向けの料理店や屋台が天津市内に点在し、大衆料理を扱うようになった（写真1）。

写真1　ワンタンを販売する屋台（天津博物館の「中華百年看天津」展示より）

当時の庶民向けの店舗が販売した大衆料理は基本的に一品料理（中国語では「小吃」と呼ばれる）であり、具なしの饅頭や大餅[8]、窩頭、餑餑[9]以外に、具のある饅頭や菜団子[10]、おやき、餃子、ワンタンなどの餡もの類、炸醤麺[11]などの麺類、鍋巴菜[12]や煎餅餜子[13]の煎餅類、麻花（ねじりんぼう）や炸糕（餡入り揚げ餅）、油条（中華式揚げパン）、巻圏[14]などの揚げ物類、及び豆乳、豆腐脳[15]や面茶[16]などの汁物類も含んでおり、多様な種類から構成された。それらの多種多様な一品料理は当時の天津庶民の日常の食事を構成すると同時に、いくつかの種類は天津の名物となっていった。例えば、「狗不理（店舗名）」の肉饅頭、「十八街（店舗名）」の麻花や「耳朵眼（店舗名）」の炸糕は当時の天津地域の名物料理として国内の他地域にも名前が売れていた。

　上記の大衆料理は多種多様なおかずによって構成された宴席料理と異なり、基本的に饅頭、餡ものや麺類などの主食類の食べ物から構成されていた。このような特徴は当時の庶民たちの生活状態に関わっていると言える。前文で述べたように、近代の天津都市部で暮らす庶民たちは主に港湾労働及び紡績、鋼鉄や鉱山の工場に就職した。それらの労働者は経済的かつ時間的な余裕を持たないため、安価で手軽な一品料理を常食するようになった。特に、昼間のエネルギーの蓄積や補充のために、炭水化物の供給源となる主食類のものを好んでいた。そのため、穀物で作った主食類の一品料理は天津地域の特徴的な大衆料理となり、庶民たちに親しまれるようになった。

(三) 租界の設置と西洋料理の伝来

西洋料理は租界の設置や外国移住者の流入によって近代天津に伝来した。租界とは清末の開港時期に、不平等条約や協定に基づいて全国各地の開港都市に設置された、外国人による管理区域である。第一次大戦以降、中国での利権回収、反帝国主義の運動が強くなるとともに、租界はその主要対象として漸次回収されていった。第二次大戦の終了に至ると、すべての租界が中国国民政府に回収された。天津の租界は市内の東南部に位置し、一八六〇年の開港から一九四七年までの間存在していた。

この時期に、租界行政と国際貿易に関わる官僚、軍人や商社員の他に、弁護士、医者、教員及び宣教師などの様々な外国人が、租界を中心に居住し活動していた。天津租界での外国人人口を整理した先行研究によると、天津での外国人人口は一八七〇年代末期に一〇〇~三〇〇人しかなかったが、一九〇〇年には二二〇〇人にのぼったという［楊編　二〇〇四：四八］。二〇世紀初期に至ると、租界面積の拡大にともない、外国人人口は急速的に増加し、一九〇六年の六三四一人から一九二六年の一万三八一二人までに急増した。その後の一九三〇~四〇年代において、天津に在住する外国人の人口は戦争や租界の回収などの原因によって多少増減していたが、毎年二万人前後に維持されていた［李編　一九九〇：三〇七―三一三］。

それにともない、外国人向けの娯楽施設が天津の租界に徐々に開設されていった。ただし、当時の欧米人は食い詰めて天津に渡った日本人と異なり、比較的余裕のある生活を送っており、パーティーなどの娯楽を頻繁に行っていた［天津地域史研究会編　一九九九：一四五］。その結果として、欧米人向けの西洋式クラブやホテル、レストランが次第に増加していった。

上記の背景において、西洋料理を扱う店舗の進出は一九世紀後半の租界からはじまり、二〇世紀初期の都市部に急速的に展開されるようになった。天津近代史研究の専門家である羅澍偉によると、一八六〇年の開港後に、外国人は租界でホテルや菓子屋を経営し、西洋式の食べ物を販売し始めた。一九世紀末期までに、中国人が経営する西洋料理のレストランが租界に出現した(17)。そして、二〇世紀二〇、三〇年代に至ると、外国人あるいは中国人が経営するレストランや西洋式のカフェは租界に点在すると同時に、租界以外の都市部にも見られるようになった［羅二〇一八］。このように、二〇世紀前半の天津においては西洋料理のレストラン及び西洋式のカフェが租界に広がるとともに、西洋料理の文化が都市部に浸透しつつあり、天津に在住する中国住民の関心を集めるようになった。

最初に西洋料理への関心を持った住民は天津に在住する政治家、軍人及び資本家・買弁(18)である。彼らは外交や商業の仲介活動によって租界の外国人とのやりとりを頻繁に行うため、西洋式のクラブ、ホテルやレストランにおいて西洋料理中心の宴会を開いたり参加したり、することがよくあった。

例えば、一九〇六年に、天津に駐在した北洋通商大臣兼直隷総督の袁世凱(19)（一八五九～一九一六年）は自分の四六歳の誕生祝いを、有名な西洋料理レストランの「キースリング」（Kiessling、中国語では「起士林」と呼ばれる）で行い、西洋料理中心の宴会を開いた。「キースリング」は Albert Kiessling というドイツ人が、一九〇一年に開店した西洋料理レストランである。Albert Kiessling は八カ国連合軍の軍人として、一九〇〇年に天津に来た。戦争終了後、復員した彼はドイツでの料理人の経験をふまえ、天津のフランス租界でこのレストランを経営し、ドイツとフランスの料理、パンや西洋式の菓子を販売し始めた。

一九三〇、四〇年代に至ると、西洋料理に関心を覚える天津住民は政治家や資本家などの上流階級に限らず、商社や銀行の管理部門の担当者や職員、新聞社のジャーナリスト、大学生、教師などの知識人も含むようになった。それらの人々は天津に伝来した西洋文化への憧れを抱くのと同時に、工場労働者や貧民よりも経済的余裕も持っていた。そのため、彼らはレストランやカフェを気軽に訪れ、西洋料理を頻繁に楽しむようになった［Liu 2019:161-162］。

第三節　近代天津住民の食生活

本節では天津に関する文献資料に基づいて、近代天津住民の日常食と行事食の様式とその特徴を整理し、住民の食生活の実態を明らかにする。ただし、筆者がこれまでに入手した歴史文献のうち、近代天津住民の食生活に対する記述は主に天津に関する地方誌や外国人の紀行、新聞、特定職業の従事者を対象とする調査統計、有名人の日記などに散見され、いずれも断片的内容である。そのため、本節においては上記の断片的歴史文献以外に、一九八〇年代以降に出版された近代天津に関する先行研究の内容も、分析資料として用いる。

(一)　日常食の様式と階層的差異

近代天津住民の日常食の様式に関する全般的な記述は二〇一三年に出版された『中国飲食文化史：京津地区巻』［万・李　二〇一三］にある。この先行研究では歴史文献をふまえながら、北京や天津地域（すなわち「京津地区」）の食文化の歴史に対して、先史時代から現代までの通時的な整理を行った。そのうち天津の近代時期に対する整理の際に、①貧民、②一般住民、③大商人・資本家を代表する「八大家」[20]、④知識人・買弁、及び⑤「寓公」[21]という五つのグループに分け、食生活の様式を取り上げた。そのうえで、各グループに該当する住民の日常食の様式が住民たちの経済的状況、職業や社会的地位などの要素によって異なることを提示した〔万・李　二〇一三：二九九―三〇五〕。

そこで、次に、近代天津に関する歴史資料に基づき、当時の天津住民を収入や職業によって三つの階層、すなわち（1）貧困層、（2）一般層、（3）富裕層に分け、各階層に該当する住民の日常食の様式、すなわち食事の回数、とり方、構成を整理する。

管見の限り、天津住民の日常食に関する歴史資料において、最も古い記述は一九〇七年に日本の東亜同文会が出版した『支那経済全書（第一輯）』にある。この書物では二〇世紀初期の北部中国の生活を記録する場合、天津に暮らした住民を「労働者」「手工業者」「商人」という三つのタイプにとりあげた。労働者に該当する住民は人力車の車夫や荷担ぎ労働者などの苦力を基本にし、毎日の平均的収入が〇・三五元であった。手工業者に該当する住民は家内制手工業の従事者であり、加工品の種類及び職種によって毎月の給料が三、四元から二〇元の間（毎日平均して〇・一～〇・六元）に異なる。それらの手工業に従事する人々は就職先に食事あるいは穀物を支給されることがよくある。最後の商人に該当する住民は自ら店舗を経営する大商人であり、四〇人ほどの店員や従業員、使用人や料理人を雇っている〔東亜同文会編　一九〇七：三四三―三八三〕。上記の歴史文献をふまえ、今回とりあげる貧困層、一般層や富裕層に該当する住民は以下のように構成されると考える。貧困層に該当する住民は苦力を基本に、一部の給料が相対的に低い手工業者が加えられる。一般層は給料が相対的に高い手工業の従事者を基本にする。富裕層は商人を中心とする。ただし、この三つの階層に該当する住民は災害や戦争によって他地域から天津に流入し乞食になった人[22]、及び天津に一時的に在住した政治家、軍人や寓公たちを含まない。

1　貧困層の日常食の様式

苦力を基本にする貧困層の日常食の実態について、『支那経済全書』は以下のように記録した。こうした苦力の多くは収入の低さと不安定によって結婚用の貯金がなかなかできないため、基本的に一人暮らしを送っている。彼らが家で調理道具として持っているのは一つの碗と一膳の箸のみである。一日の三食を露店や屋台で済ませる（例えば、写真2と写真3）。

具体的には、朝食に具なしの饅頭（原文では「麵包」と記述する）と粥を食べ、昼食に麵類あるいは一膳飯をとり、夕食に高粱酒やつまみを食べる。結婚して家族とともに生活を送る者は稀であるが見られる。その場合、既婚の苦力は朝食と昼食を外食する一方で、夕食は家族と共に食すことが多かった。それに対して、昼間に家で自炊する

写真2　近代天津の貧困層住民の日常食の風景・露店及びそこで食べる人々（1907年3月31日に天津からフランスに郵送されたはがきの写真［仇編　2004：198］より）

写真3　近代天津の貧困層住民の日常食の風景・屋台で食べる人々（［仇編　2004：207］より）

妻や子供たちは生活費の節約のため、出かけて食物を求めたり、家族の収入を補うためにお湯の販売や使用人などのバイトをしたりしていた［東亜同文会編　一九〇七：三四八］。ただし、それらの無職の家族メンバーは食材購入のお金を持たないために朝食と昼食をとれず、苦力労働を従事する夫が購入した夕食のみをとる事例も見られる［付二〇一三：二五六―二五七］。

要するに、貧困層に該当する住民及びその家族は一日に必ずしも三食をとるわけではなく、一食（夕食）あるいは二食（昼食と夕食）となる。それらの食事は基本的に露店や屋台でとられ、主食類中心の一品料理（小吃）から構成された。

2　一般層の日常食の様式

一般層に該当する住民は、相対的に高い給料を得る手工業者以外に、工場労働者も含む。本章の第二節で記述したように、二〇世紀以降の天津都市部において、紡績工場、製粉工場やマッチ工場などの近代的工場が相次いで開設されるとともに、工場労働者として働く住民が次第に増加した。一九二九年に行われた天津市内の工業統計によると、当時にそれらの工場に従事した労働者の毎月の平均的給料は一〇・一四元である［鄧編　一九三五：七七］。このような工場労働者の賃金水準は前文で言及した手工業者賃金（三、四元～二〇元）の中等範囲にあたり、当時の一般層の住民に該当すると言える。そのため、貧困層にある苦力の住民と異なり、ここでは手工業者と労働者を一般層の住民として扱う。

一般層に該当する住民の日常食に関する記録は、二〇世紀二〇、三〇年代に行われた工場労働者を対象とする統計調査に散見される。例えば、天津南開大学の社会学者である馮華年は一九二七～二八年の間に、天津市内に在住する手工業者の世帯を対象とし、二回の調査を行い、合計一三二世帯の一〇ヶ月分の家計構成を記録した［馮二〇〇四［一九三二］。馮の統計によると、それらの世帯の家計費において、食費は平均して六一・八二％を占める。うち六割は穀物やその製品、すなわちトウモロコシ粉や小麦粉、米、切り麺、粟、油条、緑豆の購入に用いられる。対して、穀物以外の購入種類は野菜（一七・七％）、魚介類・肉類（一〇・三％）、調味料（九・四％）、及び点心などの菓子（一一・六％）などを含む。より具体的に見ると、被調査者が頻繁に購入する野菜はハクサイを基本に、ジャガイモ、カブ類、モヤシなどのいくつかの種類に限られる。魚介類と肉類は豚肉、羊肉、少量の魚、ワカメや干しエビを基本にする［馮　二〇〇四［一九三二］：四七二―四七三］。この統計データから見れば、当時の手工業者の世帯が常食するものは穀物を基本にし、少量の野菜、魚介類や肉類を加えて構成されることがわかる。

また、アメリカの中国近現代史の専門家である賀蕭（Gail Hershatter）は一九八〇年代に行った近代天津工場労働者を対象とする歴史的考察において、一九三〇、四〇年代に労働者世帯で生まれ育った住民を二、三人でインタビューし、彼らの語りを通して当時の労働者世帯の日常生活の状況をとりあげた。この記録によると、当時の工場労働者の日常食のとりかたと構成は以下である。工場労働者は一日に朝食、昼食、夕食の三食をとり、基本的に自炊をして食生活を送る。朝食には基本的におやきあるいは油条などの小麦粉製品を食べるが、時折出勤途中の露店や屋台において豆腐脳、粟あるいはモロコシの粥、及び鍋巴菜を購入する。昼食は彼らにとって最も重要な食事である。よく見られる組み合わせについて、夏は餑餑・米飯、ナスなどのおかず、及びインゲンマメのスープがあり、冬は麺類あるいは焼きサツマイモがある。それに対して、夕食は基本的に具なしの饅頭、餑餑や粟の粥から構成される。上述の穀物や野菜を中心とする組み合わせ以外に、工場労働者の世帯は少量の肉類を食べることができ、特に羊の内臓類の煮物を肉料理として購入することが時々あった。ただし、相対的に富裕な住民と比べると、工場労働者はカニ、鴨肉やレンコンの揚げ物などを含むより豊富な食材や調理法で作ったおかずをとれず、その代わりに、穀物（特に雑穀中心）と野菜料理（漬物など）を基本にする食事をとっている［Hershatter 1986: 70-71］。

上記の統計データやインタビューのまとめから見れば、当時の一般層に該当する住民及びその家族の日常食の様式は以下のような特徴がまとめられる。彼らは基本的に一日に三食をとる。ただし、三食の食事場所は彼らの仕事リズムによって異なり、自宅、出勤途中の露店や屋台及び工場の食堂がある。常食する食事の構成は穀物と一品の野菜料理を基本に、少量の肉類や魚介類を加えて構成される。特に、野菜料理の食材は季節によって大きな変化が見られず、ハクサイをはじめとする六、七種の根菜類に限られる。

3　富裕層の日常食の様式

富裕層の日常食の様式は冒頭でとりあげた万と李の先行研究における③大商人・資本家と④知識人と買弁の事例と類似する。すなわち、彼らは基本的に一日三食をとる。それらの食事は主に専属の料理人が用意し、主食、数品の野菜、肉類、魚介類のおかず及び汁物から構成される。また、自宅で食事をとる以外に、友人とのやりとりによって頻繁に外食することがよくある。

例えば、一九〇二年に『大公報』を創刊した英斂之（一八六六～一九二六）は二〇世紀初期に天津に在住した。彼の日記の記録から見れば、親友との外食を頻繁に行い、特に一九〇六年の前半には毎月一〇回ほどの外食を行ったことがわかる。さらに、彼がよく外食した料理は山東料理、江南料理などの高級な中国料理に限らず、西洋料理も含むと言われる［郭　二〇一一：二二一―二二二］。

要するに、富裕層に該当する住民及びその家族は一日三食をとっており、家で専属料理人に準備させたり、あるいは高級な料理店で外食したりする。それらの自宅や外食の食事のどちらも、小麦粉や米を基本にする主食と、旬の野菜や水産物及び多種な肉類で作った数品のおかずやスープから構成される。さらに、彼らの常食するおかずの調理法は前述した貧困層と一般層の家庭と比べると、炸や扒、軟溜、折燴、油爆など、より豊富な方法を含む。

上記の三つの階層に該当する日常食の様式を比較すれば、当時の天津住民の日常食に関する階層的差異は以下のようにまとめることができる。まずは一日の食事回数について、一般層と富裕層は三食を基本にする一方で、貧困層はじゅうぶんな食費を持たず、二回あるいは一回だけとることが時々ある。

次に、食事の内容構成について、富裕層の食事は米や小麦粉などの穀物、多種な野菜、肉類や水産物から構成される。それに対して、一般層と貧困層が常食する食材の種類は相対的に少ない。具体的に、一般層と貧困層の食事を分けると、一般層は雑穀や、六～七種の根菜類の野菜、豚肉やワカメ・干しエビ・魚を常食する一方で、貧困層は基本的に穀物を中心とする食事をとっている。

最後に、料理の調理法について、一般層と貧困層と比べると、富裕層が自宅で常食する料理は相対的に多様な調理法で作られ、特に大量の油が必要となる揚げ物（炸あるいは油爆）が見られる。

(二) 行事食の様式と旧習の固守

行事食とは人々が季節ごとの行事やお祝いの日に用意したり、会食したりする特別な料理を指す。天津地域においては行事食の用意と会食という伝統が人々に強く伝承され、関連する記録が明清時代の天津地方誌の歳時に残る。

本章の前節で述べたように、天津地域は七世紀の大運河の開通によって発展し始めたが、「天津」という地名は一五世紀初期に登場した。このため、天津地域の歳時に対する本格的な記録は明代以降の天津地方誌に散見され始める。『天津地方誌考略』〔魏編 一九八五〕という先行研究は中国の王朝時代や民国期に出版された天津の地方誌を整理し、各書物の編集背景、出版年代や構成内容をまとめている。この先行研究に依れば、明清時代に出版された天津地方誌は以下の七種類がある。明代の『(正徳)天津三衛誌』（一五一九年）と『(万暦)天津三衛誌』（一五九二年）

及び清代の『（康熙）天津衛志』（一六七六年）、『（乾隆）天津府誌』（一七三九年）、『（乾隆）天津県誌』（一七三九年）、『（同治）続天津県志』（一八七〇年）、『（光緒）天津府誌』（一八九九年）である。その中で、天津地域の最初の地方誌は天津での「兵備副使（軍備の整頓に関わる官吏）」を担う胡文壁が一五一九年に出版した『（正徳）天津三衛誌』である。この地方誌は一〇巻あり、天津の地名由来や地理環境、教育、人物、物産、風俗などの内容を収録したものである。その後の六つの地方誌はいずれも、当時の天津に駐在する官吏が前のバージョンを参照したうえで、資料収集や現地観察によって集めた新たな内容を加えて編集したものである。

ただし、明代の天津地方誌が一八世紀初期（清代初期）に紛失してしまったため、本書は清代に出版された五種類の地方誌を主な分析資料として用いる。筆者はこの五種類の地方誌に記載された天津地域の年中行事に関わる食の記録を整理したうえで、付録の付表―2の「清代」という列において合計一四項目でまとめた。これらの記録に依れば、天津地域において伝統的な行事食を用意するのは農業生産や民間信仰と緊密的に関係することがわかる。

一方、一九一二年に成立した中国の民国政府は従来の王朝時代に用いられる伝統的な太陰太陽暦（以下旧暦と略称する）を廃止すると同時に、太陽暦（グレゴリオ暦、以下新暦と略称する）を採用することによって、既存の旧暦に基づく伝統行事を行う日付を新暦に変更した［厳　一九九二：二四三―二五二］。例えば、歴史資料によると、一九一二年に民国政府は全国の住民に対して、旧暦の「上元日（正月十五日）」の行事を新暦の一月十五日（すなわち旧暦十一月十七日）に変更させた。ところが、人々はこの伝統行事を新暦に従って行う際に、従来の満月を見られず、節句の雰囲気を強く感じることができなかった［厳　一九九二：二四七］。この事例に見られるように、様々な伝統行事が新暦に変更された場合、従来の旧暦に該当する季節や天候とのズレが生じることがあった。そのため、当時の人々の大半は新暦の採用に対してあまり賛成せず、かつての行事を旧暦に従って行い続けるようになった。

そのため、一九二〇、三〇年代の天津地域において、前文で述べた王朝時代に形成された行事食に関する伝統的なとりかたは依然として維持されており、都市住民の慣行として守られていた。例えば、一九三一年に出版された『天津誌略』においては当時の天津住民が行う年中行事のやりかた及びそれに込められる意味を詳細に記録された。筆者はこの地方誌に記載された食に関する行事を整理し、付録の付表―2の「民国期」という列において合計二三項目でまとめた。これらの民国期のデータを、同表の清代のデータと比べると、民国期の天津住民は基本的に王朝時代に伝えられた行事を行い続けると同時に、関連する行事食の用意と会食を維持していたことがわかる。特に、それらの行事食に対して、人々は家庭円満や無病息災を願っており、家族、親族や親友の間で行う共食や贈答を、人間関係の維持の手段として扱い続けていた。

注

(1) 明代は衛所制という兵制を実施する。具体的には、民と軍を峻別して軍戸を設け、その籍を兵部に所属させ、百戸所(一一二戸)、千戸所(十の百戸所)や衛(五の千戸所)という単位に編成する。すなわち一衛は五六〇〇人規模の軍隊編成である。

(2) 上記のデータは中華人民共和国中央人民政府のホームページで掲載する天津市の紹介を参照した(URL:http://www.gov.cn/guoqing/2016-11/18/content_5134245.htm、最終閲覧日二〇一九年六月八日)。

(3) 満漢全席とは清朝の乾隆帝(一七三五~一七九六年)の時代から始まった満洲族の料理と漢民族の料理のうち、山東料理の中から選りすぐったメニューを取りそろえて宴席に出す宴会様式である。一九世紀後半に至ると、広東料理など漢民族の他の地方料理も加わり、さらに洗練されたものとなった。

(4) 栗子扒白菜は甘栗とハクサイの煮込みである。

(5) 罾蹦鯉魚は鱗がついたままの鯉を、一匹丸ごとあげてから、甘酢あんをかけるものである。

(6) 清炒蝦仁は川のエビのむきみを、塩味で炒めるものである。

(7) 五葷は臭いの強い五種の野菜である。五葷の種類について、時代や地域によって歴史的に多少異なるが、多くの場合は主にネギ属の植物であるネギ、ラッキョウ、ニンニク、タマネギ、ニラをさす。

(8) 大餅は小麦粉で作るナン風のものである。

(9) 餑餑は小麦粉とトウモロコシ粉で作る具なしの饅頭である。

(10)　菜団子はトウモロコシ粉の皮で、味付けした野菜の中身を包んで、蒸したものである。
(11)　炸醤麵は肉味噌のあんかけ麵である。
(12)　鍋巴菜は緑豆粉で作った煎餅を一本指の幅ぐらいに細長く切り、醤油あんをかけて、混ぜて食べるものである。
(13)　煎餅餜子は日本の一銭洋食に似た鉄板焼きであり、水に溶かした緑豆や粟などの粉を鉄板に広げて焼いた、丸く薄い形の煎餅で、油条などの揚げ物を包んだものである。
(14)　巻圏は春巻きのような具のある揚げ物である。
(15)　豆腐脳はおぼろ豆腐の醤油あんかけである。
(16)　面茶は黍粉や粟粉を水で溶いて煮込んだ飲み物である。その上にねり胡麻や胡麻をかけて飲む。
(17)　一八九八年に出版された『津門紀略』の記録によると、当時の天津市内の西洋料理レストラン（「洋菜館」）は「第一楼」と「鴻春楼」という二軒があった［羊城旧客　一八九八［一九八八］：九一］。羅澍偉によると、この二軒の西洋料理レストランは中国人が経営するものであった。前者の「第一楼」はフランス租界にあり、後者の「鴻春楼」はイギリス租界にあったという［羅二〇一八］。
(18)　買弁とは外国人が経済活動を展開する場合、彼らと現地社会との仲介の役割を果たした中国人を指す。当時、洋行、銀行にとっては中国語を話せ複雑な商習慣を理解している者を代理人・仲買人として利用することが不可欠であった。また、清王朝や民国政府の官僚が、公務として外国と商取引を行う際にも、ブローカーとしての買弁の存在が必要とされる。
(19)　北洋通商大臣は清王朝の欽差大臣である。アロー戦争後の一八六一年に、清王朝は総理各国事務衙門を設置し、その下に三口通商大臣と五口通商大臣をおいて、対外通商と外交事務を担当させた。そのうち三口通商大臣は天津に駐在し、天津条約と北京条約で開港された牛荘（現在の営口市）、天津や登州（現在の威海市と煙台市北部）の通商事務を担当した。一八七〇年に、三口通商大臣は北洋通商大臣と改称され、直隷総督が兼任し、直隷省（現在の河北省）、山東省や奉天省（現在の遼寧省）という三省の通商・洋務・外交・海防などを担当した。
(20)　この「八大家」は当時の天津に在住する大商人や資本家を代表する八つの大家族の略称である。それらのいずれも、塩・穀物・金融といった伝統的な業種の富裕な商人の家族である。
(21)　寓公とは中華民国期に、政府機関などの一線を退き、天津や上海、北京などの大都市の郊外あるいは租界で隠棲生活を送る政治家、軍人あるいは資産家である。それらの寓公たちは文化活動などを通して、租界の外国人や領事団らとともに一つの社交場を形成した。ただし、天津に在住する寓公は上記の政治家、軍人や資産家以外に、清王朝の皇室貴族も含む。
(22)　『天津史――再生する都市のトポロジー』によると、天津を本籍とする住民はプライドがあるため、市内に乞食を行うことがあまりしなかった。その代わりに、生活に窮した場合、彼らは親友からの援助以外に、埠頭や鉄道の駅で荷担ぎ労働者として働いたり、あるいは洋行の倉庫で羊毛などを拾い集めて銭に換えたりすることを通して、苦境を切り抜けるようにした［天津地域史研究会編　一九九九：一六三］。

第二章　現在の天津都市住民の食生活
――六二世帯の事例調査からみる日常食と行事食の実態

本章では現在の天津都市住民が家庭でとっている食事に着目し、彼らの食生活の特徴を明らかにする。第一節では筆者が聞き取った天津都市住民である合計六二世帯のデータに基づいて、各世帯の日常食と行事食のパターンをまとめる。第二節では　六二世帯のうち、中流層にある二つの世帯を具体例にし、彼らの食事の記録及び参与観察を通して、この二つの世帯の日常食と行事食の実態を詳述する。第三節では最後に、上述した全体像及び具体例をふまえ、現在の天津都市住民の食生活の特徴を考察する。

第一節　都市家庭の食生活の実態

(一)　日常食の様式

1　食事の回数

表1は六二世帯がとっている食事の回数をまとめたデータである。このデータから八割の世帯（51／62）は一日に朝食、昼食、夕食の三食をとっていることがわかる。一方、通常一日三食をとる八割の世帯のほかに、二割の世帯

表1　食事の回数における世帯間の異同（筆者作成）

食事回数	世帯番号	62世帯に占める割合（括弧付け世帯を除く）
一日三食	1、2、3、4、5、6、7、8、9、10、12、13、15、16、17、18、19、21、(22)、23、24、25、26、27、28、29、30、31、33、34、35、36、37、39、40、41、42、43、44、47、48、49、50、51、52、53、54、55、56、57、58、59、	51/62・82.3%
一日二食	(10)、11、14、(16)、20、22、(23)、(31)、32、(36)、38、(44)、45、46、(56)、60、61、62	11/62・17.7%
一日一食	(22)、(33)	0/62・0%

（注）事情により食事の回数を一時的に変更する世帯は括弧づけで表示。

（11／62）は通常一日に二食をとっている。この一一世帯のうちの七世帯は五〇代から八〇代までの退職した中高年の人々である。彼らは運動不足、消化能力の弱さ及び食事準備の面倒さなどの理由から、一日に三食をとることが難しく、午前と午後一日二食をとっていた。また、残りの四世帯は深夜の業務・残業によって朝食を取らず、一日に昼食と夕食だけをとっている。ただし、なかには生活リズムの一時的な変化によって、一日に二食あるいは一食だけをとる世帯もある。この食事回数の減少には二つの理由がある。一つに、休日の起床時間がいつもより遅く、また、平日より量の多い朝食をとったため、昼食を抜く場合がある。この一日二食のパターンは六二世帯の中で六世帯に見られた。二つ目の理由は宗教の教えに従う断食にある。例えば、仏教の場合、六斎日、すなわち毎月の旧暦の八日、十四日、十五日、二十三日、二十九日、三十日には、朝食と昼食だけをとり、午後から断食を行う。また、イスラム教のラマダーン（イスラム暦の九月）の際には日没から日の出までの間に一食のみをとる。このような宗教の教えに従って食事回数を一時的に変更する世帯が存在する。

以上のことから、現在天津の都市住民の日常食の食事回数は一日三食が主なパターンであると言える。同時に、一日二食も併存している。さらに、休日や宗教的祭日による生活リズムの変化に応じて、一日食事回数が一時的に減少することもあることがわかった。

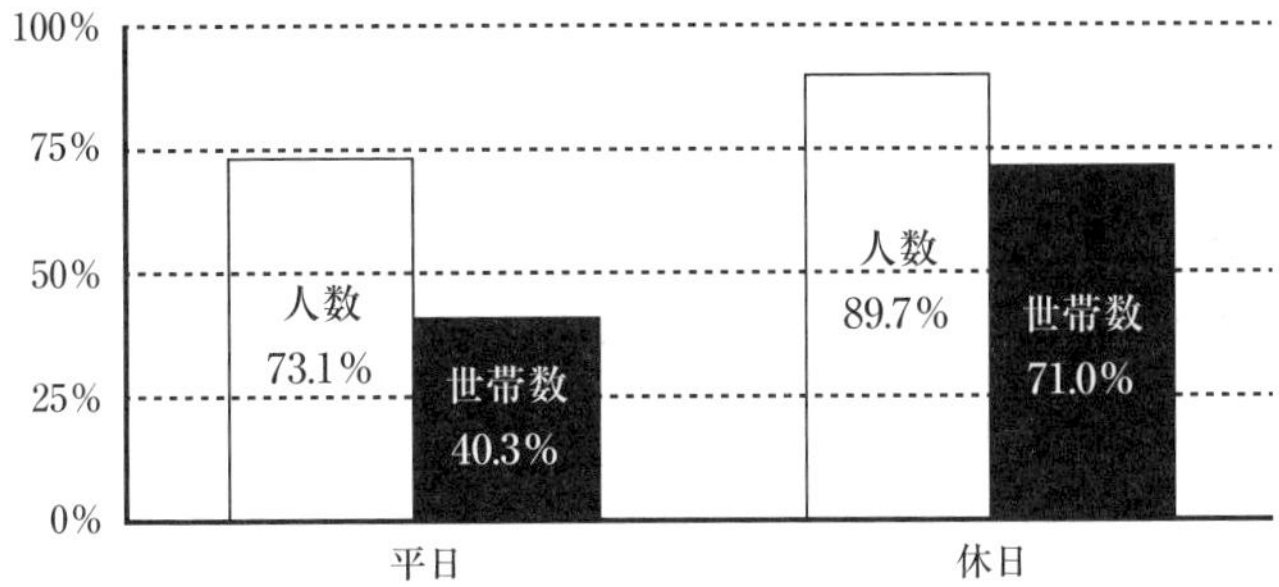

図6　平日と休日に自宅で朝食をとる人数や世帯数の割合（筆者作成）

2　家庭内での朝食、昼食と夕食

①朝食

六二世帯のメンバーたちが普段朝食をとる場所は自宅、職場（軽食を持っていく）、社員食堂、学生食堂及び朝食販売店を含む。図6は六二世帯の一五六人が平日や休日に家で朝食をとる人数及び世帯数の割合を示す。そのうち平日における家で朝食をとる世帯メンバーは七割を占める（114／156）。とりわけ、一人の単身世帯を除いて、四割（25／62）の世帯が家族全員が家で朝食をとっている。その一方で、休日に家で朝食をとる家族メンバーは約九割を占める（140／156）。そのうち約七割（44／62）の世帯は休日に一緒に朝食をとっている。

図6からみれば、多くの世帯が家で朝食をとる習慣をもっている。さらに、通学・出勤日と比べると、休日に世帯メンバーがそろって家で朝食をとる傾向が強いといえる。

次は筆者が収集した朝食のデータに基づき、朝食の準備方法とその構成をまとめる（表2）。

家での朝食の準備は二つのタイプがある。すなわちタイプ1の「当日に朝食販売店から軽食を持ち帰る（中国語の表現は「従外面買」）」とタイプ2の「家で自ら作る（中国語の表現は「自己做」）」である。

そのうちタイプ1によって朝食をとる世帯は約七割を占める（47／62）。それらの世帯メンバーによると、朝食販売店から購入する軽食は油条あるいは煎餅

表2　自宅でとる朝食の準備方法と構成（筆者作成）

朝食の準備方法	朝食の構成			
	朝食のパターン	主食類	副食類	汁物
タイプ1「当日に朝食店から軽食を持ち帰る」	パターン1 朝食店から購入される天津の伝統的軽食	油条、煎餅餜子、焼餅、餑餑、大餅、餡饅頭、饅頭、鍋巴菜、ワンタン	茶鶏卵、巻圏	豆腐脳、豆乳、面茶
タイプ2「家で自ら作る」	パターン2 家で作られる中華風の朝食	餑餑、饅頭、大餅、棗饅頭、餡饅頭、中華式の菓子、粥、うどん、ワンタン、インスタントラーメン	ゆで卵、鶏卵炒め、茶鶏卵、漬物、野菜炒め、ソーセージ、棗、ピーナッツ	豆乳、藕粉、粥、うどん
	パターン3 家で作られる西洋風の朝食	パン、西洋風の菓子、サンドイッチ	ベーコン、炒り卵、ジャム、白身魚のフライ、ハンバーグ、生野菜、果物	牛乳、ヨーグルト、コーヒー、紅茶、オートミール

餜子、焼餅、餑餑、大餅、鍋巴菜などの主食、茶鶏卵や巻圏などの副食、及び豆腐脳、豆乳や面茶などの汁物を含む天津の伝統的なものである（表2のパターン1及び第一章第二節の庶民料理を参照）。彼らにとって、朝食販売店から軽食を購入することは天津都市住民の習慣であり、またこの地域の食文化の特徴でもある。

一方、タイプ2によって朝食をとる世帯は約八割を占める（53／62）。彼らが家で作っている朝食は二つのパターンがある。一つ目のパターンは手作りの中華式の朝食である。すなわち、餑餑や饅頭などの主食、ゆで卵、漬物やソーセージなどの副食、及び粥や豆乳などの汁物から構成される（表2のパターン2）。ほぼ全ての世帯はこの中華式の朝食を作っている。とりわけ、一部の世帯は数日分の朝食用の餑餑あるいは饅頭などを事前に作っておく習慣がある。

二つ目のパターンは手作りの西洋式の朝食である。すなわち、パンや菓子などの主食、ベーコン、鶏卵やジャムなどの副食、及び牛乳、ヨーグルトやオートミールなどの汁物から構成される（表2のパターン3）。このような西洋式の朝食を作る世帯はわずか一割（8／62）である。

以上のことから、天津都市住民の朝食の構成には三つのパターンがあると言える。（1）朝食販売店から購入される天津の伝統的な軽食、（2）家で作られる中華風の朝食、及び（3）家で作られる西洋風の朝食である。

各世帯は常に一つのパターンに固定することはなく、自分たちの好みとその時のニーズに応じて複数のパターンで切り替えながらその日の朝食をとっている。また、一日の朝食を見ても、彼らが異なるパターンから好きな主食類、副食類や汁物類を選んで、煎餅餜子・牛乳あるいはパン・牛乳・オートミールなどを自由に組み合わせ、さまざまな中洋混合の朝食を作っている。そのような多様な朝食をとっている世帯は五割以上を占める（35／62）。

また、世帯メンバーが同じ食卓で異なる朝食をとるケースもある。すなわち、同じ世帯でも食の経験と習慣の違い、あるいは味の好みの違いによって同じ食卓においても異なる組み合わせで朝食をとるのである。二人以上のメンバーから構成される世帯の朝食をみてみると、上記のような個食的現象は二九世帯の中で観察することができる。それに対して、二三世帯は同じ時間帯に同じ組み合わせで朝食を共食する。この比率から推測すれば、現代天津都市住民の朝食に個食化の現象が観察される世帯が多く、個食化の傾向が強いと言える。

上記の記述から、現在の天津都市住民がとっている朝食の特徴は以下のようにまとめられる。（1）自宅、職場・学校、及び朝食販売店を含む食事の場所が複数存在するが、多くの住民は家で朝食をとる習慣を依然として維持している。とりわけ、休日に世帯メンバーがそろって家で朝食をとる傾向が強い。（2）家でとられる朝食は基本的に天津の軽食と中華風の食べ物をベースに、西洋風の食べ物を含む様々な組み合わせから構成され、多様化している。（3）世帯メンバーの異なる生活リズム、味の好み及び食の習慣によって、家でとられる朝食では個食化の傾向が強い。

②昼食と夕食

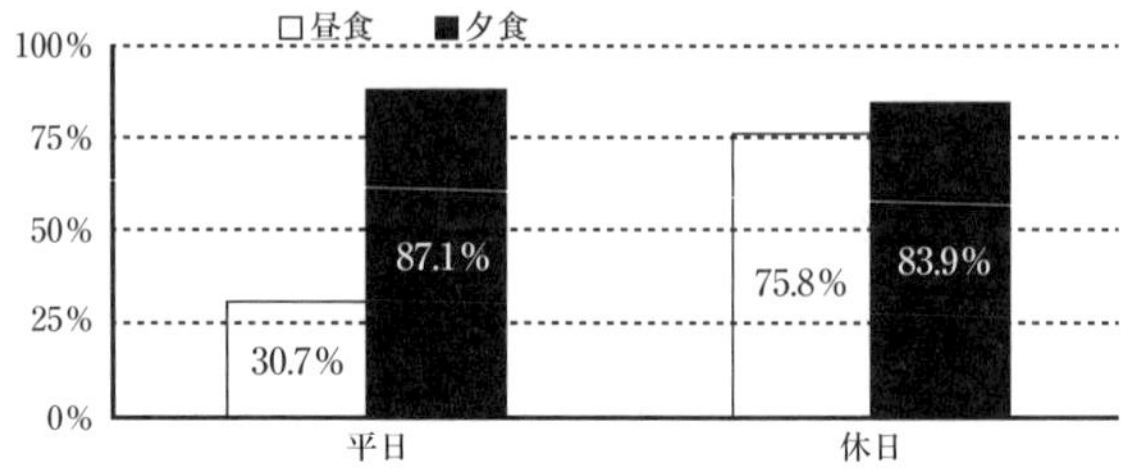

図7　昼食や夕食を自宅で共食する世帯数の割合（筆者作成）

【食事の場所】

各世帯のメンバーがとっている昼食と夕食の食事場所は自宅や社員食堂、学生食堂、職場・学校（デリバリー・弁当）、飲食店を含む。図7に示したのは昼食と夕食を家で共食する世帯数の割合である。そのうち平日について、昼食を家で共食する世帯はわずか三割（19／62）であるのに対し、夕食を家で共食する世帯は約九割（54／62）である。それは平日に学校や会社に出勤している等の原因により、世帯メンバーが昼食を家でとれないためである。その一方で、休日について、比較的多くの世帯は家で共食している。

【食事の準備】

筆者が収集した昼食と夕食のデータに基づいて、自宅でとられる昼食と夕食の準備方法と構成を、表3にまとめた。このデータからみれば、自宅での食事の準備は二つのタイプがある。すなわち、「きちんと作る（中国語の表現は「做新的」あるいは「做麻煩的」など）」と「簡単に済ませる（中国語の表現は「吃剰的」、「簡単対付一口」あるいは「買一口吃」など）」である。

具体的には、「きちんと作る」というタイプ1とは手間のかかる料理を手作りすることをさす。このタイプによって準備される食事の構成は二つのパターンがある（表3）。

パターン1は主食、二品以上のおかずや汁物をセットとするものである。ほぼ

2　現在の天津都市住民の食生活

表3　自宅でとる昼食や夕食の準備方法と構成（筆者作成）

食事の準備方法	食事の構成			
	食事のパターン	主食類	おかず類	汁物
タイプ1「きちんと作る」	パターン1 主食、二品以上のおかずと汁物	米で作られた米飯と粥 小麦粉で作られる饅頭や大餅、花巻、うどん トウモロコシ粉が入る饅頭（「餑餑」と呼ぶ） 豆類や粟が入る粥	「一葷（肉・魚料理）一素（野菜料理）」	スープ 粥 うどん
			「一葷二素」 「二葷一素」 「二葷二素」 「二葷三素」	
	パターン2 餡もの、麺類、あるいは鍋物	餡もの 麺類 しゃぶしゃぶ、あるいは寄せ鍋の鍋物		
タイプ2「簡単に済ませる」	パターン3 タイプ1の残り物を中心とする	前回の食事の残りの主食	前食の食事の残りのおかず 漬物 野菜の和え物	スープ 粥 うどん
		残りの餡ものあるいは麺類など		
	パターン4 飲食店から購入したもの	ソーセージなど燻製類の惣菜、焼き餃子、肉饅頭などの軽食 丼物などの定食 寿司、ピザなどの外国料理		

全ての世帯はこのパターンによって食事を準備している。これらの世帯が常食する主食は穀物製品を基本にして、米で作られた米飯と粥、小麦粉で作られる饅頭や大餅、花巻[2]、うどん、豆類や粟が入る粥、及びトウモロコシ粉が入る饅頭（「餑餑」と呼ぶ）や粥などの多様な種類を含む。

おかずは一品の肉・魚料理と一品の野菜料理を含む二品以上の家庭料理である。そのうち肉・魚料理は「葷菜」と呼び、魚やエビなどの水産物、または豚肉や牛肉、羊肉、鶏肉などの肉類を基本の食材とする。肉・魚料理の「葷菜」と対応しているのは旬の野菜を基本の食材とする野菜料理の「素菜」である。

六二世帯の日常食に作られたおかずは地域の食文化の特徴から見れば、天津の家庭料理（たとえば魚や肉類の醤油煮込み、野菜の麦味噌煮込）、南方料理（たとえば梅干菜と豚肉の煮込み、レンコンと糯米の蒸し物、あるいは野菜のオイスターソース炒め物・和え物）、及び西洋風料理（たとえばロールキャベツやステーキ）が見られる。そのうち海産の魚・エビの醤油煮込み、豚肉・牛肉の醤油煮込み、及び肉と野菜の煮込みという三種の天津の家庭料理はほぼ全ての世帯において作られている。とりわけ、約七割の世帯（43／62）は魚の醤油煮込みまたは肉類の醤油煮込みが一週間あるいは一〇日に一回という頻度で作られていることが調査で明らかになった。また、夏にジャガイモとピーマン炒め、ナスと麦味噌の煮込み、サヤインゲン炒め・醤油煮込み、冬にハクサイ炒め・醤油煮込みなどの旬の野菜料理も、各世帯においてよく作られている。

また、一食に作られたおかずの品数について、一人の単身世帯を含む七割弱の世帯（45／62）は「一葷（一品の魚・肉料理）一素（一品の野菜料理）」という二品のおかずを作っているのに対し、二割強の世帯（17／62）は三、四品あるいは四、五品のおかずを作っている。おかずを多く作っている世帯には二つの理由がある。四〜五人の世帯メンバーにとって二品のおかずでは足りないこと、あるいはより多種な食材を食べたいことをあげた。

最後に、汁物はスープ、汁気の多い粥やうどんである。スープとうどんは野菜や鶏卵を基本に、干しエビなどの海産物を加えて仕上げる。粥は緑豆、粟やトウモロコシ粉などの雑穀を入れて作られるものが多い。

上記のような、主食、二品以上のおかずと汁物から構成するパターン1に対して、パターン2は餡もの、麺類、あるいは鍋料理から構成される。具体的に、餡ものは水餃子や肉饅頭、ワンタン、焼き餃子、おやきなどがある。そして餡ものの中身は多くの場合、豚肉、牛肉あるいは羊肉のミンチを、ニラあるいはニンジン、ハクサイ、ズッキーニなどの旬野菜または鶏卵、エビなどの食材と混ぜて作られたものである。また、肉ミンチを入れずにニラや鶏卵だけで作った中身もある。

麺類はあんかけ麺を中心としている。かけあんは乾物（シイタケ、キクラゲやキンシンサイなど）やエビ、豚肉の醤油煮込み、トマトと鶏卵炒め、豚肉と麦味噌の煮込み（いわゆる「炸醤」）あるいはねり胡麻のタレなどがある。鍋料理はラム肉のしゃぶしゃぶ、あるいは魚介類を使った寄せ鍋である。

これらの餡もの、あんかけ麺、及び鍋料理の中で、各世帯においてよく作られるのは水餃子とあんかけ麺である。

約七割強の世帯（47／62）は普段上述の主食、おかずや汁物というパターン1の食事をとると同時に、一週間あるいは二週間に一回、水餃子またはあんかけ麺を作っている。

上記のような「きちんと作る」料理に対し、「簡単に済ませる」というタイプ2もある。このタイプで準備される食事の構成は表3で示されたパターン3とパターン4の二つがある。

パターン3は主に前の食事の残り物から構成される。残りもので昼食、あるいは夕食を済ませる世帯は約七割（43／62）を占める。具体的には、残ったうどんや粥とおかず、あるいは事前に作っておいた餡ものなどによって食事を簡単に済ませる。

パターン4は飲食店から購入した軽食で昼食か夕食を済ませることである。約二割の世帯（13／62）は飲食店から購入した軽食によって食事を簡単に済ませたという経験があった。購入された軽食は飲食店の焼き餃子あるいは肉饅頭などの餡もの、あるいはデリバリーサイトから注文した丼などの定食、及び寿司やピザなどの外国料理などである。軽食を持ち帰ることについては食事準備の手間と時間を省きたいなどが理由としてあげられる。

上記の記述から、現在の天津都市住民がとっている昼食と夕食の特徴は以下のようにまとめられる。（1）自宅、職場・学校または飲食店など、食事をする場所が多様化されている一方、多くの住民は依然として自宅で食事をとる習慣を維持している。とりわけ、平日の夕食、及び休日の二食では世帯メンバーがそろって家で食事をとる傾向が強い。（2）家でとられる食事の内容は基本的に主食、二品以上のおかず、汁物が、スタンダードなパターンではあるが、手作りの餡ものと麺類、前回の食事の残り物、あるいは飲食店から購入した軽食などを含む融通の利く多様なパターンが並存している。（3）現在の天津都市住民がよく作っている家庭料理は天津料理を基本にすると同時に、国内の他地域や外国の料理を含むより多様なメニューも並存している。

(二) 行事食の様式

日常食と異なり、行事食は祝いの日、季節ごとの行事または宗教的祭日などのハレの日に作られる特別の料理である。それらの料理はかねてから伝えられてきた一定のパターンから構成されており、一定の期間に食べられる。筆者は現地調査を通じて、一年間における現在の天津都市住民は(1)誕生祝い、(2)旧暦の年中行事、及び(3)宗教的祭日・斎日に関わるそれぞれの行事食をとることがわかった。以下ではこの三種類のハレの日における天津都市住民がとっている行事食のパターンをまとめる。

1 誕生祝いの行事食

誕生祝いの行事食の基本的なパターンは「誕生日の前日は水餃子、当日は麵類を食べる」ことである。筆者が調査した六二世帯の全てがこの基本的なパターンによって誕生祝いを行っている。

そのうち水餃子は日常食として食べるものと変わらない。ただし、誕生日の当日に食べる麵類は「四碟麵」というあんかけ麵を中心としている。具体的に、この「四碟麵」は切り麵、かけあん、四品のおかず、及び野菜の盛り合わせをセットとしている。切り麵は小麦粉で作られる市販のものである。かけあんはシイタケやキクラゲなどの乾物を基本にして、鶏卵、肉類やエビの剝き身などの肉・魚類を加えて作られる。四品のおかずは世帯ごとの好みによって多少異なるが、主に千切り揚げた麩の甘酢炒め、千切りの燻製の押し豆腐とピーマン炒め、キュウリとエビの剝き身炒め、及び卵炒めである。野菜の盛り合わせは茹でた旬の野菜を基本にする。時折、この野菜の盛り合わせの真ん中に赤い粉皮(3)を盛り付けることも見られる。この「四碟麵」は、茹でた切り麵を大きな皿あるいは椀においいて、その上にあん、おかずや野菜をかけて、混ぜて食べる。

上述の基本パターンに加えて、五〇歳以上の年長者に対する誕生祝いには「寿宴（長寿を祝う宴）」を家あるいは飲食店でひらいて、親族を招待することもある。この寿宴は丸ごと一匹の魚料理、肉料理を含むより豊富なおかずから構成される。さらに、子女もバースデーケーキを用意する。ただし、親族を多く招待するため、寿宴の開催日を、参加しやすい休日に変更することがよく見られる。

また、年長者に対する誕生祝いと類似して、子供や二〇、三〇代の若者は両親や友達からケーキやおもてなし料理をもらうこともある。

2　旧暦の年中行事での行事食

中国では二十四節気や陰陽五行説にちなんだ節句に特定の料理を食べる伝統がある。現在の天津都市部に伝存する節句は春節（旧暦の正月）、立春（十二月後半から正月前半）、元宵節（正月十五日）、塡倉（正月二十五日）、龍擡頭（二月二日）、清明節（二月後半から三月前半）、端午節（五月五日）、夏至（五月中）、初伏（夏至以後の三回目の庚の日）、中伏（夏至以後の四回目の庚の日）、立秋（六月後半から七月前半）、末伏（立秋以後の最初の庚の日）、中秋節（八月十五日）、重陽節（九月九日）、立冬（九月後半から十月前半）、冬至（十一月中）や臘八節（十二月八日）がある。

そのうち春節、清明節、端午節や中秋節は国家の法定休日である。春節は一九一四年に法定休日になり、天津都市住民にとって一年で最も重要な祝日である。清明節、端午節や中秋節は二〇〇八年から国家の法定休日になった。次に、筆者が収集したデータに基づいて、各節句に関わる行事食及びそのやり方に重点をおいてまとめる。

①国家の法定休日での行事食

【春節】　二〇一八年現在、春節の連休は大晦日から正月の六日までの七日間である。その時期の天津都市部では

(1)大晦日に「団円飯」、(2)正月一日に水餃子、(3)正月二日に麵類、(4)正月三日に「合子」、及び(5)正月五日に水餃子を食べるという伝統がある。

(1)大晦日に食べる「団円飯」は大晦日の夕食に、家族メンバーが揃い、自宅あるいは飲食店でひらく祝宴である。この祝宴は一家団欒の願いが込められていることから「団円飯」と呼ぶ。この団円飯の献立は各世帯の家族構成や食習慣によって多少の差があるが、魚料理や肉料理が定番料理とされる。特に、魚料理は魚を丸ごと蒸したものあるいは醤油で煮込んだものであり、「年々有余（毎年余裕がある）」という願いが込められる。

(2)正月一日に食べる水餃子は年が入れ替わる（「更歳交子」）という意味が込められる年越しの料理である。この年越しの水餃子の餡は野菜類や穀物製品を中心とする食材で作られる。それらの食材はハクサイやパクチー、油条、燻製の押し豆腐、粉皮、赤い粉皮、赤い腐乳、揚げた麩、ねり胡麻、ネギ、ショウガなどである。このような水餃子は「素餃子」と呼ばれ、「素々静々（新年を無難にする）」という願いが込められる。天津の都市住民は大晦日の団円飯を食べた後、それらの素餃子を作っておいて、新旧の年が入れ替わる時にゆでて食べるという習慣がある。また、正月一日の三食に、団円飯から残ったおかずと素餃子を食べることもよくある。

(3)正月二日に食べる麵類は主に四碟麵である。この四碟麵は誕生祝いの行事食として食べるものと変わらない。ただし、正月二日には娘の婿が岳父や岳母の家に新年の祝いに行くという行事がある。そのため、天津の都市住民にとって、正月二日は娘の婿を招待する祝日であり、いわゆる「娘婿の日」である。その場合に、四碟麵が欠かすことのできないおもてなし料理として作られている。

(4)正月三日に食べる「合子」はゆでて食べる餡ものの一種であり、二枚の丸い皮に餡を包み込む円形のものである。この合子の中身は日常食として食べる水餃子の中身と変わらない。しかし、円形の外観があるため、「家族円満」という願いが込められる。さらに、「初三合子往家轉（正月三日に合子が家に回転してくる）」という諺がある。この諺に使われている「轉」の発音が、「賺（金を儲ける）」と同じである。言い換えると、天津都市住民にとって、「合子」を食べることは「家族の円満」及び「金を儲ける」という縁起の良い意味がある。

(5)正月五日に食べる水餃子は日常食として食べるものと変わらない。しかし、この日に水餃子を作ること、すなわち肉やハクサイを切り刻み、または水餃子の皮に餡を包むことは生活や仕事にトラブルを起こす厄介な人を殺す（切り刻む）、またはそれらの人を黙らせる（包む）という意味がある。そのため、天津の都市住民にとって、正月五日に家で水餃子を手作りすることは新年の生活や仕事が順調に進むようにと祈るための行事である。また、正月五日が過ぎると、春節のムードは一段落する。

上述した五つの行事食に対して、約七割の世帯（42／62）がそれぞれのやり方に従ってとっている。それらの伝統的な行事食を食べる世帯はその理由として、「（春節に一同に過ごす）両親がそれらの行事食を重視するから」、あるいは「両親からそれらの行事食のやり方を教えてもらったから」をあげた。いずれにしても、それらの行事食を守る理由は上の世代からの影響であるといえる。

その一方で、残りの約三割の世帯（20／62）はこのパターンに従わず、自分や家族が好きな食べ物を、春節の食事としてとっている。

【清明節、端午節や中秋節】　冒頭で述べたように、清明節、端午節や中秋節が国家の法定休日になったのはつい最近のことである。そのうち清明節は主に四月上旬にあり、祖先の墓を参り、草むしりをして墓を掃除する日である。天津の都市住民はこの時期に特別な料理を食べていないが、墓参りをした後で、親族や家族と一緒に会食する習慣がある。

端午節や中秋節は従来の伝統的な節句である。天津の都市住民にとって、端午節の粽を包むこと及び中秋節の月餅を焼くことはかつての伝統的な行事である。手作りの粽は棗餡と糯米、あるいは小豆餡と糯米をアシ葉で包んで、三角形に作って蒸したものである。手作りの月餅はラード、砕いたナッツや砂糖などの食材で作った中身を、小麦粉を練って伸ばした皮で包んで、月餅の木型で形成し、焼いたものである。現在、端午節や中秋節の前後時期には粽や月餅が市場に大量に出回るようになる。そのため、天津の都市住民はそれらの節句食を作らなくなり、市販のものを購入するようになった。

筆者が聞き取った六二世帯の全ては端午節や中秋節にそれらの節句食を購入し、食べ、「節句らしいことをする」。また、それらの節句食を食べたうえで、家あるいは飲食店において宴会をひらき、家族や親友と一緒に食事する習慣もある。

②法定休日外の節句の行事食

天津の都市住民は上述した法定休日以外の節句に、特定の料理を食べる習慣もある。

【立春】　立春は二十四節気の一つ目であり、旧暦の十二月後半から正月前半の間にある。この節気に食べる特別な料理は「春餅」である。春餅は小麦粉を水で溶いて円形に薄く延ばして焼いた皮におかずを包んで食べるものである。おかずはモヤシとニラなどの旬野菜炒め、燻製の肉類、及び鶏卵炒めである。

【元宵節】　元宵節は正月十五日にある。この節句には天津の都市住民は元宵を食べる習慣がある。元宵とは中身に白玉粉をまぶして作る白玉団子である。その中身は棗餡、小豆餡、サンザー餡、黒胡麻餡、砂糖と砕いたナッツで作った餡、ココア餡など多種なものである。現在の天津都市部では元宵節の前後時期に、元宵または湯圓(4)が市場に大量に出回る。天津の都市住民はそれらの市販の元宵あるいは湯圓を購入して食べて、「節句らしいことをすること」を行う。

【塡倉】　塡倉は正月二十五日にあり、正月の最後の節句である。かつては穀物商の行事であり、倉庫の神様を祭ることであった。その節句には米飯と鮒スープを食べるという行事がある。

【龍擡頭】　龍擡頭は二月二日にある。かつては豊作を期待して龍に雨を願うという農業に関わる行事であり、龍を祭っていた。現在の天津都市住民はこの節句に大餅、煎り「烱子」、鶏卵炒め及びモヤシ炒めを食べる習慣がある。そのうち烱子は緑豆粉を原料とし、コンニャク状の小さなかたまり状で、龍のうろこが模されている。烱子を煎ることは龍のうろこを煎るという意味がある。また、モヤシ炒めは龍の髭を炒めるという意味が込められる。

【夏至】　夏至は二十四節気の一つであり、五月中旬にある。この節句にあんかけ麵を食べるという行事がある。このかけあんは日常食として食べるものと変わらない。

【三伏】　三伏とは初伏、中伏や末伏の総称である。初伏は夏至以降の三番目の庚の日、中伏は夏至以降の四番目の庚の日、末伏は立秋以後の最初の庚の日である。初伏に水餃子、中伏に麵類、末伏に大餅と鶏卵炒めを食べるという行事がある。

【立秋】　立秋は二十四節気の一つであり、六月後半から七月前半にある。この節気に、スイカを食べるという行事がある。すなわち、「秋を嚙む」という意味がある。

【立冬】　立冬は二十四節気の一つであり、九月後半から十月前半にある。この節気に、水餃子を食べるという行事がある。水餃子は日常食として食べたものと変わらない。

【冬至】　冬至は二十四節気の一つであり、十一月中にある。この節気に、ワンタンを食べるという行事がある。ワンタンは日常食として食べるものと変わらない。また、「冬至にワンタン、夏至に麵を食べる」という諺がある。

【臘八節】　臘八節は十二月八日にあり、仏教に関わる祭日から生じた節句である。かつてはその仏教に関わる祭日に、寺の僧が米、豆やナッツ類の粥を作って、仏に供えたうえで、貧しい人に施すという行事があった。この行事に作られる粥は「臘八粥」と呼ばれた。現在、臘八粥作りは仏教を信仰しない住民にも広がり、一般的な節句の行事とされている。

また、この臘八粥以外に、現在の天津都市住民は臘八節に「臘八蒜」という保存食を作る習慣がある。臘八蒜は皮を剝いてきれいに洗ったニンニクを中華酢に漬け込むものである。酢に漬け込んだニンニクは二週間ほどで、全体が緑の色になってから、食べられるようになる。緑色のニンニク、及びニンニクの辛味を加えられた酢は年末や旧暦の正月において調味料、とくに水餃子のタレとして使われる。

上述の一〇項目の節句の行事食に対して、約四割の世帯（26／62）はそれぞれのやり方に従う食事をとっている。これらの世帯はそれらの行事食を大切にする理由として、「同居する年長者からの要求」または「マスメディアの宣伝」をあげた。それに対して、残りの約六割の世帯（40／62）は行事食のやり方を大切にせず、それらの節句に自分が好きな食事をとる。彼らによると、それは「準備の時間がない」「時々節句自体を忘れる」あるいは「それらの行事食をとる習慣がない」ためである。

3　宗教的祭日・斎日の行事食

現在の天津都市部では仏教、カトリック教やイスラム教などの宗教を信仰する住民がいる。それらの教徒は宗教団体が刊行するカレンダー及び各宗教の教えに従って、各祭日や斎日に断食したり、特定な料理を作ったりしている。以下では筆者がインタビューした世帯メンバーの事例に基づいて、各宗教に関わる行事食をまとめる。

【仏教】　仏教において、肉類、水産物や鶏卵などの動物性の食材、及びネギ、ニンニクやショウガなどの匂いの強い野菜（すなわち「五葷」）を食べることは原則として禁止される。そのため、教徒である世帯メンバーはそれらの食材をできるだけで避けて、普段は菜食を基本にする食事をとっている。その上で、釈迦の誕生日（旧暦の四月八日）に麺類、臘八節に水餃子を食べて、各祭日にふさわしい行事食をとっている。また、毎月の六斎日（旧暦の八日や十四日、十五日、二十三日、二十九日、三十日）の午後に断食を行い、朝食と昼食のみを食べている。

【カトリック教】　カトリック教では「大斎日」や「小斎日」という斎日に食事を節制することがある。大斎日は灰の水曜日や聖金曜日であり、一日に十分な食事をとるのを一回だけにし、ほかの食事を少量にする。小斎日は毎週金曜日であり、鳥獣の肉を食べることが禁じられる。筆者がインタビューしたカトリック教の教徒は毎週金曜日に、鶏卵、魚または野菜を食べる一方で、大斎日には昼食をしっかりとって、夕食を菓子によって簡単に済ませる。さらに、旧暦の年中行事の時期にあっても、中国の伝統的な行事食を取らず、カトリック教の斎戒を守っている。

【イスラム教】　現在の天津都市部に暮らしている回族住民の一部はイスラム教を信仰する者である。[5]イスラム教では毎年イスラム暦九月が断食月（「ラマダーンと呼ぶ」）となる。この時期におけるイスラム教の教徒には、日の出から日没までの断食の義務が課せられている。筆者がインタビューした一人の教徒は断食月の昼間に食事を取らず、日没から日の出までの間に一回だけの食事をとる。それらの食事は昼間の断食によるタンパク質やエネルギーの不足を補足するため、牛肉料理を基本にする。このほかに、ラマダーン明け（「開斎節」と呼ぶ）に牛肉、ラム肉や「油興（小麦粉をこねて油で揚げたもの）」などを食べる。彼は日常生活をイスラム教の教えに従って送っており、漢民族の年中行事を普段行っていない。

第二節　ある中流層家庭の食生活――老婦人Z及び息子L夫婦を事例として

前節においては六二世帯データに基づいて、現在の天津都市住民の食生活の全体像を取り上げた。本節は六二世帯のうちのある中流層世帯を事例に、彼らの日常食と行事食を詳述し、天津都市住民の食生活の実態を明らかにする。本節で取り上げる具体例とする世帯は天津出身の家族である。老婦人Z、及び、彼女の息子L夫婦という二つの世帯である。

(一)　二つの世帯の日常生活

この二つの世帯が送っている食生活を記述する前に、彼らの日常生活のリズムを簡単にまとめる。

1　老婦人の一日の暮らし

老婦人Zは夫と死別して、現在一人暮らしをしている。基本的には末娘夫婦に買い物、調理や洗濯などの家事をしてもらっている[6]。時折、自ら買い物をしたり、調理したりしている。彼女は普段朝七時頃に起きる。その後、弥勒仏像に一五分ほど礼拝する。八時半頃に朝食を温めて食べる。午前中に、外で買い物をしたり、部屋を掃除したりする。十二時頃に、昼食をとる。昼食は主に末娘夫婦に調理してもらう。昼食後に、外で三〇分ほど散歩をする。家に帰ってから、一時間ほど昼寝をする。その後、午後三時頃にヨーグルトを飲む。四時三五分から六時半にかけて、北京テレビ局が放送する調理や養生の番組（「養生堂」と呼ぶ）を見る。六時半に、夕食を温めて食べる。七時から七時四〇分頃の間、中国中央テレビ局が放送する「新聞連播」と「天気予報」を見る。その後、新聞を読み、九時半頃に寝る。

老婦人Ｚは起きる時間、食事時間及び寝る時間を一定にしており、規則的な日常生活を送っている。このような規則的な日常生活は誕生日及び年中行事などのハレの日に親族・家族との団欒によっていくつかの例外が出てくるが、ほぼ一年を通して同じである。

2　息子夫婦の一週間の暮らし

五〇代の夫Ｌは天津市内のある美術専門学校の教師として勤めている。普段の勤務は学期内[7]の平日に教える授業（八時四五分～一二時）である。この勤務以外の時間に、彼は家で休んだり、出かけて副業を行ったりしている。

五〇代の妻Ｓは美術の専門学校から退職した。二〇一八年現在、天津市内のある「老年大学（高齢者大学）」に通っている。老年大学の学期である四月から六月までの二ヶ月間、及び九月から十二月までの三ヶ月間、彼女は二時間の授業を週二回受けている。授業を受ける時間は毎年参加するコースによって変わっている。たとえば彼女が参加した二〇一七年度の授業は毎週月曜日の午前中（一〇時～一二時）及び木曜日の午後（一四時三〇分～一六時三〇分）に行われた。それらの授業日以外は家で家事して過ごす、親友と食事をするなど、退職後の生活を楽しんでいる。

上記のように、この夫婦の生活リズムは昼間の仕事や授業によって変わっている。ただし、大まかにまとめると、彼らが一日中に家で三食をとる時間は朝食が六時半から八時半までの間、昼食が一一時半から一三時半までの間、そして、夕食が一八時半から二〇時までの間である。

(二)　一年間のデータからみる日常食の実態

次に、この二つの世帯の日常食のパターンをまとめる。ここで分析データとして使用するのは老婦人Ｚ及び息子

写真4　老婦人の昼食：米飯、おかずと汁物（2017年11月19日、筆者撮影）

写真5　老婦人の夕食：昼食の残り物（2017年11月19日、筆者撮影）

の妻Sが書いた日記である。具体的には、これらの日記から取り上げた一年間における各季節の一週間の献立である（付録の付表—3と付表—4、以下付表—3と付表—4と表記）。

1　老婦人の場合

老婦人の日記で記録された一日の食事は朝食と昼食が中心である。夕食に関する記録は時折出てくる程度である。普段、彼女は昼食の残りの食べ物を温めて、夕食として食べている。そのため、夕食の献立を日記に記録するのはその料理が昼食と異なる場合のみである。実際に、筆者が参与観察を通して確認したところ、老婦人は夕食に残りの料理を食べると、当日の日記に夕食の献立を記入しなかった（写真4と写真5）。ただし、夕食に当時の昼食と異なる料理を食べると、日記に夕食の献立を記入した。そのため、昼食の献立から、老婦人がとっている夕食の様子をある程度で把握できるといえる。

①自宅でとる朝食の実態

老婦人は基本的に家で朝食をとる。朝食の準備は末娘が煎餅餜子（二〇一七年九月四日）を持ってきたことが一回あったが、残りの二七回は老婦人が自ら準備した。そのうち家で準備する朝食は主に主食、副食と汁物から構成される（写真6と写真7）。

写真6　老婦人の朝食：炊飯器で温めた饅頭とソーセージ（2017年11月22日、筆者撮影）

写真7　老婦人の朝食：棗やユリ根が入った粥（2017年11月22日、筆者撮影）

主食はクルミケーキ（「胡桃酥」と呼ばれる中華式の菓子）やビスケット、パン、水餃子、ワンタン、饅頭、焼餅、米飯、大餅、菓子、小豆餡の饅頭、サンザシ餡の饅頭の一二種類がある。そのうち水餃子、米飯、ワンタンという三種類は前日の食事から残ったものである。残りの九種類は事前に購入しておいた市販のものであり、小麦粉で作られた饅頭、大餅や焼餅などの中華式の食べ物を中心としている。以上のことから、老婦人がとっている朝食の主食は市販の中華式の小麦粉製品を基本にしていることがわかる。

副食は鶏卵、蒸し棗、残りのおかず、及び市販のソーセージの四種類であり、基本的に中華式の食べ物である。このなかで、よく出てくるのは蒸し棗である。この蒸し棗はハチミツと棗を混ぜて蒸したものであり、末娘に定期的に作ってもらうものである。末娘によると、それは「棗は血を補うという養生的効果がある」ためである。

汁物は市販のオートミールや「藕粉」[8]を含む二種類がある。老婦人はオートミールあるいは「藕粉」にお湯を注いで、朝食の汁物として飲んでいる。特に、オートミールは献立によく見られる。彼女によれば、オートミールを食べ始めたのはつい最近のことである。養生番組（「養生堂」）や新聞（「中老年時報」）に、「オートミールの長期間の食用は高齢者にとって健康的な効果がある」という宣伝がよく見られた。そのため、老婦人はオートミールを朝食の汁物として飲むようになった。

②自宅でとる昼食と夕食の実態

老婦人は主に家で昼食と夕食をとる。付表―3にまとめた二八回の昼食における、二六回は家でとったものである。この二六回の食事における、一五回は主食、おかず、汁物から構成される一方で、残り一一回は水餃子などの餡もの、あるいはあんかけ麵を基本にする。また、付表―3にのせた三回の夕食は家でとられた。そのうち一回は主食、おかず、汁物から構成され、残り二回はワンタンなどの餡ものである。

上記のように、老婦人が普段家でとる昼食と夕食には二つのパターンがある。すなわち、主食、おかず、汁物をセットとするパターン1、及び、餡ものあるいはあんかけ麵を中心とするパターン2である。次に、この二つのパターンの種類をまとめる。

【パターン1】　主食の種類は米飯や饅頭、大餅、焼餅である。そのうち米飯は献立によく出てくる主食である（一一回）。それは饅頭や大餅より米飯のほうが柔らかく、食べやすいためである。また、白飯以外にも、仕事を休んだ末娘が、米に粟を混ぜて粟飯を時折作った（二〇一七年十一月二十七日、十一月二十九日）。これは雑穀が高齢者の健康に良いと考えられているからである。

おかずの品数及びその頻度は一品が三回、二品が六回、三品が五回、四品が一回、そして五品が一回である。そのうち一品のおかずのみを食べるのは老婦人が自ら調理する場合である。その場合、彼女はナスの醬油煮などの手間のかからない料理を作ったり、あるいは事前に購入しておいたソーセージをおかずにしたりして、一品のおかずを食べていた（二〇一七年九月六日、九月九日や十二月二日）。それに対して、二品以上のおかずが出されるのは主に末娘夫婦が作る場合である。とりわけ、そのうち四品以上の料理を用意するのは末娘が休みをとれる場合であった

（二〇一七年七月二十六日、七月二十七日）。

おかずの構成は肉・魚類の食材として、豚肉や豚腎臓、ソーセージ、鶏肉、鶏卵、タチウオ、コウライハス、クルマエビ、海カニ、干しエビ、ナマコの一一種類がある。そのうち豚肉の醤油煮込み、豚肉と野菜の煮込み、またはタチウオあるいはコウライハスの醤油煮込みという三種類の料理は末娘がよく作るものであり、各季節の献立に見られた。末娘によると、それらの料理は母親が大好きなものであるため、週一回ほどの頻度で作られている。一方、野菜類の食材は二〇種類がある。たとえば春のハクサイ、ニンジンやキャベツ、夏のレンコン、マコモダケやゴーヤー、秋のトウガン、及び冬のモヤシなどを含む各季節の旬ものである。老婦人または末娘夫婦はそれらの野菜を、豚肉、鶏肉や鶏卵などとあわせて調理している。

汁物はスープを基本に、汁気の多いうどんや雑穀の粥も加えられる。例えば、スープの種類は季節によって異なり、春にハツカダイコンのスープ、夏にトウガンと春雨のスープ、トマトと鶏卵のスープ、及びトウガンと豚団子のスープ、冬にダイコンと春雨のスープ、ダイコンと干しエビのスープがある。それらの六種類のスープは旬の野菜を基本に、鶏卵、豚団子あるいは干しエビの肉・魚類、また春雨の乾物類を加えて作られる。

【パターン2】 餡ものには手作りの水餃子、ワンタン、肉饅頭及び飲食店から持ち帰った「韮菜盒子」[9]がある。手作りの餡ものの中身について、ワンタンが豚ミンチだけを含む一方で、水餃子や肉饅頭は豚ミンチと旬の野菜を基本にして、エビの剥き身や鶏卵炒めを加えて作られる。

日記から見れば、末娘夫婦は少なくとも週一回で水餃子あるいは肉饅頭を作る。彼女によると、それらの餡ものは冷蔵庫で保存しやすく、温めて簡単に食べられる。そのため、連勤により母親の家に調理しに行けない場合、大量の餡ものを事前に作っておくようにしていた。

写真8　息子夫婦の朝食：同じ組み合わせ（2017年11月1日、筆者撮影）

写真9　息子夫婦の朝食：異なる組み合わせ（2017年11月28日、筆者撮影）

餡もの以外に、切り麺とかけあんで作られるあんかけ麺もある。かけあんは乾物やエビ、鶏卵、豚肉の醤油煮込み、及び麦味噌と豚肉の醤油煮込の二種類がある。それらのあんかけ麺は基本的に末娘によって作られ、少なくとも週一回で食べられる。

③外食

付表―3に取り上げた二八日間の食事には外食が二回ある（二〇一七年七月三十日、十二月一日）。この二回の外食は昼食であり、長女または末娘夫婦が親孝行として行うものである。老婦人によると、結婚後別居している長女は月一、二回来て、菓子などの食べ物を送ったり、掃除などの家事をしたりする。とりわけ、長女は一年に二、三回ほど、老婦人を連れて外食する。また、末娘夫婦も、時折老婦人を連れて、飲食店において外食する。

2　息子夫婦の場合

①自宅でとる朝食の実態

付表―4に取り上げた二八日間の朝食における、夫婦が家でとった朝食は合計二六日間である。この二六日間の朝食において、夫婦が同じ食事内容で共食したのは一三日間である一方で、異なる食事内容をそれぞれに食事したのは一三日間である。この比率からみれば、夫婦の朝食には個食化の傾向があるといえる。そのため、夫婦の朝食のパターンに対する分析は個人ごとの朝食の内容に基づいて行う。すなわち、二人の二六日間の合計五二回の朝食の献立に基づいて、朝食のパターンをまとめる。

五二回の朝食の準備について、基本的に夫婦が手作りする（47／52）。これらの手作り朝食は主に主食、副食や汁物から構成される（写真8と写真9）。

主食は西洋風のパン、中華風の棗饅頭や饅頭の三種類がある。西洋風のパンは市販の食パンであり、トースターで焼いて食べる。中華風の棗饅頭や饅頭は妻の手作りである。妻は一週間あるいは二週間に一回、大量の饅頭または棗饅頭を作り置きする習慣がある。彼女によると、手作りしたものは市販の食品よりも美味しく、さらに安全性も高い。

副食はゆで卵やソーセージ、チーズ、クルミ、甘栗、蒸しカボチャ、蒸しニンジン、蒸しナガイモの八種類である。手作りのゆで卵や市販のソーセージは息子夫婦にとって定番の中華式の朝食であり、献立によく見られる。チーズは明治ブランドなどの輸入品であり、焼きパンあるいは焼き饅頭とあわせて食べられる。また、クルミや甘栗の堅果類、及びカボチャやニンジン、ナガイモの蒸し物は夫婦にとって健康的かつ養生的効果があるため、朝食の副食として食べられていた。

汁物は雑穀の粥、牛乳、手作りオレンジジュース、うどん、ダイエット食品である「159」[10]の五種類がある。雑穀の粥は小豆や黒豆、ハトムギの実、黒米、黒ピーナッツなどの雑穀で作られる。妻によると、それらの雑穀の食用は体の湿気をとり、または高脂血症を予防できるという健康的な効果がある。そのため、彼女は朝食の定番の汁物として夫に食べさせている。

しかし、妻はこの定番の雑穀粥では満足できないため、牛乳、うどん、手作りオレンジジュースあるいはダイエット食品を飲んでいる。このように、夫婦は同じ朝食の食卓において、異なる汁物をそれぞれに飲んでいる。それも、

写真10　息子夫婦の昼食：米飯とおかず（2017年11月1日、筆者撮影）

写真11　息子夫婦の昼食：水餃子（2017年11月7日、筆者撮影）

冒頭で言及した朝食の個食化が生じる重要な原因である。

②自宅でとる昼食の実態

付表―4に取り上げた二八日間の昼食における、二四回の食事は夫婦二人が家で共食するものである。残り四回のうち、三回は妻が家で食事をする一方で、夫が外食する。一回は夫婦二人で外食であった。上記のデータから見れば、日常食において夫婦が昼食をとる場所は家が基本となることがわかる。

こうした家でとる昼食のうち、一四回の献立は主食とおかずを基本にする（パターン1、写真10）。また一二回の献立は水餃子などの餡ものあるいは麺類である（パターン2、写真11）。

【パターン1】　主食は手作りの米飯、饅頭、大餅やチャーハンの四種類がある。そのうち夫婦がよく食べている主食は米飯である。それ以外に、妻が饅頭や大餅などの小麦粉製品を時折作り、粉食が好きな夫に食べさせる。

おかずの品数及びその頻度について、一品が四回、二品が四回、そして三品が六回である。二、三品のおかずを用意するのは主に夫婦二人が共食する場合である。この場合に、妻は一品の肉・魚料理及び一、二品の野菜料理を作る。それに対して、一品のおかずを作るのは主に妻が一人で昼食をとる場合である。

おかずの構成種類に関して、肉・魚類の食材は豚肉、豚リブ、牛肉、ヒラメやクルマエビの六種類がある。そのうち豚肉あるいは豚リブの料理（例えば豚肉の醤油煮込みや豚リブの白煮など）がよく見られる。

一方、海産魚や牛肉の料理は極めて少ない[11]。妻によると、漢方薬を飲んでいる夫にとっては海産魚の料理は過敏症を起こしやすい。また、牛肉は体を温める働きがあり、熱性の食材である。そのため、これらの食材を頻繁に食べるのはよくない。また、淡水魚や鶏肉の料理もほとんど食べられない。妻によると、それは夫婦が抗生物質や成長ホルモン剤を過剰に投与された淡水魚や鶏肉の安全性を心配しているためである。

野菜類は一五種類あり、たとえば春のキャベツやモヤシ、夏のキュウリ、ジャガイモやトマト、秋にサヤインゲンやレンコン、及び冬のハクサイなどを含む各季節の旬のものである。また、キクラゲや南方産の梅干菜[12]などの乾物、及び燻製の押し豆腐も献立に見られる。特に、妻はキクラゲをおかずに入れて、夫によく食べさせる。彼女によると、それはキクラゲが持つ健康的な効果、すなわち身体に溜まっている毒素や湿気を排出できるためである。

【パターン2】　餡ものは手作りの水餃子、蒸し餃子、焼き餃子や肉饅頭の四種類である。それらの餃子類や肉饅頭の中身は豚ミンチと旬の野菜を基本にして、時折鶏卵やエビを加えて作られる。献立に出てくる中身の組み合わせは季節によって多少異なる。春は豚ミンチ、ニンジンやパクチーであり、秋は豚ミンチやニラ、鶏卵、エビであり、冬は豚ミンチとハクサイ、または豚ミンチとウイキョウなどである。

麺類は中華式のあんかけ麺と西洋風のスパゲッティがある。あんかけ麺は切り麺とかけあんで作られる。かけあんは麦味噌と豚肉炒め、トマトと鶏卵炒め、及び乾物（キンシンサイやキクラゲ、シイタケ、キヌガサタケ）と豚肉の醤油煮込みという三種類がある。スパゲッティは市販のスパゲッティ、手作りのソースや煎った豚肉で作られる。そのうち手作りソースはキャベツやセロリ、トマトソース、ニンジンを炒めて作る。夫婦はゆでたスパゲッティを人数

写真12　息子夫婦の夕食：うどんと少量の主食（蒸しとうもろこし）（2017年11月1日、筆者撮影）

写真13　息子夫婦の夕食：主食、おかずと汁物（2017年12月17日、筆者撮影）

分に分けて大きな皿において、手作りソースと混ぜて、その上に煎った豚肉スライスをトッピングとしてかけてから、箸で食べる。

③自宅でとる夕食の実態

付表—4に取り上げた二八日間の夕食における二六回は夫婦二人が家で共食するものである。それらに対して、夫婦は毎回の食事に少量の主食やおかずを食べたり、あるいは主食を除き汁物だけを飲んだりしている。夫婦によると、彼らは夕食を満腹まで食べると、夜に消化不良で体にとって不健康だと考える。そのため、夕食は主食、おかずや汁物のセット以外に、汁物のみ、あるいは汁物とおかずなどの組み合わせであった（写真12と写真13）。

昼食の主食と比べると、夕食の主食の種類はより多様である。米飯、大餅や饅頭の他に、朝食の主食である棗饅頭、餡ものである焼き餃子や肉饅頭、「糊塌子」の合計七種類の穀物製品がある。

そのうち糊塌子はズッキーニ、鶏卵や小麦粉で作ったチヂミのような焼き物であり、北京料理の軽食の一種である。妻はズッキーニが市場に出回る夏に、夕食として作って夫に食べさせる。さらに、糊塌子を作る際に、健康的な効果を増進するため、トウモロコシ粉を小麦粉に入れて作ることもよくある。

夫婦が家でとる二六回の夕食のうち、おかずが出される食事は一三回である。おかずの品数及びその頻度は、一品が七回、二品が四回、三品が一回、そして四品が一回である。

おかずの構成について、付表―4に取り上げた二二品の料理のうち、一四品は野菜料理であり、八品は肉・魚料理である。妻によると、油っぽい肉・魚料理を夕食に食べると、消化不足になり体に良くない。そのため、夕食のおかずは野菜料理を中心としている。ただし、ナマコ料理（蒸し物あるいは炒め物）はよく出される。妻によると、ナマコは免疫力を高めて健康増進に役立つという健康的な効果がある。そのため、彼女はナマコを野菜と炒めたり、あるいはうどんや粟粥に入れたりして、夫に食べさせる。

夕食の汁物はワンタン、うどん、粥やダイエット食品である159の四種類がある。特に、夕食に夫婦はそれらの汁物のみを飲むことがよくある。

④外食

付表―4に取り上げた二八日間の食事における、外食は八回ある。そのうち夫婦二人が飲食店で共食することは四回ある。具体的に、彼らは朝食販売店においてワンタンや油条を食べたり、ショッピングセンターの喫茶店においてコーヒーを飲んだり、または夕食に火鍋の専門店においてラム肉のしゃぶしゃぶをとったりしている。また、夕食に友人と会って、中華式の料理を食べることもある。

夫婦が別々にとる外食は四回であり、基本的に仕事や老年大学の授業参加などの原因で、昼に家へ戻れない場合である。例えば、妻が老年大学に参加するため、学校の近くにある飲食店で外食した。それと同時に、夫は午前中の業務によって就職先の食堂で食事をとった（二〇一七年九月七日・木曜日）。

3　二つの世帯の日常食の特徴

単身世帯の老婦人は一人暮らしをしており、一日の三食をいつも決まった時間に家でとっている。三食うちの朝食と夕食は自ら調理することが多いのに対し、昼食は主に末娘夫婦に調理をしてもらっている。

そのうち老婦人が自ら準備する朝食は市販の小麦粉製品を中心とする主食、棗やソーセージ、残りのおかずを含む副食、及びオートミールなどを含む汁物から構成される。夕食は昼食の残り物を温めて食べる。

末娘夫婦から準備してもらう昼食は米飯や饅頭などの主食、肉・魚料理や野菜料理のおかず、及びうどん、雑穀の粥あるいは野菜スープを含む汁物から構成される。それ以外に、水餃子やあんかけ麺も頻繁に作られる。品数の量及び食材の豊富さは末娘の仕事リズムによって異なる。末娘が休みを取れた日の昼食は魚の醤油煮込み、豚肉の醤油煮込みなどの肉・魚料理を含む三、四品のおかず、あるいは水餃子などの手間のかかる料理を含むより豊富な食事である。

一方、核家族である息子夫婦は不定期的に外食することがあるが、家で三食をとることが相対的に多くある。それらの三食の食事は妻が夫の好みに合わせながら準備する。そのうち家でとられる朝食は手作りの小麦粉製品を中心とする主食、ソーセージ、チーズ、ゆで卵や堅果類を含む副食、及び雑穀の粥、ダイエット食品あるいは牛乳などの汁物から構成される。夫婦二人はそれぞれの嗜好によって、異なる組み合わせから構成される朝食を個食的にとることがよくある。家でとられる昼食は、米飯を中心とする主食、豚肉の醤油煮込みと野菜の炒め・和え物を含む二、三品のおかずから構成される。それ以外に、水餃子あるいは麺類も頻繁に作られる。昼食の量や豊富さと異なり、夕食は少量の主食、残りのおかずまたは汁気の多いうどんから構成される軽めの食事である。

老婦人Ｚや息子Ｌ夫婦の日常食のパターンを比較し、この二つの世帯の日常食の特徴に関わる相違点として、以下の三点を指摘することができる。

【家庭料理への嗜好】　老婦人や末娘夫婦が普段作る家庭料理は天津の料理を中心としている。例えば、魚や豚肉の醤油煮込み、ハクサイなどの野菜と豚肉の醤油煮、ナスの麦味噌煮などのおかずが老婦人の献立によく見られる。それらのおかずはいずれも、味が濃く、天津の伝統的な家庭料理である。

息子夫婦が普段に食べる家庭料理は上述の天津の伝統的なものに限らず、西洋風（例えばスパゲッティ）及び国内の他地域（すなわち北京風味の糊塌子や南方風味の梅干菜と豚肉の醤油煮込み）のものなどがある。要するに、老婦人や末娘夫婦が作ったものと比べると、息子夫婦が常食する家庭料理の食材、味付けや作り方は国内外のものを含んでおり、より多様である。

【食の健康・養生への関心】　この二世帯は健康や養生的効果がある食材を食べることがよくあると言える。例えば、老婦人の献立にはオートミールなどの雑穀、及び棗などの食材がよく見られる。また、息子の妻はトウモロコシ粉、黒豆やハトムギなどの雑穀、ナマコ、キクラゲなどの食材に対して、健康的かつ養生的効果があると考え、日常食において頻繁に作っている。

上記の食の健康や養生への関心はマスメディアでの宣伝や親友からの紹介と緊密的に関係している。ただし、妻はそれらの宣伝や紹介の影響を受けると同時に、自分がもつ伝統的な漢方知識も活用している。すなわち、彼女は寒性・熱性食材[13]をみきわめ、さらに夫の体に良い効果をもたらすかどうかを判断して、食材を選んでいる。このように、二世帯は食の健康・養生への関心があるが、常食する健康的かつ養生的効果がある食物の種類が異なる。この差異は彼らが持つ生活経験や社会関係と関係する。

【食品の安全性への意識】　この二世帯は食材の安全性に注目する。例えば、老婦人は野菜に残留した農薬を落とすため、それらの野菜を塩水に浸す習慣がある。息子夫婦は農薬残留の可能性が高い野菜に対して、海外産の洗剤を使って洗ったり、ゆがいてから調理したりする習慣がある。さらに夫婦は、川の魚及び鶏肉に含まれる抗生物質や成長ホルモン剤を心配し、それらの食材をできるだけで食べないようにしている。

上記のように、食材の安全性に注目する老婦人と息子夫婦では安全性に対する確保方法が異なる。老婦人と比べると、息子夫婦が扱う手段はより多様であり、野菜や果物専用の輸入品の洗剤の使用、特定の調理方法の使用、及び危険がある食材の回避が見られる。

(三) 行事食の実態

次に、この二つの世帯がとる行事食のパターンをまとめる。ここで分析データとして使用されるのは日記に記入されたハレの日の記録、及び筆者が参与観察によって記録したデータである。そのうちハレの日の記録は前節で使用した日常食の時間帯と合わせて、旧暦の二〇一七年度から選択した。すなわち、正月一日（二〇一七年一月二十八日）から臘月三十日（二〇一八年二月十五日）までの一年間における、老婦人または息子の妻が日記に意識して記入した各ハレの日に関わるデータである（付録の付表―5と付表―6、以下付表―5と付表―6と表記）。また、参与観察では上述のハレの日に老婦人または息子夫婦が行った食事に参加して彼らと一緒に準備し、共に食べた。

1　老婦人の場合

付表―5は老婦人が二〇一七年度の日記に記入した行事食の記録である。[14] この表からみれば、老婦人が意識して記入したハレの日に関する記録は二九項目ある。より具体的には、（1）誕生祝いに関わる記録が一項目、（2）旧暦の年中行事に関わる記録が二一項目、（3）仏教に関わる記録が七項目である。[15] 次に、この二九項目に重点をおき、老婦人Ｚが一年間にとっている行事食の実態を詳述する。

写真15　親族と一緒に四碟麵を食べている老婦人：共食するメンバーについては、左からの順に、老婦人の妹、息子、老婦人、老婦人の兄、老婦人の兄の婿である（2015年7月26日、筆者撮影）

写真14　誕生祝いの帽子をかぶっている老婦人及び彼女の兄弟たち（2015年7月26日、筆者撮影）

①誕生祝いに関わる食べ物

付表―5における、誕生祝いに関わる記録は二項目ある。すなわち、一つの記録は老婦人が自分の誕生日を過ごすこと、もう一つの記録は老婦人が兄の誕生祝いに参加することである。次においては老婦人の誕生祝いに重点をおいて記述する。

老婦人は旧暦の誕生日を祝う。誕生日の前日には水餃子を食べ、当日の昼食に料理店において外食し、夕食に家で四碟麵を食べた。以下では二〇一五年七月二十六日（日）に筆者が参加した老婦人の誕生祝いの当日の詳しい流れを詳述する。

当日の午前一一時半頃に、老婦人は末娘世帯（三人）と一緒に事前に予約した料理店に行き、親族と会食した（写真14）。他の参加者は老婦人の長女夫婦、息子夫婦、及び兄の家族（四人）や妹の家族（四人）であった。会食の料理は丸ごと一匹の鯉の醤油煮込み、エビの剥き身炒め、ナマコの炒め、豚肉の醤油煮込みなどを含む一二品があった。また、末娘は西洋風のバースデーケーキを用意し、会食の参加者にふるまった。

一時半頃に、会食が終了した。老婦人の兄や妹の家族、及び末娘世帯、息子夫婦は老婦人の家に戻った。午後から、老婦人は親族と麻雀を打ち、一家団欒を楽しんだ。それと同時に、末娘夫婦は夕食を準備した。

六時半頃に夕食が始まった。夕食は切り麵、かけあん、四品のおかず、及び野菜の盛り合わせをセットとする四碟麵である（写真15）。そのうちかけあんはシイタケやキクラゲ、干しキンシンサイ、燻製の押し豆腐、揚げた麩、豚肉、エビ、鶏卵の醤油煮込みで作られた。四品のおかずはキュウリやキクラゲ、エビの剥き身、鶏卵炒め、揚げた麩の甘酢炒め、燻製の押し豆腐とピーマン炒め、及び鶏卵炒めであった。野菜の盛り合わせは生のキュウリ、茹でたニンジンやモヤシ、ジュウロクササゲ、セロリ、ホウレンソウであった。

老婦人によると、上述のような「親族とともに昼食に外食し、夕食に四碟麵を食べること」は誕生祝いの定番のながれである。そのうち外食の料理は毎年多少異なっているが、丸ごと一匹の魚料理や肉類料理、エビ料理、ナマコ料理が定番的に出される。それらの料理を出す原因について、老婦人や末娘夫婦によると、丸ごとの魚や肉類の料理が普段の祝宴の定番料理であるし、さらに老婦人や兄弟たちに魚介類や肉類の好みがある。上述のおかず以外に、西洋風のバースデーケーキが誕生祝いの定番の食べ物として用意される。

ところが、老婦人は誕生祝いの祝宴の開催を、必ずしも自分の誕生日にするわけでなく、時々休日に変更する。老婦人や末娘夫婦によると、それは多くの親族メンバーが誕生祝いに参加できるようにするためである。付表—5の16番に示すように、老婦人の誕生祝いの開催日は本来の誕生日（月曜日）でなく、次の休日（日曜日）に変更された。要するに、老婦人の誕生祝いにおいて、四碟麵、肉・魚料理やバースデーケーキなどの定番な食べ物が用意されるが、その開催日は親族メンバーのスケジュールによって柔軟に変更されることがある。

②旧暦の年中行事に関わる食べ物

旧暦の年中行事に関わる記録は最も多く、合計二一項目がある。すなわち、春節、清明節や中秋節などの国家の法定休日に関わる記録は一〇項目であり、臘八節、初伏や立冬などの法定休日以外の節句に関わる記録は一一項目ある。次に、この二種類の年中行事ごとに、老婦人が記録した各種類に関わる食べ物を整理する。

【国家の法定休日】

(1)春節の行事は老婦人にとって一年で最も重要なものである。この時期における各行事食は主に末娘夫婦によって準備される。

普段、春節の連休は大晦日から正月六日の七日間である。しかし、大学図書館で仕事をしている末娘は臘月後半から冬休みをとれる。この休みの間に、末娘は食材の購入や下準備及び調理などを行い、旧暦の年末年始の各種類の行事食をゆっくり準備する。このような年末の準備を進め、老婦人や末娘世帯は新年を迎える。彼らは大晦日の夕食をとってから、正月一日に素餃子（付表—5の1番）、正月二日に四碟麵（付表—5の2番）、正月三日に合子（付表—5の3番）、そして正月五日に水餃子（付表—5の4番）という順番で年始の各種類の行事食を相次いでとっている。

筆者は二〇一八年二月十二日（臘月二十七日）から二月二十日（正月五日）までの間に、老婦人の家で参与観察を行い、上述の各行事食及びそれらの準備過程を以下の通りに記録した。

二月十二日の夕方（臘月二十七日）に、末娘は老婦人の家に来て、小麦粉をこねて発酵させ、翌日に饅頭を蒸す準備をした。老婦人や末娘によると、翌日は臘月二十八日であり、「臘月二十八白面発（こねた小麦粉を発酵させる）」という年末行事に関わる諺がある。彼らはこの諺にしたがって、翌日に饅頭を蒸すため、前日に小麦粉をこねて発酵させておいたのである。

二月十三日（臘月二十八日）の昼に、末娘がいくつかの食材をもってきた。それらの食材は家で下準備した豚の胃及び市販の燻製の押し豆腐や揚げた麩、赤い粉皮、醪糟[16]であった。そのうち燻製の押し豆腐、揚げた麩や赤い粉皮は、正月一日の素餃子や正月二日の四碟麵に使用されるものである。末娘によると、大晦日から正月五日までの間に、販売者が帰省したり、休みにしたりするため、市場で食材を購入しにくい。そのため、大晦日までに年始の食材をできるだけで購入しておく。

その日の午後に、末娘は饅頭や棗餡の饅頭、小豆餡の饅頭、棗饅頭、「塔糕[17]」を蒸した（付表—5の28番）。「塔糕」は弥勒仏に供えるものである。また、末娘は豚の心臓、豚の胃や豚リブの醤油煮込みを作っておいた。

二月十四日（臘月二十九日）の朝に、老婦人は生ピーナッツの渋皮を剥いて、鶏スープを作った。午前中の一〇時半頃に末娘がきて、油条を持ってきた。それは正月一日の素餃子に使用されるものである。

二月十五日は大晦日であった。午前九時四〇分に、末娘が来て、食材や手作りのおかずをもってきた。食材はスナップエンドウやレタス、キャベツ、レンコン、ユリ根、干しクラゲ、ニンニクの芽、ハクサイ、パクチー、豚肉であった。おかずは彼女が前日に家で作った豚団子（「四喜丸子」）、牛肉の醤油煮込み、羊リブの醤油煮込みであった。

昼食を簡単に済ませてから、末娘夫婦は夕食を準備し始めた。午後三時頃に、息子夫婦がきて、リンゴなどの果物を持ってきた。五時四〇分から、老婦人は末娘世帯や息子夫婦とともに夕食の団円飯を食べ始めた（写真16）。

当日の夕食は米飯、一〇品のおかずと一品のスープであった。一〇品のおかずは丸ごとのマナガツオの蒸し物やクルマエビの醤油煮込み、セロリとユリ根炒め、燻製の肉類の盛り合わせ（手作りの豚の心臓、豚の胃や牛肉、市販のソーセージ）、四喜丸子、「素什錦[18]」、ナマコ炒め、ピータンの和え物、ハクサイとクラゲの和え物、羊リブの醤油煮込みであった。スープは醪糟、鶏卵や白玉団子で作ったもので

写真16　「団円飯」（2018年2月15日、筆者撮影）

写真18　弥勒仏を供える仏壇（2018年2月16日、筆者撮影）

写真17　「接年飯」（2018年2月15日、筆者撮影）

あった。そのうち、丸ごとのマナガツオの蒸し物、クルマエビの醤油煮込み、セロリとユリ根炒め、燻製の肉類の盛り合わせ、四喜丸子、素什錦という六品の料理は定番であり、ほぼ毎年作られている。老婦人によると、そのうち四品のおかずはおめでたい意味が込められている。具体的に、マナガツオは天津の方言で「平子魚」と呼ばれ、「平々安々（平安）」という願う意味が込められる。ユリ根は中国語で「百合」と呼ばれ、「和々美々（むつまじい）」という祝意がある。四喜丸子は「団円美満」という願いが込められる。素什錦は「素々静々（新年が無難）」という意味がある。

七時に夕食を食べ終わった。老婦人は余った米飯を一つの碗にもり、その上にパクチー、棗や赤い紙で作ったザクロの木の花をおいた。老婦人によると、このように飾られた米飯は「接年飯」（写真17）と呼ばれ、元日以後に食べられる。それは「年々有余糧（毎年に食べ物の余りが出る）」という意味が込められる。

夕食を食べてから、老婦人は家族とともに麻雀を打ったり、春節聯歓晩会[19]を見たりして、一家団欒を楽しんだ。一〇時頃から、末娘夫婦や息子の嫁と一緒に素餃子を作り始めた。素餃子の中身は肉が入らず、ハクサイやパクチー、油条、燻製の押し豆腐、粉皮、赤い粉皮、赤い腐乳、揚げた麩、ねり胡麻、ネギ、ショウガで作られていた。老婦人によると、素餃子は「素々静々（新年が無難）」という願いが込められるため、年越しの定番料理として毎年作られている。

一一時五〇分から、素餃子をゆで始めた。老婦人は最初にできあがった素餃子を弥勒仏に供えた（写真18）。弥勒仏に供えた後で、家族全員で素餃子を食べて、新年を迎えた。

二月十六日（正月一日）は老婦人が朝食をとってから、息子と一緒に仏教寺院に行って、線香を供えて参拝した。それと同時に、午前中にきた末娘は大晦日に作った素餃子を老婦人と仲の良い隣人に贈った。昼食に、老婦人や末娘世帯は素餃子や団円飯の残りのおかずを食べた。特に、末娘は弥勒仏に供えた素餃子を老婦人に食べさせた。末娘によると、供物を食べることには平安と幸福という願いが込められているためである。午後、老婦人は出かけて、仲の良い隣人に新年の祝いにいった。夜八時頃に、末娘の婿の兄夫婦は新年の祝いにきた。この夫婦は市販の烏骨鶏の卵、食用油や醤油を老婦人に贈った。

二月十七日（正月二日）は「娘婿の日」であった。普段、長女夫婦はこの日に老婦人に新年の祝いにくる。その場合、老婦人は末娘夫婦に四碟麵を用意させ、長女夫婦を招待する。ところが、当日、長女の夫は親族が病気になったため、老婦人に新年の祝いにこなかった。長女は一人できて、市販のオートミール、麦味噌、干しシイタケや小麦粉を老婦人に贈った。昼食に、老婦人、末娘世帯や長女は四碟麵を食べた。

二月十八日（正月三日）の昼食に、老婦人と末娘世帯は合子を食べた。合子の中身は豚ミンチやニラ、鶏卵、エビ、ナマコで作られた。午前中にそれらの合子を作るところで、末娘の夫はテレビを見ている娘（老婦人の孫娘）を呼んできて、合子の作り方を教えて、彼女に作らせた。彼によると、自分の小さい頃に、両親はそれらの行事食の作り方を教え、それらの行事食を自分に作らせることがよくあった。そのため、自分の娘に教え、それらの行事食の作り方を彼女に覚えさせるようにしていた。

二月十九日（正月四日）の午前中に、老婦人の亡父の甥が、新年の祝いにきた。彼は市販のキウイフルーツ、茶葉や牛乳を贈った。昼食に、末娘夫婦は八品のおかずを作って、彼を招待した。また、老婦人も大晦日に作った素餃子を彼に持ち帰らせた。

二月二十日（正月五日）の午前中に、末娘夫婦がきて、昼食の水餃子を作った。老婦人も、ハクサイを切り刻んだり、水餃子を包んだりしていた。老婦人によると、正月五日に水餃子を作るのは生活や仕事にトラブルを起こす厄介な人を殺して（切り刻む）、またはそれらの人を黙らせる（包む）という意味がある。

以上の記録から見れば、老婦人や末娘夫婦は春節の行事食を伝統的なやり方に従ってとることがわかる。彼らにとって、それらの行事食を食べることは家族と団欒をすることに限らず、行事食の作り方を次世代に伝承する機会でもある。

また、春節の時期に、老婦人は食物の贈答を親族や仲の良い隣人の間で頻繁に行っている。それらの贈答品とする食物は行事食である手作りの料理（素餃子）の他に、市販の果物、調味料や栄養食品（オートミールや烏骨鶏の卵など）も含む。

上述の家でとる年末年始の行事食以外に、老婦人も、正月に兄弟家族と会食する習慣がある（付表―5の6番）。この会食は春節の連休後であり、末娘夫婦及び老婦人の兄弟たちの子女が休みをとれる日に開催される。老婦人によると、会食のながれは昼食に兄の家で水餃子あるいは四碟麵を食べて、夕食に外食することである。

筆者は二〇一八年二月二十七日（旧暦の正月十二日・火曜日）に行った老婦人と兄弟家族との会食に参加した。確かに、彼らは当日の昼食に家で水餃子を食べて、夕食に外食した。ところが、ここで強調したいのは当日の老婦人の贈り物である。老婦人は兄に新年の祝いをするため、烏骨鶏の卵、キウイフルーツ及び元宵を贈った。そのうち烏骨鶏は正月一日に末娘の夫の兄夫婦にもらったものであると同時に、キウイフルーツは正月四日に亡父の甥にもらったものである。要するに、老婦人は他人からもらった贈り物を親族に贈った。老婦人や末娘によると、年始年末の時期に、親族の間に食物の贈答が頻繁に行われる。その時期に、返礼品の購入はかなり費用がかかるため、他人からもらい、さらに自分で使いたくないものを、第三者に贈るという習慣がある。

(2)清明節の時期に、老婦人は兄弟の家族と一緒に自分の両親の墓参りに行ったり、子女と一緒に亡父の墓参りに行ったりしている。付表—5に記入した二項目の墓参りの記録から見れば、墓参りをした後で、親族や家族との会食がある。この二回の会食における、魚料理と肉料理は共通である。老婦人によると、墓参りを行った後で、「熬魚炖肉（魚または肉の醤油煮込み）」を食べるべきだという。なぜそれらの料理を食べるべきか、という筆者の質問に対して、彼女は「特に意味がないが、縁起が良いだけだ」と答えた。

(3)中秋節には、兄弟の家族と会食する。会食の料理について、特別に準備したものはないが、月餅、川カニなどの節句らしい食物もなかにはある。

【法定休日外の節句】　法定休日外の祝日について、老婦人が日記に記入したものは立春（二回）や正月十三日、正月十五日、塡倉（正月二十五日）、龍擡頭（二月二日）、初伏、立秋、末伏、立冬、臘八節（十二月八日）の一一項目である。それらのうち、親族と会食を行うのは立秋のみである一方で、残り一〇項目は主に末娘夫婦と一緒に過ごしたものである。

それらの末娘夫婦と過ごした節句において、老婦人が節句にふさわしい行事食を必ずしもとるわけでなかった。例えば、二回の立春の祝日に、老婦人と末娘は米飯や饅頭などの主食とおかずを食べており、節句食とする春餅を作っていなかった（付表—5の5番と27番）。老婦人によると、その理由は立春の時期に春餅を食べる習慣を持たないためである。また、臘八ニンニクの手作りは、臘八節でなく、臘八節の二週間ほどの前であった（付表—5の26番）。

老婦人によると、臘月八日が近づくと、中華酢とニンニクをセットとする販促商品が市場に出回るようになる。どうせ臘八ニンニクを作るため、より安い商品を購入して、臘八節の前に作っても構わない。この考えによって、老婦人は節句の前に行事食を作るようにした。

以上の事例から見れば、法定休日以外の節句において、老婦人は食の習慣や経済的な考慮などの自分の都合によって、節句にふさわしい行事食の組み合わせや作る時間を変更することがわかる。

③仏教に関わる食べ物

老婦人の日記に、仏教に関わる行事は七項目の記録がある。そのうち五項目の記録は旧暦の一日と十五日という二日間に麺類を食べることである（付表―5の10番や12番、21番、22番、24番）。彼女によると、自分の小さい頃に、母親は仏教を信仰しており、旧暦の毎月の一日と十五日という斎日に精進のあんかけ麺を食べる習慣があった。そのため、自分が仏教を信仰し始めた二〇〇〇年代以降、母親のようにこの二日間にあんかけ麺を食べるようにしている。付表―5の記録が示すように、旧暦の一日と十五日に老婦人はあんかけ麺を食べた。ところが、それらのあんかけ麺のかけあんは豚肉、エビあるいは鶏卵が入っており、精進料理に該当しない。それについて、老婦人は「精進のかけあんは美味しくなくて、さらに栄養も不十分である。私は食べたくない」と考えた。そのため、彼女は自分が好きな鶏卵や肉類を入れてかけあんを作って、精進のものの代わりに斎日の行事食として食べるようにする。

さらに、老婦人の日記の記録から見れば、旧暦の毎月一日と十五日のあんかけ麺の食用は必ずしも行われるわけではない。当日に、末娘夫婦にあんかけ麺以外の料理を作ってもらった場合、あるいは親族と会食する場合には老婦人はあんかけ麺を食べなかった。

また、付表―5の15番である釈迦の誕生日、及び26番の臘八節という仏教に関わる祭日にも、老婦人は精進のあんかけ麺や水餃子を食べなかった。

それらの事例から見れば、仏教に関わる斎日や祭日において、老婦人は自分の都合や好みによって、精進の行事食の代わりに肉・魚料理を頻繁に食べることがわかる。

2　息子夫婦の場合

付表―6においては息子の妻が二〇一七年度の日記に記入した行事食の記録をまとめる。この表からみれば、妻が意識して記入したハレの日に関する記録は二一項目である。より具体的には、(1)誕生祝いに関わる記録が八項目、(2)旧暦の年中行事に関わる記録が一三項目である。次に、この二種類の記録に分けて、息子夫婦が一年間にとっている行事食の種類を整理する。

①誕生祝いに関わる食べ物

妻が記入した誕生祝いに関わる八項目のうち、五項目は息子、自分、夫や妹を含む自分の家族を対象とする誕生祝いに関わる。残りの三項目は姑の方に関わることであり、主に誕生祝いに参加することである。

それらの自分の家族を対象とする誕生祝いは息子[20]を除いて、主に西洋暦の誕生日に行われている。誕生祝いの食べ物は誕生日の前日の水餃子、当日のあんかけ麺というパターンである。そのうちあんかけ麺は天津の伝統的な四碟麺ではなく、トマトと鶏卵のあんかけ麺などの日常食として食べているものである。妻によると、自分の両親は天津の出身ではなく、誕生日の当日に四碟麺を食べる習慣がなかった。そのため、彼女は天津の伝統的なやり方に従わず、自分が好きなあんかけ麺を作っていた。

水餃子やあんかけ麺を作ると同時に、夫婦は夫や妹の誕生祝いに会食を行っている。とりわけ、夫の誕生祝いの

写真19　冬至に食べた水餃子（2017年12月22日、筆者撮影）

写真20　立春に食べた春餅（2018年2月4日、筆者撮影）

場合、夫婦は隣人と会食することがあった（付表―6の12番）。妻によると、自分たちの誕生日だけでなく、隣人の誕生日にも会食する。それから見れば、息子夫婦にとって、自分の誕生日に会食を行うことは誕生祝いだけでなく、隣人関係を維持する手段でもあると言える。

②旧暦の年中行事に関わる食べ物

旧暦の年中行事に関わる一三項目の記録における、春節、清明節や中秋節などの国家の法定休日に関わる記録は八項目があり、臘八節、初伏や立冬などの法定休日以外の節句に関わる記録は五項目がある。次に、この二種類の年中行事に分けて、妻が記録した各種類の祝日に関わる食べ物を整理する。

【国家の法定休日】

(1)春節の各種類の行事食に対して、退職した妻は事前に準備を行わず、行事食もあまり作っていなかった（付表―6）。正月五日の水餃子以外に、妻は大晦日から正月四日までの間に、春節に関する各種類の行事食を家で作らなかった。要するに、夫婦は春節の時期に天津の伝統的な行事食のやり方に従わず、家で日常食のような食事をとっていた。

ところが、日記の記録からみれば、春節の前後に息子夫婦は、入会した市民農園から特産の青ダイコンを購入して親友に贈ったり、あるいは手作りの豚団子や内モンゴル産のラム肉をもらったりしていた。すなわち、息子夫婦は人間関係を維持するために、その時期に特産の食材あるいは手作りの料理の贈答を頻繁に行っている。

(2)清明節の前後の時期に、息子夫婦はそれぞれの家族と一緒に墓参りを行った（付表―6の4番と5番）。ところが、前文で言及した老婦人の事例と異なり、夫婦は墓参りを行った後で、魚料理あるいは肉の醤油煮込みなどの特定な料理を食べる習慣がない。

(3)端午節や(4)中秋節の時期に、息子夫婦は粽や月餅を食べており、節句らしいことをしていた。さらに、中秋節に、夫婦は北京に行って、妻の親族と会食して、中秋の祝いを行った。また、夫も、市販の粽や月餅を贈答品として購入することがよくある。

【法定休日外の節句】上述の法定休日以外に、息子夫婦は五つの節句に行事食をとった。それらの節句は初伏、立冬、冬至、臘八節、立春であった。夫婦は初伏、立冬や冬至の水餃子、臘八節の臘八粥、立春の春餅という各節句の行事食をとっていた（写真19と写真20）。妻によると、それらの節句にふさわしい行事食を作り始めたのはつい最近のことであった。二、三年前から、それらの行事食のやり方に関する情報が市場、テレビ・ラジオやwechat（中国の無料通信アプリ）などのマスメディアで見られるようになってきた。自分が買い物をしたり、wechatでのメッセージを閲覧したりする中で、それらの情報に関心を覚え、関連する行事食を作るようになったという。

3　二つの世帯の行事食の特徴

一人暮らしの老婦人は誕生日、年中行事、及び仏教に関わる祭日・斎日という三種類の時期に行事食をとっている。そのうち誕生日及び法定休日の祝日に親族や家族と家で会食することが多い。老婦人にとって、それらの会食は親族や家族と団欒する機会である。それらの家でとる食事のほとんどは末娘夫婦と老婦人によって作られ、天津の伝統的な方法に基づく縁起の良い料理から構成される。それに対して、初伏や立冬などの法定休日以外の節句、及び仏教に関わる祭日・斎日に関わる行事食は主に老婦人が自ら調理するものである。それらの食事に対して、老婦人は味の好み、時間や経済的な考慮などの個人的な都合によって、食事の構成を柔軟に変更し、行事食を適当にとっている。とりわけ、面倒や手間を省くため、あるハレの日に伝統的な行事食を作らないことも時折ある。

息子夫婦は誕生日、年中行事という二種類の時期に行事食をとっている。誕生日や法定休日の祝日に親族、知り合いあるいは隣人と会食することが多い。老婦人と異なり、夫婦にとってそれらの食事は親族や家族との絆を深めるだけでなく、友人、隣人や仕事関係者との人間関係を築いたり、維持したりする手段である。そのため、家で食事をとる場合に、夫婦は伝統的な行事食に関わる食材の種類、味付け及び食べ方に対するこだわりを持たず、その代わりに、食事の楽しさに注目して、自分が好きなものを食べるようにしている。また、立夏や立春などの法定休日以外の節句の際に、夫婦はマスメディアの宣伝によって、節句にふさわしい行事食をとることも時々ある。

第三節　まとめ

(一)　日常食の特徴

現在の天津都市住民が常食する食事は基本的に朝食、昼食、夕食の一日三食である。生活リズムによる食事抜きや宗教的断食などの要因で、時々一日二食をとる世帯もある。

なかでも、朝食は天津の伝統的な軽食や中華風の食べ物を基本にして、西洋風の食べ物を含むより多種な組み合わせで構成されている。昼食・夕食は基本的に主食、二品以上のおかずや一品の汁物から構成される。同時に、水餃子などの餡もの、あるいは飲食店から購入した軽食などのパターンも並存している。

上述した朝食、昼食・夕食の特徴は以下の三点にまとめられる。

1 家庭料理への嗜好

現在の天津都市住民の家庭料理は地元の伝統的なものを基本にする。天津地域の料理は豊富な魚介類の食材、麦味噌や醤油などの味の濃い調味料などを使用する特徴がある［万・李 二〇一三：一九八―一九九］。第二節に記述した老婦人Zが常食した魚や肉類の醤油煮込み、肉類とハクサイの醤油煮、及びナスと麦味噌の煮込みなどの料理のいずれも、天津の伝統的なものである。彼女の事例で示されたように、多くの住民はそれらの料理を家庭料理として頻繁に作っている。

一方、天津の家庭料理の他に、中国の他地域の料理及び外国料理も天津住民の食卓に見られる。第二節に記述した息子の妻Sが作った北京料理の糊塌子、南方地域の特産食材の梅干菜と豚肉の醤油煮込み及びスパゲッティはその事例である。息子夫婦の事例で見られたように、南方地域の特色的な食材や調味料で作られたおかず、及び西洋風の料理も一部の世帯で常食されている。

2 食の健康・養生への関心

古来、中国では食材が薬用の効果をもっているという「薬食同源」の思想がある。この思想に基づいて、食材の働きを活用して日常的に食べれば、健康を維持できるという食養生の考えが生まれた。現在、体の状態の調整や改善に役立つ食材や料理に関する情報はテレビ、新聞やインターネットなどのマスメディアにあふれている。

食養生の考え方をもつ老婦人と息子の妻はそれらの情報に常に関心を示し、自分や家族の健康状況に応じて、食材を選択し、料理している。たとえば、老婦人はオートミールなどの雑穀及び蒸し棗などの食物を常食している。それらの食物が高齢者の健康にもたらすよい効果について、彼女はオートミールなどの雑穀が血中脂肪やコレステロールを下げること、及び、棗が血を補うことをあげた。

その一方で、息子の妻は自分が持つ脂質異常症の改善のために雑穀やキクラゲを常食すると同時に、夫の免疫力の向上のために堅果類、ナガイモやナマコを頻繁に用いている。また、彼女は夫が飲んでいる漢方薬の働きを妨げる牛肉、羊肉や海水魚を日常食に用いないようにしている。

この二つの世帯の事例で示されたような、食の健康・養生への関心は聞き取り調査の対象とした六二世帯にも見られる。それらの世帯はマスメディアの宣伝、知り合いからの紹介及び自分たちの経験に基づき、体の状態にとって良い効果をもたらすかどうかを判断したうえで、「健康的かつ養生的」食事を作るよう、気をつけている。

3　食品の安全性に対する配慮

現在の中国では食品の安全性をめぐる事件が相次いで発覚している。食品に含まれる残留農薬、抗生物質や不良品・添加物などの有害物質に関する報道をマスメディアがよくとりあげている。それらの情報は人々が食品の安全性について考えるきっかけとなる。

老婦人や息子夫婦は食の安全性に注目し、食品に含まれる有害物質を摂取しないように心掛けている。例えば、老婦人は野菜に残留した農薬を落とすため、料理する前にそれらの野菜を常に塩水に浸すことをやっている。

その一方で、息子夫婦は野菜の残留農薬を落とすため、輸入洗剤を使用したり、ゆでこぼし（食材を水から煮て、煮立ったら茹で汁を捨てること）をしたりしている。また、夫婦は、川魚や鶏肉などの危険性があるとされる食材を、購入しないようにしている。

この二つの世帯のように、筆者が聞き取った世帯の全ては市場に流通する食品の安全性に対する危惧を抱いている（詳細は第四章第三節を参照）。特に、彼らは塩・炭酸ソーダあるいは輸入洗剤の使用、ゆでこぼしという調理法の活用、川魚や鶏肉などの危険がある食材の回避などの多様な手段によって、安全な食生活を求めるようとしている。

(二)　行事食の特徴

現在の天津住民が毎年過ごしているハレの日は誕生日、旧暦の年中行事、及び宗教的祭日・祭日という三種類である。それらのハレの日において、人々は特定の料理を食べたり、親族や家族と会食したりしている。何彬は中国の北方漢族を具体例にし、彼らが節句、年中行事及び特定な行事に用意する食物を「節句食」と捉えながら、地域文化に含まれる習慣や信仰的な要素が節句食や共食行為を通じて示されることを提示した［何　二〇〇四］。いいかえると、ハレの日における特定の食材・料理を用意し、またはそれらを共食することにはある地域文化の特徴を見ることができる。この考え方をふまえ、続いて、（1）特定の食材・料理の食用、（2）親族、家族や親友との共食という観点から、天津住民の行事食の特徴をまとめる。

1　特定の食材・料理の食用

天津の都市住民は上述の三種類のハレの日に特定の食材・料理を食用するという習慣がある。誕生祝いの定番である水餃子と麵類、春節時期の縁起のよいおかず、端午節の粽や中秋節の月餅、主要な節気の食物、及び仏教の祭日の素餃子などは各ハレの日に食べるべき特別な食物である。

そのうち誕生祝いの行事食、春節時期の縁起のよいおかず、及び端午節や中秋節の節句食などを含む特別な食材・料理の食用は家族内部における世代間の伝承によって、ほぼ全ての世帯において持続されている。老婦人がその事例である。彼女は誕生祝い、春節や端午節・中秋節などの行事食を自ら作ってきたばかりではなく、一部の行事食を末娘に作らせて、行事に関するやり方を下の世代に伝えている。

その一方で、季節の移り変わりが感じられる節気などの際に食する特定の食べ物は、マスメディアや店の宣伝によって、一部の世帯である程度維持されている。息子の妻はその事例である。本来、息子の妻は節気などの際に特定の料理を作る習慣をもたない家庭で育った。しかし、ある節気が近づいた時に、彼女はインターネットやスーパーでの宣伝に興味を覚え、特定の料理を作るようになった。

2　家族、親族や親友との共食

天津住民は誕生祝いまたは旧暦の年中行事に家族、親族あるいは親友と会食を行う習慣がある。瀬川昌久は香港における漢族系住民の祭祀儀礼で用いられる食品供物に対する事例分析において、「即時可食性食品」の提供及び共食行為を、相手との親密な関係への希求を表明できる手段として捉えて、中国人社会における食物の提供・共食行為に備わっている社会的関係の維持・強化の役割を指摘した［瀬川　二〇一七］。老婦人や息子夫婦が誕生祝い、または春節や中秋節などの祝日に行った会食は瀬川が指摘した社会的関係性の維持と強化の役割を果たしている共食の事例である。

より具体的に、老婦人にとって、誕生日及び祝日での会食は親族や家族と一同で団欒する機会である。とりわけ、彼女は誕生祝いの会食に多くの親族を集めるため、誕生祝いの開催日を必ずしも自分の誕生日にせず、時々休日に変更している。その一方で、息子夫婦も、誕生祝いまたは祝日に家族・親族、知り合い、あるいは隣人と会食を頻繁に行い、それらの会食を通じて家族・親族との絆を深めたり、親友や隣人との良好関係を維持したりする。

それらの事例からみれば、老婦人や息子夫婦は人間関係の維持や強化を目的として、ハレの日に親族あるいは親友と共食している。それと同時に、彼らはそれらの会食を順調に進めるために、ある行事食のやり方を調整することも時々ある。この二つの世帯の事例のように、多くの都市住民は家族・親族関係または親友関係を維持・強化するため、ハレの日に機会を作って会食を行っている。ただし、会食を順調に行うため、行事食の伝統的なやり方に従わず食事を用意したり、行ったりすることも時々ある。

(三) 小括

ここまでみたように、本節は日常食と行事食の視点から、現在の天津住民の食生活の特徴をまとめた。

日常食は一日三食を中心としていると同時に、一日二食も並存している。それらの食事の内容は一定のパターンを基本にし、世帯ごとに異なっており、多彩な組み合わせで構成されている。すなわち、日常食の食事において、都市住民は個人の生活経験や食習慣によって、天津料理を基本にする多地域の料理を食べている。それと同時に、彼らも、食の養生・健康及び食品の安全性に関するマスメディアの宣伝によって、健康的かつ養生的効果がある食べ物、または安全性が高い食材を常食する。

その一方で、行事食は誕生祝い、年中行事、及び宗教的祭日・祭日という三種類のハレの日に関わっている。それらのハレの日において、都市住民は世代間の伝承及びマスメディアの宣伝によって、天津の行事食のパターンを基本にする特定の食材・料理を食べている。それと同時に、彼らも、親族、家族や親友との良好関係の維持・強化のために会食を頻繁に行っている。

日常食や行事食のどちらも、個人の食習慣、生活経験や社会的関係、及びフードシステムやマスメディアでの情報に影響を受けていると言える。その中で、個人の食習慣、生活経験や社会的関係は今まで送ってきた日常生活から定着されてきて、人生の各時期の食生活の状態と強く関わっていると考えられる。そのため、次の章において、住民の食生活史に注目し、食の習慣が彼らの生活経験や社会的関係の中でいかに形成され、変化されてきたのかを記述する。

注

（1）世帯数は一人の単身世帯を除いて、世帯メンバー全員が家で朝食をとる世帯を計算したものである。

（2）花巻は小麦粉で作って蒸し物である。表面には渦巻きのような模様がある。

（3）粉皮は緑豆などのでんぷんを薄く平たく延ばした食べ物である。

（4）湯圓は白玉粉の生地で中身を包んで作る白玉団子であり、南方地域で食べられる元宵節の行事食である。

（5）筆者がインタビューした回族世帯では、多くの世帯（7／8）はイスラム教を信仰せず、食材の使用などに関する習慣のみをイスラム教の教えに従うという（中国語で「無宗教信仰、飲食従回民習慣」）。

（6）末娘夫婦は自分の仕事リズムを合わせながら、老婦人の世話をしている。末娘は五〇代であり、天津のある大学の図書館員として従事している。法定休日以外、シフト制の休みをとっている。休みをとった末娘は午前中に、母親Zの家に行って、買い物や掃除、洗濯、調理などの家事をしている。その一方で、末娘の夫は五〇代であり、退職後にバイトをしている。法定休日に関わらず月曜日から土曜日まで出勤して、日曜日に定休している。普段、彼は出勤時や休日の昼に岳母Zの家に行って、調理の手伝いをしている。

（7）中国の学校は主に二学期制である。すなわち、九月から翌年の一月までの第一学期と二月から七月までの第二学期である。

（8）藕粉は中国の南方地域の特産物であり、レンコンから採ったでんぷんである。普段に、藕粉にお湯を注いで、葛湯のようなとろみのものを作って飲む。

（9）韮菜盒子はおやきのようなものであり、ニラ、炒り卵、春雨、干しエビなどの食材を小麦粉で作った生地で包んで焼いたものである。

（10）159は多種な野菜の種や穀物で作った粉末である。通常、その粉末を粥状のものに煮て食べる。妻によると、このダイエット食品を食べることはつい最近である。それは体にとって健康的な効果があるという勧めを、北京の親族から紹介されたためである。

（11）付表—4の献立に出てくるヒラメの醤油煮及び燻製の牛肉は妻が食事会から持ち帰ったものであった。日記によると、二〇一七年四月二日の日曜日に、妻は友人の家に食事を招待してもらった。持ち帰った二品料理は当日のおもてなし料理の余ったものであった。

(12) 梅干菜は葉カラシナ、ハクサイなどの塩漬け乾燥品である。浙江省の名物である。

(13) 食材の寒性と熱性は体を「冷ます」、あるいは「温める」という食材の働きを表すものである。食材の働きに対する判断原則及び分類体系は中国の陰陽五行説から生じ、「薬食同源」という中国の伝統的な思想の中核内容である。

(14) 老婦人の日記における、五月十一日から七月八日までの間に記録がない。

(15) 旧暦の年中行事における、臘八節に行われた行事の一部は仏教と関わることである。

(16) 醪糟とは糯米に麹を加えて作った調理用甘酒である。

(17) 塔糕とはこねた小麦粉の生地と干し棗で作った塔のような蒸し物である。一枚の丸い生地の上にいくつかの棗をおいて、棗の上にもう一枚のより小さい丸い生地をおく。このような二枚の生地が挟む棗は一階と呼ぶ。この塔糕は三、五、七あるいは九という奇数の階数で構成される。

(18) 素什錦は野菜や乾物の和え物である。老婦人が食べた素什錦はキクラゲや白キクラゲ、カリフラワー、ブロッコリー、ニンジン、ピーナッツ、キャベツ、揚げた麩をゆでてから、塩、砂糖やマゴ油と混ぜて作られた。

(19) 中国の中央テレビ局が放送する大晦日の番組である。

(20) 妻によると、息子の旧暦の誕生日は縁起の良い日であるため、その日に誕生祝いを行うようにするという。

第三章　個人の嗜好と家族関係からみる家庭食事の持続と変化
――三人のライフヒストリーからみる都市家庭の食生活史

第二章では現在の天津都市住民の食生活に関する記述を通じて、都市住民の日常食と行事食の実態を明らかにした。この内容を第一章で記述した近代住民の食生活と比較すると、現在の天津市民家庭の食事はその内容が多少変化したものの、現代に至るまで家庭料理の味付けや行事食のとり方が依然として維持されていることがわかる。第二章のまとめで述べたように、このような食生活の持続と変化は個人の食習慣、生活経験や社会的関係、及びマスメディアやフードシステムからの影響に関係する。すなわち、家族内部の要素と家族外部の要素に影響を受けている。

以上をふまえて、本章では家庭の食事に影響をもたらす家族内部の要素に注目し、個人の食生活史に対する記述を通して、家庭食事の通時的変化を家族制度の視点から考察する。具体的には、第二章に具体例としてとりあげた親子関係にある八〇代の老婦人Z（付録の付表―1の世帯7）と五〇代の息子L、及び息子の五〇代妻S（付録の付表―1の世帯56）という三人のライフヒストリーを時間軸とし、彼らの人生の各時期における日常食と行事食の実態を詳述し、個人の嗜好と家族関係が家庭での食事のとりかたや構成および家庭料理の組み合わせや味付けをいかに左右してきたかを明らかにする。

第一節　老婦人Zの食生活史

(一)　老婦人Zのライフヒストリーの略述

Zは一九三六年に天津の都市部で生まれた。彼女は五人兄弟の三人目であり、幼年期は両親や兄弟と一緒に暮らしていた。一九五二年に一六歳となったZは中学校を卒業し、天津の小学校の教師として就職した。当時、就職先が家から遠かったため、彼女は家を出て、就職先の寮に住むことになった。一九五六年に、二〇歳のZは天津出身の夫と結婚した。当時の嫁ぎ先は夫や夫の祖母、両親、末の弟、姪、甥を含む七人の拡大家族であった。ただし、仕事を続けたZは毎日の仕事に追われていたため、この大家族の世話ができず、仕事中心の日常生活を送っていた。一九七〇年前後に、三四歳のZは仕事中心の生活を終わらせ、嫁ぎ先で同居する家族の世話を中心とする生活を送るようになった。一九九四年前後の都市改造によって、Z夫婦は嫁ぎ先の家屋から新たな家に引越した。現在(二〇一八年)、夫と死別したZは結婚して別居した末娘夫婦に世話をしてもらいながら、一人暮らしの生活を送っている。

(二)　人生の各時期の食生活

次は上述のようなライフヒストリーを時間軸として、彼女の一生の各時期における日常食と行事食の状態を詳述する。西澤［二〇〇九］は一九四九年以前の中国の漢民族の農村部を調査地とする民族誌を分析資料とし、女性のライフサイクルが、食事作りをめぐる役割分担の変化によって家庭内部で展開すると指摘した［西澤　二〇〇九：四一一―四一二］。

しかし、一九四九年以降に起こった社会主義革命によって、女性は社会主義建設のための重要な労働力と認識された。その結果、家から出て、農業生産や社会活動に従事するようになった。そのため、一九四九年以前の伝統的な農耕社会と比べると、仕事をもつ女性のライフサイクルは家庭と職場において展開するように大きな変化を遂げた［韓　一九九七］。このような変化によって、都市部の女性住民の食事をとる場所は従来の家庭内部に限らなくなる。上述したZは就職後に実家、嫁ぎ先及び職場などの多種な場所において日常の食事をとっていた。

そこで、筆者は日常の食事場所の主な変化を通してみて、Zの食生活史を以下の四つの時期に分けて記述していきたい。すなわち、（1）実家を中心とする時期[1]（一九四二年頃～一九五〇年代前半）、（2）職場を中心とする時期（一九五〇年代前半～一九六〇年代末期）、（3）嫁ぎ先を中心とする時期（一九七〇年代～一九九〇年代前半）、及び（4）引越し後の新たな住所を中心とする時期（一九九〇年代前半以降）である。

1　Zの少女期（一九四二年頃～一九五〇年代前半）

一九三六年にZは天津市で生まれた。天津市は当時三〇年間ほどの近代化を経て、中国の華北地域における経済の中心都市になり、国内や海外の生産物の重要な市場及び積載地になっていた。天津近郊または全国の他地域で生産された穀物、及び野菜、肉類や海産物などの食料品は市内に点在した座商や露天商、行商などの多種な販売ルートを通じて都市住民の食生活を支えていた（詳細は第四章第一節を参照）。Zの幼年期の食生活はこのような社会背景において展開した。

①核家族であった実家の暮らし

Zの実家は天津都市部にある「大雑院（複数の家族が雑居している四合院）」である。幼年期において彼女は両親や四人の兄弟と暮らしていた。この七人家族の家計を支えたのは主に父親の収入であった。また、時々母親の弟から仕送りを受けた。Zによると、当時の実家の生活に余裕はなかった。そのため、一九五二年に中学校を卒業した一六歳のZは家族の家計を分担するため、天津市のある小学校に就職した。

彼女が就職する前の日常生活では父親は出かけて仕事している一方、母親は家で家事と子供の世話をしていた。Zによると、母親は子供たちを勉強させて、調理などの家事をあまり手伝わせなかった。「父親や母親が金を持つことより、自分が金を持つことの方が良い。自分の稼いだ金は、使うにも何一つはばかることはない（中国語の表現「爹有銭、娘有銭、不如自己腰裏有錢。有銭説話就硬氣」）」という当時の母親の言葉はいまでもZの頭に残っている。

②日常食：雑穀と野菜の組み合わせ

実家に住んでいたZは一日に朝食、昼食と夕食という三食をとる。これらの三食を、基本的に母親が作る。朝食は主に餑餑、ピーナッツ及びお湯であった。母親が作るのは餑餑というトウモロコシ粉と小麦粉で作った饅頭のような蒸し物である。ピーナッツは市販の豆菓子である。時々、当日の朝、屋台から油条、鍋巴菜あるいは豆腐脳を購入して食べた。これらの軽食は父親に給料が出た場合、あるいは母親の弟から仕送りをもらった時だけ食べられた。

昼食と夕食の二食に関して、母親は午前中に昼食を調理して、昼食の残り物を温めて夕食として家族に食べさせた。これらの二食は主に主食とおかずから構成された。

そのうち主食は粳米やトウモロコシ粉を基本に、少量の小麦粉を加えて作られた物であった。当時の家族が常食する主食は粳米の米飯（「糙米飯」）、トウモロコシ粉と小麦粉で蒸した餑餑やトウモロコシ粉で蒸した窩頭であった。時々、夏に「銀裏金餅」が作られた。この餅は「金銀餅」とも呼ばれ、トウモロコシ粉と小麦粉で作った大餅のような焼き物である。

あわせて、おかずは主に一品の野菜料理であった。夏に、ジャガイモ、ピーマンあるいはサヤインゲンの炒めもの、冬にハクサイであった。Zによると、豚肉の醤油煮込みを祝日に食べていたが、魚の料理は日常食として時折食べた。両親、特に父親は魚が大好きであったため、母親は日曜日に「貼餑餑熬魚」を作っていた。母親は大きな中華鍋の真ん中に何匹かの魚とジャガイモ、ダイコンあるいはカラシナの根を醤油などの調味料で煮込み、その周りでトウモロコシ粉で作った餑餑を焼いていた。当時、このおかずを作るのは隣人に専用のかまどを借りることが必要であった。そのため、母親はこのおかずを頻繁に作ってはいなかった。しかし、このおかずの作り方と魚の煮汁に浸した焼き餑餑の味は現在のZの頭に残っていた。

上述の主食とおかず以外に、当時の家族は水餃子とあんかけ麺も食べていた。水餃子は月一回ほどで作られていた。水餃子の中身は旬の野菜と少量の豚ミンチが基本であった。例えば、夏にニラと豚肉、冬にハクサイと豚肉で作られた。水餃子を作るのは手間がかかるため、主に父親が手伝える日曜日に作った。毎回の水餃子の量は多くなかったため、家族はそれらの水餃子を副食として、窩頭と一緒に食べた。水餃子の他に、母親も豚肉と麦味噌のあんかけ麺を作った。

③行事食：小麦粉と肉・魚料理を中心とする伝統的な年中行事の食事

上述のような質素な日常食と異なり、祝日に食べられた食事は相対的に豪華であった。このうち一番豪華な行事食は旧暦正月の食事であった。大晦日の朝食に、家族は母親が手作りした黒糖餡、または小豆餡の饅頭を食べた。昼食に、「小站稲（粳米より粘りが強い米）」の米飯や小麦粉の饅頭を主食とし、豚肉やハクサイ、春雨、凍り豆腐の醤油煮込み、五、六匹のハクレンの醤油煮込みをおかずとして食べた。夕食では素餃子や元宵を食べた。素餃子の中身はパクチーやハクサイ、「素冒」[2]、赤い腐乳で作ったものであった。それに対して、元宵は母親が手作りしたものであり、黒糖餡にサツマイモの粉をまぶして作られた。また、大晦日の夜に、母親は余った米飯の上にパクチー、棗及び赤い紙で作ったザクロの木の花をおいて「接年飯」を作った。Zによると、母親は上述のような大晦日の料理と行事を定番として行っていた。例えば、大晦日にハクレンを作るのは「連子連孫（子孫繁栄）」という意味がある(3)。また、素餃子は「素々静々（新年が無難）」という願いが込められている。

大晦日以後、正月一日に素餃子を、二日にあんかけ麺、三日に合子、五日に水餃子を食べた。あんかけ麺のかけあんはスライスした豚肉やキンシンサイ、キクラゲ、燻製の押し豆腐、揚げた麩、鶏卵で作られた。合子と水餃子の中身は豚ミンチとハクサイ、ニラで作られた。正月五日が過ぎると、家族の食生活は雑穀や野菜を基本にした食事に戻った。

Zによると、正月以外に、母親は天津の伝統的な節句に行事食を作って、家族に食べさせた。中秋に、母親は砂糖や砕いたナッツなどを炒めて作った餡を、小麦粉で作った皮で包んで、月餅の木型で作ってから、隣人に借りたかまどで焼き月餅を手作りした。初伏、中伏や夏至などの節句で、母親は水餃子あるいは麺類などの行事食も作った。

上述した節句以外でも、仏教を信仰している母親は旧暦の毎月の一日と十五日に精進のあんかけ麺を食べる習慣があった。Zよると、母親はいつも二種類のかけあんを作った。一つ目はぶつ切りにした油条と赤い腐乳を混ぜて、切り麺の茹で汁を入れて作るものである（いわゆる「果子鹵」）。もう一つ目はねり胡麻を醤油などの調味料と混ぜて作られた（いわゆる「麻醤鹵」）。

しかし、当時の両親は自分や子供の誕生祝いを一切行っていなかった。Zによると、それは家族が裕福でなく、金を持っていなかったからであった。

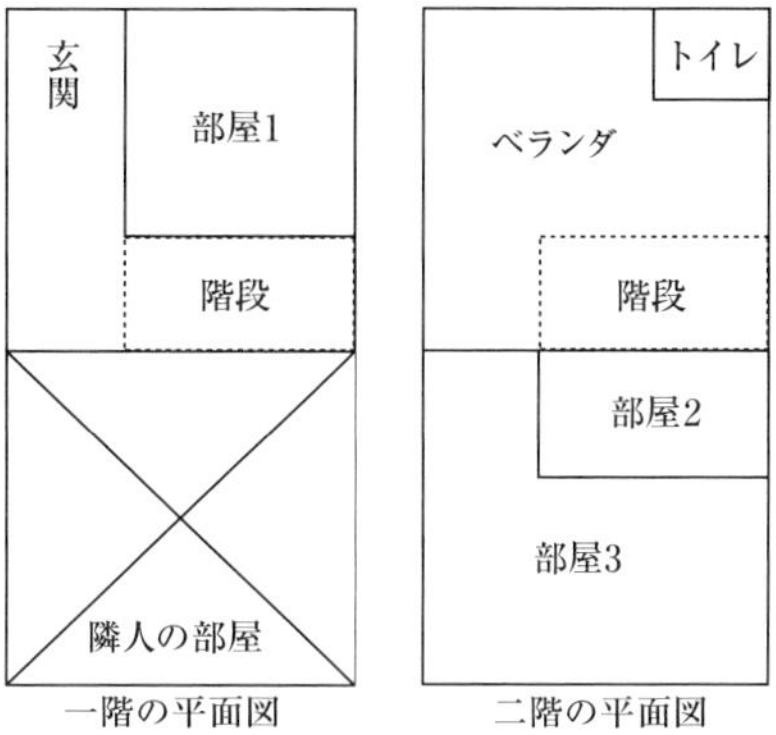

図８　Ｚの嫁ぎ先の建物の平面図（筆者作成）

２　結婚後、教師として活躍した時期（一九五〇年代前半～一九六〇年代末期）

就職した四年後の一九五六年に、二〇歳のＺは結婚した。当時、天津都市住民を対象とする穀物の配給制が実施されていた。この制度によって、四割の小麦粉と六割の米や雑穀という既定の種類と割合で構成された穀物が月に一キログラムほど都市住民に販売されていた［天津市地方志編修委員会編　一九九四：一一六―一一九］。穀物の配給制の展開にともない、一九五〇年代後半からは、肉類、鶏卵や水産物を含む食料品の配給制も実施された。都市住民に対して、毎月に一人当たりで数百グラム（少なくとも一〇〇グラム）の肉類[4]、一世帯あたりで多くとも五〇〇グラムの鶏卵やタチウオが販売されていた［天津市地方志編修委員会辦公室・天津二商集団有限公司編　二〇〇五：五〇八―五一三］。上述のような食物の供給種類及び割当量は一九六〇年代初期の生産状態の悪化によって一度急減したが、一九六〇年代末期まで維持されていた。このような社会背景の下、嫁ぎ先に住んでいたＺは職場を中心とする食生活を送っていた。

①仕事中心の暮らし

結婚後のＺは嫁ぎ先に住んでいた。嫁ぎ先は天津都市部にある二階建ての建物であった（図8）。当時、ここで同居している夫の家族は夫の祖母、両親及び姪、甥を含む五人であった（図9）。

一九五七年に、二一歳のＺは長女を出産した。長女の出産によって家事負担が増加したため、姑はＺに仕事を辞めさせて、家で子供や老人の世話をさせたかった。しかし、Ｚは「自分の稼いだ金は、使うにも何一つはばかることはない」という母親の言葉を思い出し、姑の要求を断った。それから、彼女は平日に仕事をするとき、長女を実家あるいは「託管戸（自宅を託児所にして子供を世話する人）」へ預け、休日に、実家あるいは嫁ぎ先で長女の世話をしながら家事をしていた。このような日常生活において、Ｚは平日は就職先の食堂で三食をとって、日曜日などの休日は嫁ぎ先あるいは実家で三食をとっていた。一九六〇年までは夫の祖母の逝去（一九五〇年代末期）及びＺの息子の出産（一九六〇年）という家族の変化が起こったが、上述のような彼女の生活状態が続いていた。

一九六〇年頃に、Ｚの夫は天津の政府機関に転職した。それと同時に、結婚した夫の末の弟も家族と同居してきた。この出来事をきっかけに、夫は自分の両親とかまどを分けて（中国語で「分家」）、Ｚや子供二人とともに一階の部屋で暮らしていた。ところが、転職した夫は残業が多く、家にいる時間が非常に少なかった。特に一九六二年から彼は政治運動を長時間実施するため、天津近郊にある寮に住んで、二週間に一回ほど自宅に帰宅した。そのため、仕事を続けるＺは平日の食事を食堂でとり続けながら、長女と息子にそれぞれの集団給食に加入させた[5]。こ

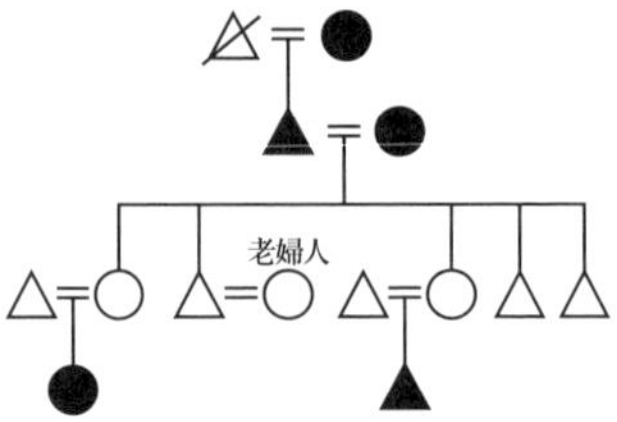

図9　1956年にＺの嫁ぎ先で同居する夫の家族メンバー（黒塗りで表示・筆者作成）

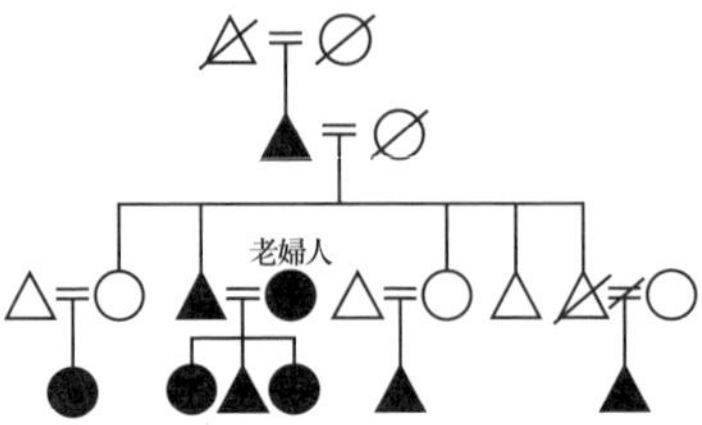

図10　1968年頃に同居する家族のメンバー（黒塗りで表示・筆者作成）

のような生活状態は一九六〇年代後半まで維持されていた。

一九六六年から六八年までの二年間において、嫁ぎ先の家族では末娘の出産（一九六六年）、姑の逝去（一九六七年）、夫の末の弟の逝去（一九六七年頃）、及び末の弟の妻の再婚（一九六八年）など、家族構成に一連の変化が起こった。当時、残された家族はZ夫婦や三人の子供、夫の父、姪や二人の甥を含む九人であった（図10）。父親及び子供たちの世話をするため、Zの夫は両親との分家の状態を終わらせた。それから、Zは仕事を続けながら、夫や自分の三人の子供、及び夫の父親、姪や甥の世話をしはじめた。

一九六〇年代末期において、この大家族の家計を管理していたZは金を節約するため、平日の食事を就職先の食堂からとらずに、できるだけで自ら作ったものによって済ませるようになった。ただし、文化大革命の影響によって、Zは勤務時間以外の夜に就職先で会議や勉強会に参加させられ、時々日曜日も出勤させられていた。彼女によると、当時の仕事が非常にきつかったため、朝に布団をたたまず、窓のカーテンをあけないまま出勤していた。このように仕事に追われていたことから、Zは平日に家族と共食する機会がなかなかなく、主に職場で食事をとっていた。

②日常食：雑穀・粳米と野菜の組み合わせ

一九五六年以降、結婚したZは就職先の食堂で食事をとり続けて、そこで平日の三食をとっていた。これらの三食の内容は結婚前と変わらなかった。Zがよく食べている朝食は餑餑、饅頭あるいは油条などの主食、漬物、及び豆乳、豆腐脳あるいは粥などの汁物で構成されていた。それに対して、昼食と夕食は粳米の米飯と一品の野菜料理が基本であった。野菜料理の食材は旬のものを基本にして、春にハクサイやニンジン、夏にジャガイモ、ピーマンやキュウリ、秋にセリホン、カラシナの根やチンゲンサイ、冬にジャガイモ、ハクサイ、ニンジンや凍り豆腐であった。彼女がよく食べていた野菜料理はジャガイモ炒め、ジャガイモとピーマン炒め、ハクサイや凍り豆腐の煮込み、あるいはハクサイと昆布の煮込みなどであった。Ｚによると、当時の食堂では豚肉や鶏卵で作ったより高価な肉料理が販売されていた。ところが、自分は多くない給料で家族の家計を支えているため、それらの高価な肉料理を購入せず、野菜料理を中心にして食べていた。このような平日の食事のとりかたは一九六〇年代の中期まで続いた。

一九六七年前後に、Ｚは金を節約するため、食堂で食事をとらないようにした。それからの三、四年間において彼女は平日の朝食と夕食を家でとりながら、昼食を弁当で済ませた。

普段彼女は家で餑餑とピーナッツなどの朝食を食べていた。時折、朝食を食べずに出勤した。昼食には、就職先で弁当を食べていた。これらの弁当は前日の夕食の余ったものであり、主に粳米と一品の野菜料理で構成された。時折、弁当を用意しない日には自参した生の粳米をボイラー建物の管理者に炊かせて、粳米の米飯と漬物を食べていた。彼女は夕食を主に帰宅後に作った。よく食べたのは昼食の余った粳米の米飯とネギのチャーハン、あるいは米飯と一品の野菜料理であった。そのうちＺがよく作っている野菜料理は夏や秋にトマトとタマネギ炒め、ジャガイモとピーマン炒め、冬や春にハクサイ、もしくは大根の煮込みなどであった。

このような職場を主な食事場所とする平日の三食に対して、日曜日などの休日にＺは家で三食をとっていた。これらの食事は平日の三食と変わらず、雑穀、粳米及び旬の野菜で構成されていた。時折、日曜日に夫が家で食事をとる際に、Ｚはタチウオの醤油煮込み、豚肉と麦味噌のあんかけ麵を作って、夫や子供たちに食べさせた。

③行事食：小麦粉と肉・魚料理を中心とする春節の食事

この時期に、Ｚが夫や子供たちと共に食べる行事食は基本的に春節のみであった。春節以外の伝統的な節句及び家族メンバーの誕生祝いに関して、彼女は特別な料理を準備する時間と金に余裕を持たなかったため、行事食をあまりとらなかった。

春節の行事食について、彼女によると、大晦日の朝食は小麦粉の黒糖饅頭、昼食は小站稲の米飯および豚肉やハクサイ、春雨、凍り豆腐の醤油煮込み、夕食は豚ミンチとハクサイの水餃子であった。時折、食料品販売店（「副食店」）にタチウオなどの魚が供給されたとき、昼食に魚の醤油煮込みもあった。これらの三食のほかに、大晦日の夜に素餃子を作って新年を迎えた。素餃子の中身はハクサイを基本にして、少量の赤い腐乳やパクチー、素冒、油条を加えて作られた。上述のような行事食をとる状態は一九六〇年代後半まで続いた。

当時、旧暦の春節は国家の法定休日であり、三連休の休みがあった。さらに、春節が近づいた時期に、都市住民に対して素餃子などの行事食のための必要な食材の追加的供給があった[6]。そのため、Zは春節に素餃子を作り続けることができた。ところが、小さい頃に大晦日の特別な食材であったハクレンは一九五〇年代後半以降に供給されなくなった。その影響で、Zは春節の魚料理にハクレンを作れず、タチウオなどの供給された魚のみを作るようになった。

3　大家族の嫁としての時期（一九七〇年代〜一九九〇年代前半）

一九七〇年代以降、政治運動が一段落してきた。それに伴い、Zがやむを得ず参加させられた会議や勉強会、残業が次第に減少した。それによって、彼女は嫁ぎ先で家族と共食する機会が増加するようになった。

この時期に、天津都市住民を対象とする食物の供給状態は次第に改善されていった。毎月の穀物の割当量は以前より一〇〇グラムほど増加されて、小麦粉の割合が五割以上に維持されていた［天津市地方志編修委員会編　一九九四：一一六―一一九］。それと同時に、豚肉の割当量も次第に増加され、一九八〇年末期に至ると一人当たり月に一〜一・二五キログラムになった［天津市地方志編修委員会辦公室・天津二商集団有限公司編　二〇〇五：五一〇］。ただし、鶏卵の割当量、及びタチウオやエビを中心とする水産物の供給種類の制限が依然として存在していた。

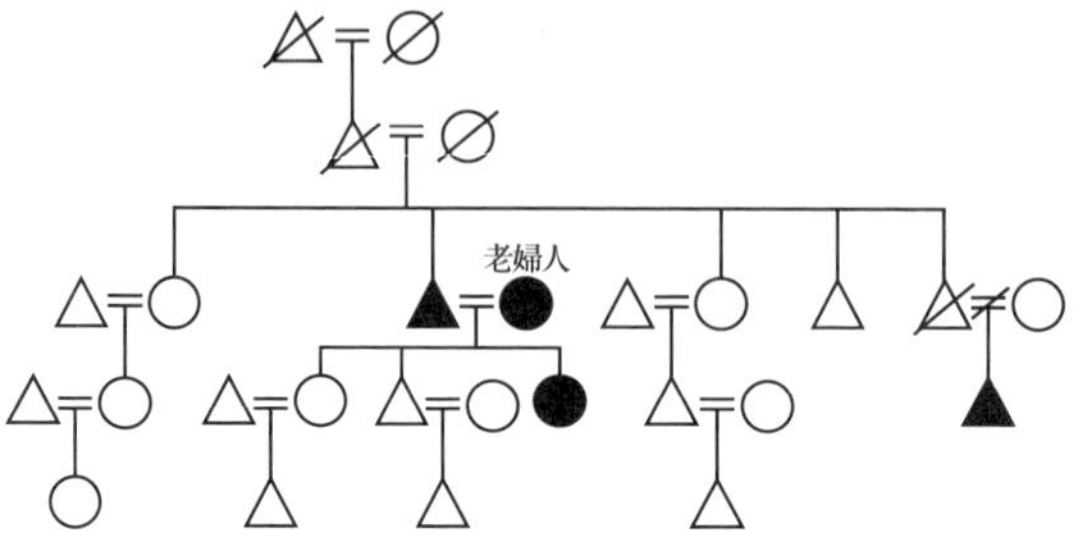

図11　1985年頃に同居する家族メンバー（黒塗りで表示・筆者作成）

①家族と仕事の両立の暮らし

一九七〇年以降、それまで同居していた夫の姪と甥（末の弟の息子）はそれぞれの原因によってこの家から出ることになった[7]。そのため、一九七〇年代にZは舅、夫、三人の子供、及び夫の甥と暮らしていた。平日の彼女は昼に就職先から家に戻り[8]、前日の夕食の余ったものを温めて、舅や夫などと一緒に昼食を簡単にすませた。夕方に退勤してから、長女などの子供たちが下準備した食材を調理して、舅、夫や子供たちと夕食を食べた。それに対して、日曜日のZは家で調理して家族と共食していた。

一九八三年に舅が逝去した。それと同時に、一九八三年前後に夫の甥及び長女や息子が相次いで結婚し、この家から出ることになった。また、夫のもう一人の甥（末の弟の息子）は継父の家からこの家に戻ってきた。これらの一連の家族構成の変化を経て、一九八五年頃に同居する家族メンバーはZ夫婦、末娘、及び夫の甥であった（図11）。ただし、平日のZは以前と変わらず、昼食を夫と簡単に済ませる一方で、夕食を作って家族に食べさせた。このような生活状態は一九九〇年代前半まで続いた。

②日常食：平日に小麦粉・米・雑穀と野菜、週末に小麦粉・米と野菜・肉・魚の組み合わせ

平日と日曜日の朝食を、Zは朝食販売店あるいは家で食べた。彼女が朝食に常食するものは餑餑、大餅あるいは油条などの主食、ピーナッツ、及び豆乳あるいは豆腐脳の汁物であった。また、一九七〇年代末期にガスコンロが家に設置されて以降、煎り卵を作って、餑餑あるいは大餅と食べたことも時折あった。

朝食以外、平日の昼食と夕食のどちらも、主食と一、二品のおかずを基本にした。主食は米飯、饅頭あるいは餑餑であった。あわせて、おかずは主に旬の野菜で作った炒め物あるいは煮物であった。春にホウレンソウ、セロリやハクサイを、夏と秋にジャガイモやピーマン、キュウリ、ナス、トマト、タマネギを、冬にハクサイを食べていた。時折、これらの野菜に、鶏卵、ソーセージあるいは豚肉が加えられた。Zがよく作っていたおかずはホウレンソウ炒め、ジャガイモとピーマン炒め、ハクサイの醤油煮などを含む野菜料理であった。

それに対して、日曜日に家族全員が揃って食べる昼食と夕食で、Zは平日より豪華な料理の組み合わせを用意した。昼食によく作った料理は水餃子あるいはあんかけ麺であった。水餃子は主に豚肉と旬の野菜を基本にした中身であった。当時よく使われた食材は豚ミンチとハクサイ、豚ミンチとウイキョウ、あるいは豚ミンチとニラなどであった。また、これらの中身にエビの剥き身を加えることも時々あった。豚ミンチの他に、Zは羊ミンチの中身も作った。彼女によると、回族である生徒の両親から牛肉・羊肉の配給券をもらうことが時折あった。その場合、羊ミンチとズッキーニの水餃子や焼き餃子を家族に食べさせた。水餃子の以外に、あんかけ麺もあった。そのかけあんは豚肉やキンシンサイ、キクラゲ、揚げた麩、エビの剥き身で作られた。

また、水餃子やあんかけ麺を作らない場合にも、日曜日には主食と二、三品のおかずを作って家族に食べさせた。主食は米飯、饅頭や餑餑の以外に、金銀餅、豚脂のカスが入った「大油餅」、大餅もあった。おかずは平日の野菜料理を基本にすると同時に、豚肉、鶏卵や魚介類の食材を使った料理もあった。そのうち肉料理には主に豚肉の醤油煮込みがあり、レンコンやナスのはさみ揚げも夏に時折出された。魚介類の料理は主にタチウオを基本にした魚の醤油煮込みであった。一九八〇年代以降には、市場でカンダリやコウライハスなどの魚を時々購入できたため、これらの醤油煮込みも作った。魚の醤油煮込み以外に、夏にクルマエビや海カニなどの新鮮な海産物を作って、家族・親族に食べさせた。これらの新鮮な海産物は主に夫と仕事関係がある親族や知り合いからもらったものであった。

③行事食：小麦粉と肉・魚料理を中心とする春節や誕生祝いの食事

この時期において、Zは春節や誕生祝いの際に行事食を作った。春節と誕生祝い以外に、Zは端午や中秋に行事食を家族に食べさせることが時折あった。例えば、彼女は端午に粽のような三角形の黒糖餡の饅頭を作ったり、中秋に月餅を購入したりして、子供たちに食べさせた。ただし、彼女によると、端午や中秋の行事食は生活費の節約のため必ずしも毎年食べるわけではなかった。ここではZや彼女の家族が毎年に定番的に過ごしていた春節や誕生祝いの食事及びその変化を記述する。

【春節の食事：食事時間の変化及び料理種類の増加】一九七〇年以降、Zは依然として大晦日に肉・魚料理や素餃子を作って、家族と春節を過ごした。ところが、近郊から都市部の政府機関に戻った夫、及び就職した長女や夫の甥は大晦日の昼間の勤務があったため、家族で共食できたのは夕食時だけだった。それによって、家族が共食した団円飯は従来の昼食から夕食に変更するようになった。Zは大晦日の朝食と昼食に前日の余ったものを温めて簡単に済ませる一方で、夕食に団円飯を作って、家族に食べさせることにした。

当時の団円飯によく作られたおかずはタチウオまたは豚肉の醤油煮込み、素什錦[9]、ゆで卵入りの豚団子、ハクサイとクラゲの和え物、豚心臓の燻製及び揚げた麩の醤油煮込みであった。Zによると、ハクサイとクラゲの和え物、豚心臓の燻製、鶏卵入りの豚団子、または揚げた麩の醤油煮込みなどの料理は彼女が嫁にきた以降にはじめて食べたものである。これらのおかずは実家が金持ちの舅が若い時に料理店でよく食べたものである。大晦日の団円飯を食べてから、Zと子供たちは素餃子を作って、新年を迎えた。正月一日に素餃子を、二日にあんかけ麺を食べた。そのうちあんかけ麺のかけあんはスライスした豚肉やキンシンサイ、キクラゲ、燻製の押し豆腐、揚げた麩、鶏卵で作られた。このかけあんを合わせて、ハクサイやモヤシなどの茹でた野菜と赤い粉皮の盛り合わせもあった。また、一九七〇年代末期から、正月三日に合子、五日に水餃子が作られはじめた。彼女によると、それは春節時期に購入できた豚肉の量が以前より多くなったためである。

【誕生祝いの食事：水餃子やあんかけ麺を基本に】　上述の春節以外に、舅、Z夫婦や孫を対象とする誕生祝いも行われた。これらの誕生祝いのいずれも、旧暦の誕生日の前日に水餃子、当日にあんかけ麺が食べられた。また、舅や夫の誕生祝いの際に、嫁ぎ先で宴会も開かれた。

(1)舅の誕生祝い　舅の誕生祝いに対して、Zは彼の旧暦の誕生日の前日に水餃子を作って、当日にあんかけ麺と四品のおかずを作っていた。そのうち水餃子やあんかけ麺は日常食として食べていたものと変わらなかった。ただし、四品のおかずは鶏卵炒め、キクラゲ、豚肉と鶏卵炒め、エビの剥き身とキュウリ炒め、及び豚肉、ピーマンと燻製の押し豆腐炒めであった。

また、一九七〇年代中期以降に、当日の夕食に家で宴会が開かれた。当時、舅の誕生日に、夫の親族や知り合いが祝いにきた。彼らを招待するために、Zは子供たち（主に料理人である夫の姪の夫）にも手伝ってもらいながら、八品ぐらいのおかずを作っていた。これらのおかずは丸ごとの鯉の醤油煮込み、豚肉あるいは豚リブの醤油煮込み、燻製の肉類の盛り合わせ、豚肉とピーマン炒め、ピータンの和え物、及び旬の野菜料理で構成されていた。そのう

写真21・22　1988年頃に行った老婦人の夫の誕生祝い（老婦人の息子がもつ古い写真より）

ち鯉は普段では購入できず、夫のコネを活用して入手したものであった。

(2) Z夫婦の誕生祝い　舅が逝去した後（一九八三年以降）に、Z夫婦は自分の誕生祝いを行い始めた。彼らは依然として旧暦の誕生日の前日に水餃子を食べて、当日にあんかけ麺を食べていた。

ただし、夫の誕生祝いの際に、夫の姉、兄弟の子供、及び従兄弟の子供を含むより多くの親族が祝いにきたため、誕生日の当時にあんかけ麺だけでなく、肉・魚料理を含むいくつかの料理も用意されていた。写真21と22は一九八八年頃にとられた夫の誕生祝いの写真である。この年の夫の誕生日は日曜日であった。休みをとれる家族や親族のメンバーが多く集まってきたため、Z夫婦は昼食に宴会を開いて、祝いにきた家族・親族メンバーを招待した。写真21には当日の誕生祝いの様子が見られる。十何人の家族・親族メンバーは二つのテーブルに分けて座っていた。すなわち、夫が姉及び男性の家族・親族のメンバーと同じテーブルに座っていると同時に、長女、姪、甥の妻などの女性のメンバーは別のテーブルに座っていた。写真22には誕生祝いの料理が見られる。テーブルの上に、ピータンやソーセージの盛り合わせ、キュウリと豚肉炒め、ピータンと豆腐の和え物、及び缶詰フルーツの盛り合わせなど六品のおかずが並んでいた。Zの夫は親族とビールを飲みながら、これらのおかずをつまみとして食べていた。また、この写真をとったZの息子によると、写真をとる際に、誕生祝いの料理が全部出されていなかっ

写真23・24　1991年に行った6歳の孫の誕生祝い（老婦人の息子がもつ古い写真より）

たようだ。写真をとったときも、Zは息子の嫁または末娘などの手伝いをもらいながら、台所で鯉または豚肉の醤油煮込みを作っていた。

⑶孫の誕生祝い　一九八〇年代後半以降、Z夫婦は自分の誕生祝い以外に、孫の誕生祝いも行っていた。旧暦の誕生日の前日に水餃子、当日にあんかけ麺を食べていた。あんかけ麺は主にかけあん、野菜の盛り合わせ、及び四品のおかずで構成された。さらに、西洋式のバースデーケーキも息子夫婦に用意されていた。

写真23と24は一九九一年にとられた孫の誕生祝いの写真である。この二枚の写真には孫の誕生祝いの料理が見られる。テーブルの真ん中には六個のろうそくをたてたバースデーケーキがある。その周りに、野菜の盛り合わせ、モヤシと揚げた麩炒め、鶏卵炒め、豚肉、ニラと燻製の押し豆腐炒め、及びエビの剥き身、キュウリとキクラゲ炒め（写真23に見える）が並んでいた。

4　定年退職後の時期（一九九〇年代前半以降）

一九九四年前後に、天津市政府の都市改造によって嫁ぎ先の家屋の立ち退きをきっかけに、Z夫婦は夫の甥や既婚した末娘夫婦と離れて、新たな住居に引越した。四〇年間実施されてきた食物の配給制は、一九八〇年代以降に復活した自由販売に取って代わられた。さらに、一九八〇年代末期から、都市住民向けの生鮮食品の制限は解除された。穀物や食料品の購入にかつてあった割当量、種類や価格の供給種類の増加をめざした一連の政策（中国語では「菜籃子工程」と呼ぶ）が中国の都市部に実施されはじめた。その結果、一九九〇年代中期までに、天津都市部の市場に出回った野菜や肉類、鶏卵、魚介類などの生鮮食品の種類はさらに豊かになっていた。

①夫婦二人の暮らし

新たな住所に入居したZは、一九九五年頃に退職した。それから、夫婦は既婚の子女と別居し、退職後の生活を送っていた。費孝通は子供が親を扶養する義務がある中国の親子関係をフィードバック型と名付けて、これを西洋社会のリレー型と区別し、中国の伝統社会における家族内部の老人扶養の特徴的システムとして提示した［費 一九八三：七］。ただし、費が提示したこのフィードバック型の扶養方式は一九四九年以降に実施された一連の制度や政策によって、多少変化していた。特に都市部において、既婚した子供が親と同居して直接に扶養するという従来の伝統的な扶養方式には、年金制度の実施によって、新たな変容が現れてきた。すなわち、親の代の年金が既婚した子女の月給より高いため、子女と別居して自活できるとともに、子女からの扶養は従来の経済的援助から、感情的・精神的慰めに変わったという傾向が見られるのである［尖山街調査組 一九八五：九四―九六、劉 一九八六：八四―八五］。それゆえ、年金によって自活できるZは子女からの経済的援助はなく、それの代わりにより豊富な料理を用意して子女あるいは孫たちの家族メンバーと共食して、家族団欒を楽しんでいた。

この時期に、Zは主に家で三食をとっていた。当時、夫が朝食販売店で朝食をとる習慣があったため、彼女は普段朝食を一人で食べていた。朝食と異なり、彼女は昼食と夕食を家族と共食していた。共食している家族メンバーは主にZ夫婦、末娘夫婦及び孫娘（末娘の娘）であった。一九九七年頃には、学校に通っていた孫が平日時々ご飯を食べにきた。

ただし、二〇〇五年頃に、夫は糖尿病に罹患した。病気になった父親の世話をするため、末娘は日常の調理を担当し始めた。二〇〇七年以降、夫と死別したZは普段料理をあまり作らなくなり、昼食と夕食を主に末娘夫婦に作ってもらっていた。

②日常食：小麦粉・米と野菜・肉・魚の組み合わせ

一九九五年頃に夫と新たな住所に入居した後に、Zは主に家で三食をとっていた。普段朝食によく食べていたものは饅頭、菓子などの主食、鶏卵、ソーセージや漬物などの副食、及び粥、藕粉や牛乳などの汁物であった。時折、彼女は朝食店で油条や大餅などの主食、茶鶏卵などの副食、及び豆腐脳や豆乳などの汁物を食べたり、煎餅餜子、ワンタンあるいは鍋巴菜を食べたりしていた。

Zは昼食に新たな料理を作る一方で、夕食では昼に余ったものを温めて済ませた。これらの二食は主に主食と二品のおかずで構成された。主食は米飯を基本にして、時折饅頭や大餅があった。あわせて、二品のおかずは一品の肉・魚料理（「葷菜」）、及び一品の野菜料理（「素菜」）であった。

肉・魚料理は主に豚肉の醤油煮込み（「炖肉」）、魚の醤油煮込み（「熬魚」）、及び豚肉と旬の野菜の醤油煮込み（「燴菜」）という三種類があった。そのうち炖肉と熬魚は一週間一回ほど、主に週末に作られていた。Zによると、当時によく作っていた魚はコウライハス、カンダリあるいはタチウオであった。それに対して、燴菜は平日によく作られていた。彼女によると、当時の常食するものは夏に豚肉とサヤインゲン、豚肉とキャベツ、揚げた団子とキャベツ、冬に豚肉とハクサイ、煮込んだ羊の内臓とハクサイ、揚げた団子とハクサイなどの醤油煮込みなどがあった。これらの三種類の肉・魚料理の以外に、Zはソーセージとアブラナ炒め、鶏卵とトマト炒め、鶏肉、筍とナマコ炒め、エビの揚げ物などのおかずも時折作った。

野菜料理は主に旬の野菜で作られていた。冬にハクサイの醬油煮、ニンジンの麦味噌炒め、夏にナスと麦味噌の煮込み、ジャガイモとピーマン炒め、キャベツ炒め、ニンジンの麦味噌炒めなどがよく作られていた。

上述のような主食と二品のおかずで構成された食事以外に、Zは週末に水餃子あるいはあんかけ麵を作っていた。水餃子の中身は豚ミンチ、ハクサイ・ニラ、及びエビの剝き身で作られた。あんかけ麵のかけあんは豚肉、エビの剝き身、鶏卵、及びキクラゲ、シンキンサイやシイタケなどの干物で作られていた。Zによると、水餃子の中身とあんかけ麵のかけあんは八〇年代、九〇年代前期に頻繁に食べていたものと変わらなかった。

二〇〇〇年代後半から、Zは末娘夫婦に昼食や夕食を作ってもらうことになっても、上述した食事の状態を続けていた。これらの二食は主に米飯や饅頭などの主食、及び野菜料理や肉・魚料理を含む二、三品のおかずであった。おかずの種類は豚肉または魚の醬油煮込み、及び旬の野菜を基本にして、以前食べていたものと変わらなかった。それと同時に、水餃子などの餡もの、及びあんかけ麵も週一回ほどで作られ続けた。

③行事食：伝統的な年中行事、誕生祝い及び仏教の斎日に関わる食事

引越し後のZは誕生祝いや春節の行事食をとり続けながら、春節以外の伝統的な祝日、及び仏教の斎日に関わる行事食をとるようになってきた。

【誕生祝い】　誕生祝いは主にZ夫婦を対象としていた。誕生祝いに、旧暦の誕生日の前日に水餃子、当日に四品のおかずを含むあんかけ麵が食べられていた。これらの定番的料理以外に、誕生日の当日にレストランで祝宴を開催することもあった。Zによると、これは夫が健在である時期から始まった。新たな住所は以前の嫁ぎ先より狭いため、祝いにくる親族を招待しにくかった。そのため、家の近くにあるレストランにおいて宴会をひらくことにした。

ただし、二〇〇八、二〇〇九年以降のZの誕生祝いで、水餃子は誕生日の前日に食べられるが、あんかけ麺や祝宴という行事食は必ずしも誕生日の当日にとられなくなった。当時、Zは兄弟たちと約束して、誕生日に集まって会食を行うようにした。それをきっかけに、毎年の誕生祝いに、兄弟たち及び彼らの子女を含むより多くの親族が集まった。勤務がある親族メンバーが多く集まるため、会食を行う日は誕生日後の休日に変更することが頻繁にあった。

【春節などの伝統的な年中行事】 (1)春節において、Zは主に夫（健在である時期）、末娘夫婦及び孫娘（末娘の娘）と一緒に過ごしていた。時折、息子夫婦も子供を連れて共食しにきた。彼女は末娘夫婦に手伝ってもらいながら、大晦日の夕食に団円飯を作って、その後に素餃子を作っていた。当時、団円飯のおかずとして、Zは豚肉の醤油煮込み、素什錦、ゆで卵入りの豚団子などの料理を作った一方で、二匹のマナガツオの醤油煮込み、または丸ごとの鶏のスープを作った。そのうちマナガツオが天津の方言で「平子魚」と呼ばれるため、これの食すことは「平々安々（平安）」という願いが込められる。

大晦日の団円飯をとった後、Zは末娘夫婦と一緒に素餃子を作って、新年を迎えた。それから、正月一日に素餃子、二日にあんかけ麺、三日に合子、及び五日に水餃子を相次いで食べていた。ただし、そのうち正月二日に、結婚した長女夫婦が新年の祝いにきて、家族と共食した。その際に、Zは従来のかけあんや野菜の盛り合わせの以外に、四品のおかずを作って、長女夫婦を招待した。これらの四品のおかずはモヤシと揚げた麩炒め、キュウリ、エビの剥き身とキクラゲ炒め、鶏卵炒め、及び豚肉、燻製の押し豆腐とニラ炒めで、誕生祝いに作られたものと同じであった。また、正月十五日に元宵も食べるようになった。

(2)春節以外の伝統的な節句　二〇〇〇年代末期から、Zは春節以外の節句にも行事食を頻繁に食べ始めた。例えば、彼女は端午節に粽を、中秋節に月餅を毎年食べていた。これらの節句食は主に子女及び親族からもらった市販のものである。また、初伏、立夏や立秋などの伝統的な節句に、行事食も作られ始めた。Zによると、以前に嫁ぎ先で暮らしている時期は立夏や初伏などの節句に特定の食べ物を食べることを知らず、さらに仕事があるためにそれらの食べ物を作る時間もなかった。ところが、二〇〇〇年以降に新聞、ラジオやテレビに、天津地域の伝統的な行事食の種類と作り方に関する情報が溢れていた。それによって、彼女は春節以外のより多くの伝統的な節句に特定な料理を食べるようになった。

【仏教の斎日】　二〇〇〇年代後半から、Zは夫の姉の影響を受けて、仏教を信仰し始めた。それから、彼女は嫁ぎ先からもってきた弥勒仏像を部屋に置いて、果物や菓子を供物として供えており、毎日に祈っていた。とりわけ、正月一日の真夜中に素餃子を供えて、弥勒仏を拝んで、新年の幸せを祈ることになった。また、つい最近、彼女は旧暦の毎月の一日と十五日にあんかけ麵を食べるようになった。

第二節　息子Lの食生活史

(一)　息子Lのライフヒストリーの略述

Lは一九六〇年に天津の都市部に誕生し、三人兄弟の二人目である。幼年期や少年期に、彼は一番上の孫として祖父母、両親、叔父夫婦、姉妹、いとこたちと暮らしていた。一九八〇年に二〇歳であった彼は天津市内にある美術専門の中等専業学校を卒業して同校に就職した。

就職した彼は就職先の寮に住み、職場の中心とした日常生活を送っていた。一九八四年に二四歳の彼は天津にある移民家庭の出身である妻と結婚して別居した。新婚した彼は仕事中心の生活を続けて、特に一九九〇年中期から美術関係の副業も始めた。それによって、彼は本業や副業の勤務の忙しさを理由に外食中心の食事をとるようになり、自宅で家族と共食する機会をなかなか持たなかった。

二〇〇〇年代初期以降に、彼は市販の食品の安全性を心配し、外食を減らして普段の食事を自宅でとることにした。現在、彼は学校の授業という本業と美術関係の副業を同時にしながら、妻とともに暮らしている。

(二)　人生の各時期の食生活

上述したLのライフヒストリーに基づいて、彼の食生活は日常の食事場所の主な変化によって三つの時期に分けられる。すなわち、(1) 実家を中心とする時期[10]（一九六〇年代中期～一九八〇年）、(2) 外食を中心とする時期（一九八〇年代前半～二〇〇〇年代初期）、及び (3) 結婚後の家を中心とする時期（二〇〇〇年代以降）である。具体的には、実家を中心とする第一期に、彼は大家族に暮らして、母親に作ってもらった食事をとっていた。第二期に、家から出ることにした彼は外食中心の食事をとっていた。この時期に、天津都市部の外食産業は大きく変化を遂げた。すなわち、配給制から自由販売への転換にともない、従来の国家経営の食堂、朝食販売店や料理店を中心とする外食産業は個人経営の屋台、レストランやチェーンストアを含むより多種多様な店舗で構成されるようになった。これらの店舗は従来の天津の軽食だけでなく、中国国内外の多種な食べ物も販売していた。これらの外食産業が提供したものは彼の日常の食事を構成した。外食中心とする第二期と異なり、第三期の食生活は結婚後の家で展開され、主に妻が作った食事で構成されていた。

次は上記の三つの時期にわけて、老婦人の息子Lの食生活史を記述する。

1　Lの少年期（一九六〇年代中期〜一九八〇年）

①大家族の実家の暮らし

Lは三人兄弟の二人目、長男として生まれた。Lの両親は二階建ての一戸建てに住んでおり、夫の親族（両親、兄弟の子供や弟の夫婦）と同居していた。彼の少年期はこの三世代同居の拡大家族に生まれ育った。ところが、前節で記述した家族関係の変化や両親の勤務時間によって、三歳からの四年間（一九六三〜六七年）に彼は幼稚園に寄宿していた。すなわち、月曜日の朝に幼稚園に行って土曜日の夜に家に帰る一方で、日曜日に家で両親と姉と過ごした。

一九六八年に小学校に通ってから、彼は祖父、両親や兄弟・いとこたちとともに暮らしはじめた。平日に、登校途中で朝食を外で済ませると同時に、昼食と夕食を家で家族と共食した。時折、母親の出勤先で昼食をとることもあった。一方、日曜日は朝食を外で済ませて、昼食と夕食を家で家族と共食した。このような状態は彼が小学校や中学校に通っている時期（一九六八〜一九七七年）まで続いた。

少年期のLは家で調理に手伝うことを一切していなかった。その理由としてはLの祖父母が、「男主外、女主内（男性は外、女性は内）」という中国の伝統的な考えを持っていたためである。特にLの祖母は女性にとって最も重要な仕事は家族の世話である一方で、男性の仕事は調理などの家事でなく、外で金を稼ぐことだと考えていた（また、前節で記述したように、彼女はLの母親Zに対して、結婚後に仕事を辞めて、家で老人や子供の世話をすることも要求した）。このような性別役割分業の意識がもたらす影響によって、少年期のLは調理の基本を身につけなかった。それも、就職後の彼が頻繁に外食する原因の一つである。

一九七七年、一七歳のLは中学校を卒業して、天津市内にある中等専業学校の美術専門に入学した。それからの三年間（一九七七〜八〇年）に彼は平日の昼間に学校で勉強し、平日の夕方や休日は家で過ごした。

②日常食：天津地域の家庭料理及び回族料理の外食

【専門学校に入学する前の時期】　この時期に、彼は朝食を一人でとり、昼食と夕食を家族とともにとっていた。家での食事の組み合わせに関しては、前節で記述したように、平日に粳米・雑穀と野菜、週末に小麦粉・米と野菜・肉類・魚介類を中心としていた。

しかし、少年期のLは祖父にかわいがられていたため、料理店で外食することがよくあった。朝食の場合、祖父からの小遣いを使い、家の近くにある店に軽食を食べた。彼がよく購入した組み合わせは一品の主食と一品の汁物である。すなわち、油条、焼餅、黒糖饅頭、あるいは「驢打滾」[11]などの主食と、豆腐脳あるいは豆乳などの汁物である。

また、朝食以外に、平日の質素な昼食を我慢できなかった彼は、祖父に連れられて、回族料理店で外食することも時々あった。二人がよく注文したものは一品の主食、一品のおかず及び一品の汁物であった。具体的には、主食が米飯あるいは「銀糸巻」[12]である。あわせて、一品のおかずは基本的に牛・羊肉のおかずである。当時、Lがよく食べたおかずは「鍋塌里脊（スライスした羊肉に卵液をつけて煎り焼いてから、スープを加えて煮込む料理）」「黄燜牛肉（牛肉の醤油煮込み）」や「爆三様（羊の腎臓、肝臓と肉の炒め物）」などを含んでいる。また、一品のスープはトマトと鶏卵のスープあるいは酸辣湯である。彼によると、自分はそれらの回族料理の美味しさを覚え、就職後にもよく食べていた。

上記のような祖父にかわいがられたことで、Lは少年期において朝食販売店の軽食及び料理店のおかずを頻繁に味わっており、外食の経験を身につけるようになった。さらに、これらの経験を持つ彼は就職・結婚後の生活においても外食し続けると同時に、妻や息子を連れて頻繁に外食していた。

【専門学校に通学する時期】　一九七七年に、Lは専門学校に入学した。それからの三年間、彼は平日の朝食と昼食は学校の食堂で食べて、夕食を家に家族と共食した。

平日の朝食に、彼は食堂において油条、焼餅あるいは大餅などの主食、豆乳、粥などの汁物、及び半分の塩漬けの鴨卵あるいは茶鶏卵などの副食を購入して食べていた。時折、学校の近くにある店に行って、ワンタンあるいは炸糕を食べた。

昼食は主食、一品のおかずと一品のスープであった。主食は米飯、花巻や大餅であった。一品のおかずは豚肉あるいは鶏卵と野菜の炒め物であった。例えば、豚肉とハクサイ炒め、豚肉とセロリ炒め、豚肉とジャガイモ炒め、鶏卵とトマト炒めなどは彼がよく食べていたおかずであった。これらの肉料理以外に、キャベツ炒め、ハクサイ、ニンジンやピーマンなどの野菜料理も時々食べた。また、夏休みの前後に、食堂からタチウオの醤油煮込み、ハクレンの醤油煮込み、川エビの揚げ物、カンダリの揚げ物などの魚やエビの料理も食べることができた。これらの主食とおかずの他に、粥、緑豆スープ、あるいはトマトと鶏卵のスープなどの汁物もあった。

家族と共食した夕食は主に米飯、饅頭などの主食、及び一品のおかずであった。時々、父親は退勤途中で落花生の煮物、烏豆の煮物、羊の内臓類の煮物あるいは「素丸子（野菜の揚げ団子）」などの惣菜を持ち帰って、酒のつまみとして祖父と一緒に食べた。時折、母親は父親が持ち帰った羊の内臓類の煮物あるいは素丸子をハクサイと醤油で煮込んで、夕食のおかずとして家族に食べさせた。

日曜日の三食に関して、朝食に彼は以前と変わらず、店で軽食を購入して食べていた。一方、昼食と夕食は母親に作ってもらって、水餃子やあんかけ麺などの平日より豊かな料理から構成された（詳細は前節を参照）。

③行事食：天津地域のやり方に基づく春節や誕生祝いの食事

少年期に、Ｌは春節及び祖父の誕生祝いを家族と過ごして共食していた。春節の行事食は大晦日の団円飯、正月一日の素餃子、二日のあんかけ麵の他に、七〇年代末期以降において正月三日の合子も含むようになった。また、祖父の誕生祝いの際に、家族は水餃子、四品のおかずを含むあんかけ麵を食べると同時に、何品かの魚・肉類のおかずを含む祝宴も用意した（春節や誕生祝いの食事に関する詳細内容は本章の前節を参照）。

2　結婚後の外食中心とする時期（一九八〇年代前半〜二〇〇〇年代初期）

一九八〇年代の中国都市部では自由販売の提唱によって、個人経営の屋台、露店や飲食店が急増した。『天津統計年鑑 1991』［天津市統計局編　一九九二］のデータから計算すると、一九八〇年から一九九〇年までの一〇年間の間に、天津都市部で飲食関係の店舗数は一六倍に増加した。店舗数の急増にともない、一九九〇年前後に、フライドチキン、ハンバーガーなどの西洋式のファーストフード、そして広東料理などの他地域の料理も天津都市部に進出してきた。このような外食産業が急速に発達すると同時に、従来の食物配給制は一九九〇年代初期に廃止され、自由販売に取って代わられた。就職後のＬ男性の食生活は上述した外食産業の発展やフードシステムの転換という社会的背景において展開されていた。

①仕事中心の暮らし

一九八〇年に、二〇歳のＬは専門学校を卒業し、同校に美術関係の仕事に就職した。一九七〇年代末期に国家が文化事業単位[13]の経営活動を認めるため、Ｌが就職した単位は美術作品の制作という外部からの業務委託を受けるようになった。そのため、就職後の彼は海外から受注された業務を行った。このような業務による給料は従来の基本給だけでなく、完成させた作品数の業績給も含んでいた。それによって、彼は当時の一般の労働者より多くの給料をもらえていた。

就職後の彼は家から出て、就職先の寮で住むことにした。普段の食事は職場の周りにある飲食店で三食をとっていた。ただし、作品を計画通りに完成させるため、彼は深夜までの残業を頻繁にやっていた。そのため、朝遅く起きて、朝食をとらないことがよくあった。

彼によると、上述した生活状態は結婚後（一九八四年結婚）も続いた。とりわけ、一九九〇年中期頃に、美術関係の副業に従事し始めた彼はさらに忙しくなり、普段の食事を主に外食によって済ませた。このような状態は二〇〇〇年代初期まで続いた。

②日常食：天津地域の軽食・回族料理及び西洋式のファーストフード

この時期に、Lは主に外食によって日常の食事を済ませた。これらの外食は食堂や屋台、料理店、ファーストフード店を含む多種多様な場所に、各時期の天津都市部に流行っていた食べ物で構成されていた。

彼によると、自分の仕事のリズムによって、朝食を抜き、昼食と夕食だけをとることが多くあった。例えば、昼食に、彼がよく食べに行ったのは就職先の近くにある回族料理店であった。そこで米飯、四、五品のおかず[14]、スープ及び生ビールを注文し、同僚と共食した。主食とおかず以外に、冬にラム肉のしゃぶしゃぶも食べた。彼によると、当時の就職先で食堂が設置されたが、そこでは提供された食べ物の種類が少なくて、さらに飲酒ができなかった。そのため、食堂で食べることはあまりなかった。夕食では同僚や友達と一緒に料理店で共食した。また、一九八〇年代後半からファーストフードの店が天津都市部に進出してきて以降、彼はハンバーガー、フライドチキン、及び丼・定食などを一人で食べることがよくあった。また、「砂鍋」という一人前の土鍋料理を屋台で注文し、焼餅と一緒に食べることも時折あった。

このような昼食と夕食のとり方や食事内容は一九九〇年代初期から多少変化が起こった。一九九〇年代以降、参加した業務の内容の変更によって、彼の同僚のメンバーが変わった。それによって、昼食に、彼は作業室において大餅・カップラーメンなどの主食、ソーセージ・燻製の牛肉などの惣菜を新たな同僚と食べるようになった。また、副業に従事し始めた彼は昼食に副業の勤務場所で市販の弁当を一人で食べたり、あるいは飲食店において副業の同僚と共食したりしていた。昼食以外に、夕食の食事内容も多少変わった。彼は従来のラム肉しゃぶしゃぶ、ファーストフードや屋台の土鍋料理を食べ続ける一方で、市販の弁当、煎餅餜子などの軽食も食べ始めた。さらに、一九九〇年代中期から、副業の同僚に連れられて、夕食に広東料理のヤムチャを食べることもあった。

要するに、この時期のＬは経済的余裕があったため、回族料理、天津地域の軽食、西洋式ファーストフード、南方料理という四つのカテゴリの外食料理を頻繁に食べていた。一九八〇年代後半の中国都市部においては都市住民の収入の増加にともない、食物をめぐる大量消費のトレンドが生じた［Yan 2009: 211-213］。当時、住民たちは食事の量を満たしたうえで、料理の食材、味付けや作り方などへのこだわりも追求し始めた。これらのこだわりへの追求をもつ住民たちの一員として、就職したＬも、当時の天津都市部で流行っていた外食料理を楽しむようになった。ただし、上記の四つのカテゴリから見れば、就職・結婚後のＬは幼年期と少年期に身につけた食の習慣が維持されている一方で、天津都市部に進出してきた多種多様な外来料理の試し食いに強い関心を覚えていたと言える。

また、Ｌは妻や息子を連れて、自分が食べに行った回族料理店あるいは西洋式ファーストフード店で共食することも時々あった。彼によると、自分が好きな料理あるいは当時に流行っていた食べ物を妻や息子に食べさせたいため、日曜日などの休日に家族と外食したという。

さらに、彼も、自分が食べた新たな料理の味付けや作り方を妻に紹介し、家庭で料理を作らせた。例えば、彼の紹介によって、妻は家庭料理において広東料理の代表的調味料のオイスターソースを使ったり、トンカツなどの揚げ物を作ったりしていた。彼の紹介を通して、妻と息子がとっていた家庭料理は当時の天津都市部に進出してきた他地域の外食から強い影響を受けて、国内外の多地域の食べ物が混在するようになった（詳細は次節の妻Sの食生活史で記述する）。

③行事食：天津・北京地域の春節及び中華・西洋式の誕生祝い

上記のような外食中心の日常食をとっていると同時に、Lは春節及び誕生祝いに家族と過ごして共食していた。春節の行事食において大晦日の団円飯をとるのは主にLの両親の家においてである。結婚後の彼は妻と息子を連れて、大晦日の団円飯を両親と共食した。団円飯の料理は第一節で記述したように、魚や豚肉を中心として、何品かのおかずがあった。また、団円飯を食べた後で、彼らも大晦日の深夜に素餃子を食べた。

彼によると、正月一日からの食事を、主に自宅で妻と息子と共食した。これらの料理は妻が作り、必ずしも天津地域の伝統的な行事食ではなかった。とりわけ、正月二日から五日までの三日間に、夫婦が息子を連れて北京に行って、妻の親族と共食することは一九九〇年代に春節の定番的行事となっていた。

春節以外で、Lは祖父、両親や息子の誕生祝いを家族と共に過ごした（祖父や両親の誕生祝いのとり方と食事の内容は前節を参照）。そのうち息子の誕生祝いに対して、L夫婦は西洋式のやり方を始めた。夫婦は息子の西暦の誕生日に誕生祝いを行い、バースデーケーキを注文した。さらに、夫婦も息子の誕生祝いの祝宴を、西洋式のファーストフード店において開催した。閻（Yan）が指摘したように、中国政府の一人っ子政策により、都市住民の家庭では両親とその両方の祖父母が子供に強い注目と愛情を与えて、彼／彼女の要求を常に満たさせるようにする。このような社会的背景や都市住民の家族状態に対して、一九九二年に中国に進出したアメリカのマクドナルドは現地化を目指すために、子供を最も大切な消費者としてみなし、子供の誕生祝い向けのセットメニュー、プレゼント及び祝いメッセージなどを提供するという経営戦略を実行した。それによって、マクドナルドで子供の誕生祝いを行うことが当時の都市住民に流行した［Yan 1997］。要するに、親世代であるLは自分の考え（西洋文化への憧れ）及び当時の外食産業の変化（西洋式ファーストフードの進出及びそれに関わるブームの形成）に影響を受けて、次世代の行事食のとり方と構成を変更していった。

3　結婚後の内食中心とする時期（二〇〇〇年代以降）

二〇〇〇年代以降の中国では食の安全性をめぐる事件が相次いで発覚することになった。これらの事件に関連して、マスメディアは市販の食材・料理に含まれる残留農薬、抗生物質や不良品・添加物などの有害物質に関する情報を頻繁に放送していた。それによって、人々は食品の安全問題に注目し、それに対する関心を覚えるようになった。このような社会背景において、外食中心の食事をとっていたLは食の安全性に関心をもつ妻に説得され、普段の食生活の中で外食を減らして、家で食事すること（いわゆる「内食」）にした。

①夫婦二人の暮らし

二〇〇〇年代初期以降に、Lの勤務は忙しい状態が続いた。ところが、彼は妻に説得され、普段の食事を自宅でとるようにした。

出勤日の昼食あるいは夕食に時折外食することを除き、彼はほとんどの食事を妻に作ってもらった。また、二〇〇三年以降、息子が大学・大学院に進学し、家から出にため、Lは普段の食事を妻と二人だけでとることが多くあった。このような食生活の状態は現在まで続いている。

②日常食：天津や南方地域の家庭料理及び西洋料理の組み合わせ

この時期に、L夫婦がよく食べていた朝食は饅頭、油条やパンなどの主食、目玉焼き、ソーセージなどの副食、及び牛乳、豆乳や粥などの汁物で構成されていた。また、自宅の近くにある朝食販売店で、ワンタンや煎餅餜子を食べることも時折あった。

昼食に、妻によく作ってもらうのは米飯と二品のおかずであった。妻の父が中国の南方地域の出身であるため、彼女は小さい頃に米を常食しており、饅頭や大餅などの小麦粉で作った主食をあまり食べなかった。そのため、日常食において妻が作っていた主食は主に米飯である。あわせて、おかずは一品の肉・魚料理と一品の旬野菜の料理である。そのうち肉・魚料理について、妻は豚肉をあまり使わず、鶏肉や牛肉を肉料理の食材としてよく作っていた。また、Lが魚・エビが好きであるため、妻にそれらの料理を作ってもらうこともよくあった。

ところが、これらのおかずの食材がつい最近変化した。二〇一五年前後から、Lが体調不良によって漢方薬を飲み始めたため、漢方薬の効能及び彼の体調に合わない牛肉や魚などの食材は家庭料理に入れられなくなった。また、市販の鶏肉に関わる食の安全問題が頻繁に発覚するため、夫婦は普段の食事に鶏肉も食べなくなった。この二、三年間に、夫婦が食べた肉料理は基本的に豚肉で作ったものであった（鶏肉、牛肉や魚介類の食用の減少に関する詳細内容は第三節を参照）。

夫婦の夕食の料理は主に昼食の余った主食とおかずで構成された。ただし、二〇一〇年以降、彼らは食の健康に強く関心をもっていたため、夕食の量を減らすことにした。とりわけ、この二、三年間に、彼らはうどんや粥などの汁物を主食としてよく食べている。

それ以外に、水餃子などの餡もの、あるいはあんかけ麺などの麺類は妻がよく作っていた。また、スパゲッティなどの外国料理も家庭料理として時折食べられた。

これらの自宅でとられる食事以外に、彼は妻や息子をつれて外食することが時々ある。それらの外食は主に息子が帰宅する休日に行われ、回族料理やラム肉のしゃぶしゃぶ、海鮮料理、広州や上海などの南方地域の料理がある。

③行事食：伝統的な年中行事や誕生祝いに関わる多地域の食事

この時期に、Lは春節で家族と過ごして共食し続けていた。彼は大晦日の夜に団円飯や素餃子を両親の家で家族と共食し、正月の二日から五日までに北京に住んでいる妻の親族と共食した。

同時に、二〇一〇年前後からLは端午節や中秋節において、行事食を食べるようになった。彼によると、二〇〇〇年代末期から端午節や中秋節が国家の法定休日になったため、この時期に節句食である粽や月餅の贈答が仕事関係者や親族の間に頻繁になされた。彼はそれらの贈答用の節句食を常に妻や息子に食べさせた。

また、二〇一〇年代中期から、彼の妻はマスメディアの宣伝を通じて、立春、立冬や初伏などの伝統的な節句の時に行事食を作るようになった。これらの行事食は主に天津地域のやり方に従って作られた。ただし、立春に作られる春餅のおかずについて、妻は天津地域の伝統的なおかずとする燻製の肉類、ニラとモヤシ炒めだけでなく、ホウレンソウ炒め、春雨とキクラゲ、豚肉炒め、及び鶏卵炒めを含むより豊富な料理を作っていた。このような春餅のおかずの組み合わせは妻が北京出身の母から教えてもらったのであり、北京地域の特徴でもある（例えば、第二章の写真20）。

上記の年中行事以外に、Lは誕生祝いに家族と共食した。これらの誕生祝いは両親、息子や夫婦を対象としていた。そのうち彼が参加した両親の誕生祝いの当日に、四品のおかずを含むあんかけ麺、及び丸ごと魚・肉類料理を中心とする祝宴も依然として食べられた。それに対して、息子の誕生祝いでは誕生日の前日に水餃子が作られ、当日にあんかけ麺が作られたが、主に夫婦二人だけで食べられた。彼によると、息子が大学に進学してから、家において家族と共食する時間が少なくなった。そのため、息子の誕生祝いのために、夫婦二人が水餃子やあんかけ麺を食べることが多くあった。さらに、バースデーケーキの注文、及び飲食店での共食も少なくなった。また、夫婦は自分の誕生日（主に西暦の誕生日）に対して、水餃子、あんかけ麺を誕生祝いの行事食として食べ始めた。特に、誕生祝いの祝宴として、彼らは飲食店において共食することも時々あった。

第三節　息子の妻Sの食生活史

(一)　息子の妻Sのライフヒストリーの略述

息子の妻Sは一九六一年に天津都市部にある移民家庭に長女として生まれた。両親は共働きであったため、彼女は少女期から調理、洗濯や弟と妹の世話などの家事を負担した。

一九七九年、一八歳の彼女は母親の職場に就職した。一九八四年に、二三歳のSは同僚の夫と結婚した。結婚した彼女は実家を出て、新居で夫と一緒に暮らしはじめた。一九八五年に、彼女は一人の息子を出産した。彼女は息子に愛情を注いで大切に育てるために、勤務時間を次第に減らすことにした。一九九〇年代末期に、彼女は専業主婦になった。

二〇〇〇年代初期に、息子が大学に進学し家から出た。それと同時に、長時間の外食をしていた夫（第二節にとりあげたL）は市販の食品の安全性を心配するため、家で食事をとることにした。これらの家族の変化によって、Sは自分の関心を従来の子育てから夫の世話に向けるようにした。現在、彼女は夫の世話をしながら、夫婦二人で暮らしている。

(二)　人生の各時期の食生活

第一節でとりあげた結婚後に仕事を続けたZと異なり、結婚したSは仕事を自ら辞めて専業主婦になった。それは改革開放以降に女性の社会進出をめぐる社会的価値観の変化がもたらした影響である。韓［一九九七］が指摘したように、社会主義建設に必要な労働力を確保するために女性の社会進出が提唱された毛沢東時代と異なり、市場経済のメカニズムが導入された改革開放期には経済効率という価値観によって「婦女の家庭復帰」という議論が起こった。さらに、韓も、このような価値観の変化によって、仕事に対する女性の選択及び生き方は毛沢東時代より多様化されることを提示した［韓　一九九七：三四―三五］。一九七九年に就職したSは上述した生き方が多様化する時期の女性に含まれる。本業と副業を同時に従事している夫の収入が一般労働者より多いため、結婚後の彼女は家庭に復帰し、息子と夫の世話に専念することにした。

このような生き方の選択によって、Sの食生活史は主に二つの時期に分けることができる。すなわち、(1)実家で暮らし、娘としての少女期[15]（一九六〇年代中期～一九八三年）、及び(2)結婚後の家で暮らし、妻としての主婦期（一九八四年以降）である。ただし、結婚後の彼女は専業主婦になる前に、家事・子育てと仕事の両立生活を一時的に送っていた。そのため、第二時期の食生活史に関する記述は「仕事と家事・子育てを両立する段階（一九八四年～一九九〇年代末期）」及び「専業主婦になった段階（二〇〇〇年代初期以降）」という二つの段階に分けられる。

1　Sの少女期（一九六〇年代中期～一九八三年）

一九五〇年代の天津都市部においては急速な都市開発により多くの工場や学校などの施設が新設され、大量の就業機会が創出された。就業機会の拡大にともない、河北省、北京市や山東省などの天津周辺地域の住民は天津都市

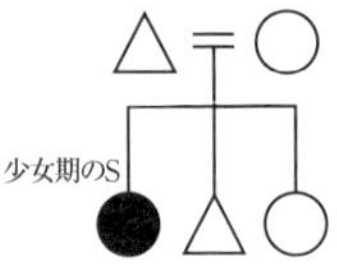

図12　少女期のSの家族構成図（筆者作成）

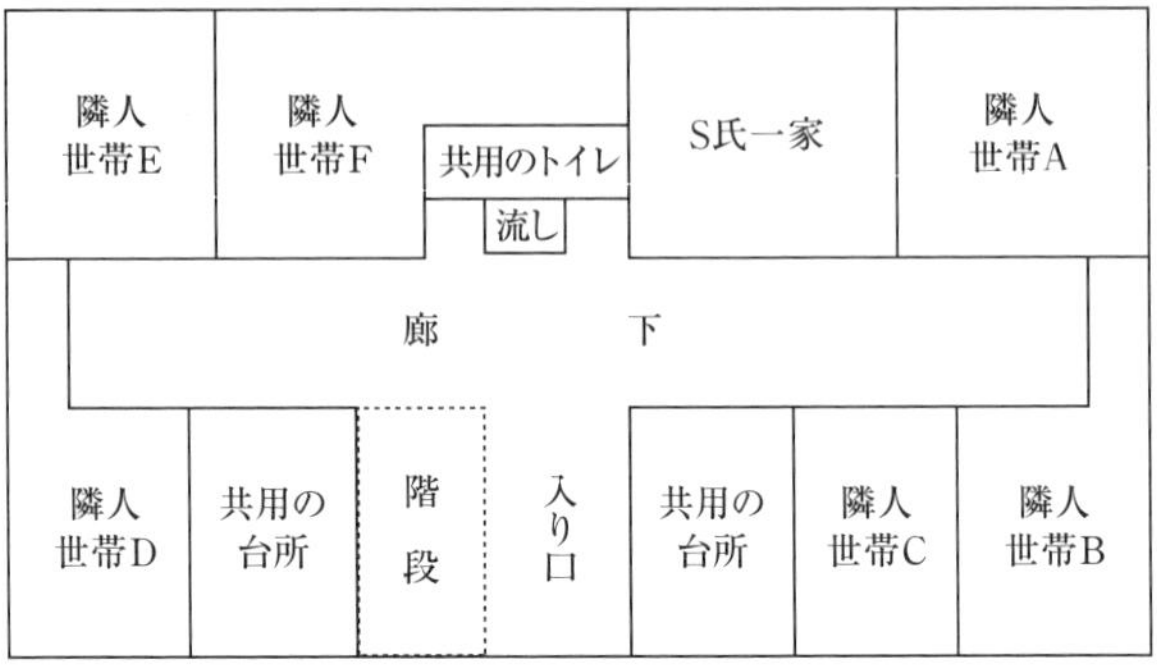

図13　Sの両親が転居した「筒子楼」の平面図（筆者作成）

部に就職や転職して、家族を連れて天津都市部に転籍してきた。

『天津的人口変遷』〔陳編　二〇〇四〕によると、一九四九年から一九七八年までの三〇年間に、天津都市部の人口増加の速度が最も速い時期は一九五〇年代である。都市戸籍を持つ住民の人数は一九五〇年には一九一・九万であったが、一九六〇年には三一八・五万と約一・七倍に急速に増加している。そのうちの三分の一は仕事関係によって、天津都市部に移入してきた住民であった〔陳編　二〇〇四：一五〇―一五七〕。

本節でとりあげるSの両親は当時の大勢の移民の一員である。一九六一年に、彼女の父親は北京のある美術大学の大学院を卒業し、天津の新設された美術専門学校に就職した。それと同時に、母親も北京の美術出版社の仕事を辞めて、父親と同じ職場に転職した。それから、両親は天津都市住民としての生活を送り始めた。

①核家族である実家の暮らし

一九六一年に、Sはこの移民家庭の長女として生まれた（図12）。当時、彼女の両親は天津都市部に新築された「筒子楼（長屋風の建物）」で住んでいた。

一九五〇年代以降、中国都市部は人口の急増によって住宅不足に陥った。この問題を解決するために、共産党政府は三～五階建ての低層集合住宅（いわゆる「筒子楼」）を数多く建設した。これらの集合住宅は長屋風の建物であり、

表4　天津都市部に就職する「高等学校教育職員」の賃金表

等級	賃金標準（人民元）	教員の職階			
1	345.0	教授			
2	287.5				
3	241.5		准教授		
4	207.0				
5	177.0				
6	149.5			講師	
7	126.5				
8	106.0				
9	89.5				助教
10	78.0				
11	69.0				
12	62.0				
13	56.0				

［天津市地方志編修委員会編　2001: 282］より筆者作成

各階で十何平米メートルの部屋が並んで、台所とトイレが共用である。住宅を持たない労働者は所属の「単位」の配分を通じて、世帯ごとに一つの部屋を与えられた。

S氏一家の部屋は四階建ての「筒子楼」の一階にあった（図13）。Sによると、一階には六世帯の隣人が住んでいた。そのうち隣人世帯Cと隣人世帯Eでの世帯メンバーは両親と同じ職場で働いていた。そのため、この二つの隣人世帯と仲良くしており、穀物購入通帳の借用、調理の手伝いなどがよくあった。

また、Sが覚える限り、両親の毎月の賃金について、父親は八四人民元であり、母親は七七人民元であった。両親の収入は当時の周りの住民より高かったという。

一九五六年から一九八〇年代中期までの間に、共産党政府は都市部において等級賃金制度を実施していた。この制度において、共産党政府は国家機関行政人員、労働者、企業の管理職員や技術者、学校の教師や職員、及び病院の医者などを含む全ての職業にいくつかの等級を格付けし、各等級の標準賃金を設定した［山本恒人「賃金」『岩波現代中国事典』：八八七―八八八］。『天津通志・人事志』［天津市地方志編修委員会編　二〇〇一］は当時の全国の都市部における各職業の賃金の等級表をまとめている［二〇〇一：二六一―二九三］。この表によると、

Sの両親が所属した「高等学校教育職員」の天津地域の賃金は五六・五人民元から三四五・〇人民元までの一三等級に分けられている（表4）。これに依ると、Sの両親の賃金は同業者の賃金の中等範囲（九、一〇等級）に該当する。他の職業の賃金表を参照すると、彼女の両親の収入は二〇、三〇人民元ほどの賃金しかもらえない一般労働者、非熟練技術者または普通の職員よりかなり高いのである。

そこで、家事や育児に時間的な余裕を持たない両親は、一人の使用人を雇い、平日の家事をやらせることにした。Sによると、一九六一年から一九七二年までの間に、両親は四人の女性の使用人を相次いで雇った。使用人は平日に、子供の世話、昼食の用意、食料品の購入、及び夕食の下準備などの家事をした。ただし、朝食と夕食を、使用人はS氏一家と一緒に食べなかった。この四人の使用人について、いままでのSの頭に強く残っているのは最後の二人であるC氏とD氏である。

C氏は天津の近郊地域の出身であり、S氏一家の隣人E世帯（図13）の三〇代主婦である。彼女は一九六三年から六八年まで雇われていた。当時、C氏は夫と二人の娘と暮らしていた。夫一人の給料（三〇人民元ほど）では、この四人家族の家計を支える経済的な余裕がなかった。そのため、夫の同僚であるSの両親はC氏を毎月五人民元で雇って、平日の昼間に子供の世話及び昼食の用意をさせた。C氏は非常に親切な人であり、S氏一家と仲良くしていた。現在でもSはC氏の子供たちと常に連絡をとっている。

その一方で、D氏のことについて、Sは悪い印象を持っている。一九六八年頃、C氏は一時的に実家に戻った。子供の世話をするために、Sの両親は河北省の農村部出身のD氏を雇った。D氏は月曜日の午前中にきて、金曜日の夕方に天津に住んでいる息子の家に戻った。月曜日から金曜日までの昼間、彼女は掃除、子供の昼食の用意、食料品の購入をしていた。ところが、毎週に息子の家に戻る際に、D氏はS氏一家の食べ物を持ち帰った。Sによると、ほぼ毎週の金曜日午後に、D氏はS一家の小麦粉を使って、持ち帰り用の饅頭を何個か蒸しておいた。さらに、

D氏の態度が悪く、Sと常に喧嘩していた。特に、喧嘩の際に、S氏一家を「資本家だ」と罵ることがよくあった。一九六六年から七六年までの中国社会においては文化大革命の嵐が吹き荒れていた。激しく起こった階級闘争の中に、資本家などの階級的出身とされる住民たちは抑圧の対象となっていた。そのため、当時の住民たちにとって、「資本家」という言葉は悪口とみなされた。そこで、D氏からの悪口に我慢できなかったSは両親に言ってD氏をやめさせた。

それをきっかけに、一一歳（一九七二年）のSは平日の家事をやりはじめた。具体的には、彼女は昼に、学校から家に戻って、兄弟に食事を用意した。それと同時に、午後の放課後に夕食の食材を購入し、ご飯を炊いたり、野菜を洗って切ったりして、夕食を下準備した。

Sは家事を始めた最初の頃、調理が上手にできなかった。そのため、彼女の両親はうどん、雑炊などの手間のかからない料理の作り方を彼女に教えて、それらの料理を昼食に作らせた。加えて、夕食の準備に、隣人CとE世帯の主婦は常に手伝いをして、炊飯や料理の下準備を一緒にしてくれた。両親及び隣人から学びながら、Sは炊飯、食材の切り方や茹で方などの調理の基本を身につけるようになった。

②日常食：北京と南方地域の家庭料理が混在する組み合わせ

【就職前の時期】　一九六八年に小学校に通い始めたSは家で三食をとっていた。これらの三食の中で両親と共食するのは平日の朝食と夕食、及び休日の三食である。それに対して平日の昼食を、彼女は学校から家に戻って、使用人あるいは兄弟と食べた。

平日の朝食に家族が常食したものは基本的に点心と牛乳（ミルク粉あるいは新鮮な牛乳）・粥であった。その中で、点心は両親が退勤途中に購入した市販のものであり、「果子面包（ドライフルーツ入れの焼きパン）」、酒かす饅頭あるいは小豆餡入りの焼餅であった。Sによると、両親は朝食を外食することが不衛生だと思っていたため、子供たちに朝食販売店で食べさせなかった。それによって、彼女は小さい頃に、豆腐脳、鍋巴菜、ワンタンなどの天津地域の伝統的な軽食をあまり食べなかった。

昼食は主に前日の夕食の余り物であった。家事を担当したSは残った米飯とおかずを温めたり、あるいはうどんや「燙飯（残ったご飯とおかずで作った雑炊のような食べ物）」を作ったりして、兄弟たちと食べた。

夕食は家族全員が揃って食べた。夕食の食事は基本的に主食、二品のおかずや粥であった。そのうち主食は主に米飯であり、時折饅頭があった。Sによると、父親は南方出身であるため、家族は米を主食としていた。中国の南方と北方地域は常食する穀物の種類と作り方が異なっている。北方地域、すなわち黄河流域及びそれよりさらに北の地域は麦や雑穀の粉で作った粉食のものを主食としている。それに対して、長江流域及びそれより南の地方を含む南方地域は粒食の米を主食としている。Sの父親の出身地は中国の南方地域に属する江蘇省である。そのため、彼は米飯を主食とする習慣を強く持っている。

ただし、本章の第一節に説明したように、一九六〇年代後半及び七〇年代の天津の都市住民に割り当てられる穀物は小麦粉、米や雑穀で構成されていた。その中で、米の割合は五割だけであった。このような割合は米を主食とするSの家族にとって、十分ではなかった。そのため、彼女の両親は日常食に足りない米を購入するために、隣人C世帯の穀物購入通帳を借用することにした。その恩返しとして、両親は自分の購入通帳を隣人に貸して、彼らに雑穀を購入させた。当時、米はトウモロコシ粉などの雑穀より高価であった。経済的に余裕を持たない隣人Cは米の代わりに、より安価な雑穀を購入できることも喜んでいた。

主食をあわせる二品のおかずは基本的に旬の野菜で作られた。Sの家族は夏にジャガイモとトマト炒め、トウガンの煮物やレンコンの甘酢炒めをよく食べて、冬にハクサイの甘酢炒め、「酸燴菠菜」(16)、ハクサイと押し豆腐の和え物をよく食べていた。時々、豚肉や鶏卵を加えた料理も作られた。当時よく食べた料理の事例として、Sはトマトと鶏卵炒め、少量の豚肉とモヤシ炒め、あるいは豚肉とハクサイの煮物を筆者にあげた。また、上記の野菜料理以外に、両親も退勤途中で飲食店から雑魚の揚げ物、豚団子の揚げ物などの惣菜を購入し、夕食のおかずとして子供たちに食べさせることもあった。

日曜日の三食のとりかたと食事内容は上述の平日の三食と比べると、多少変わっている。日曜日の朝食では時間的に余裕がある父親は家の近くにある朝食販売店から油条、焼餅や豆乳を買って持ち帰り、家族と食べた。昼食は基本的に麺類であった。Sによると、日曜日の昼間に、両親は洗濯、掃除などの家事をするため、昼食において手間のかからない料理を作っていた。当時、家族が常食したものはあんかけ麺であった。その際に、トマトと鶏卵炒め、ねり胡麻のタレ、あるいは「炸醤（肉の麦味噌炒め）」などの簡単に作られたものがかけあんとしてよく食べられていた。また、あんかけ麺の他に、母親が、北京地域の家庭料理としての「撥魚」あるいは「糊塌子」をよく作っていた。[17]

夕食の食事は平日と同じように、主食、二品のおかずや粥であった。ただし、二品のおかずの一品に、肉料理が時折作られた。家族が常食した肉料理は母親が大好きな北京料理の「煮白肉（豚肉の白煮）」及び「水晶肘花（豚モモ肉の白煮）」であった。また、豚肉以外に、コイ、フナやキグチなどの魚もおかずの食材として使われた。ただし、魚料理の食材について、Sによると、漢方知識をもつ母親は鱗のない魚が子供の体調にとって良くないという考え方を知っていたため、タチウオをあまり使っていなかった。

【就職後の時期】　一九七九年に、Sは母親と同じ職場の美術専門学校に就職した。平日の勤務によって、彼女は朝食と昼食を家にとらなくなった。ただし、平日の夕食、及び日曜日の三食を、家族と共食し続けた。

平日に彼女は家で朝食をとらずに出勤し、時折就職先の近くにある朝食販売店において、焼餅あるいはワンタンを食べた。それらの外食をきっかけに、彼女は天津地域の軽食を次第に食べはじめた。

彼女は昼食を、基本的に持参した弁当を職場で食べた。弁当は前日の夕食の残り物で、米飯と一品の野菜料理であった。弁当によく入れるおかずはハクサイの醤油煮、あるいはジャガイモの炒め物であった。時折、彼女は就職先の食堂で昼食をとり、米飯と一品の野菜料理を注文した。ただし、昼に食堂が込んでいるため、彼女は自分が好きなおかずをなかなか注文できなかった。そのため、昼食を弁当ですませることが多かったという。

夕食において、彼女は家族と共食した。食事の組み合わせは以前と変わらず、米飯、二、三品のおかずや粥であった。ただし、家族は以前より多様な野菜を食べるようになり、さらに豚肉と野菜の料理を常に作るようになった。食材の豊富さは当時の食料品供給の好転に関係する。一九七〇年代後半から、食料品販売店に入荷される野菜の種類と量が増加するとともに、既存の購入制限が緩和されつつあった。それと同時に、都市住民向けの豚肉の割当量も増加していた。

このような物資供給の豊富さに伴い、Sの家族は以前より多様な旬の野菜を食べられるようになった。具体的には、春にホウレンソウやステムレタス、夏や秋にトマトやキュウリ、サヤインゲン、ナス、ピーマンなど、冬にホウレンソウ、ニラ、ハクサイやセロリなどであった。また、キノコやニンニクの芽などの珍しいものも時折食べられた。さらに、それらの旬の野菜で作った料理に、少量の豚肉を常に入れることもできた。

日曜日に、Sは依然として家族と三食を食べた。その時は妹や弟からの手伝いをもらえるため、水餃子などの手間のかかる料理を昼食に作れるようになった。また、就職後のSも、同僚や料理本から学んだ自分が好きな料理を、おもてなし料理として家族に作ることが時折あった。その事例として、天津出身の同僚からタチウオの醤油煮込み、または料理本から学んだ酢豚を家族に作ったことを筆者に教えてくれた。

以上のように、少女期のSは両親がもつ出身地の食の嗜好によって、北京や南方地域の家庭料理を基本にする食事をとっていた。ただし、就職後の彼女は朝食に天津地域の軽食を食べたり、天津出身の隣人や同僚から家庭料理を学んだりしており、天津地域の食文化の影響を受け始めた。また、長女としての彼女は両親、弟や妹の世話を長時間にしているため、家族メンバーの幸せを大切にするという家族観念を強く持っていた。とりわけ、彼女は料理を通して家族に愛情を注ぐという考えを心に持つようになった。このような考えは彼女の結婚後の食生活、すなわち一人息子と夫Lを世話することに強い影響を与えている。

③行事食：米飯とおかずを基本にする春節の食事

Sの少女期に、家族がとっていた行事食は基本的に大晦日の団円飯である。この団円飯は大晦日の夕食であり、五、六品のおかずで構成される。家族がよく食べるのは豚肉の醤油煮込み、タチウオあるいはキグチの醤油煮込み、鶏肉とピーマン炒め、ハクサイの和え物と甘酢炒め、酸燴菠菜、及び鶏のスープなどであった。ただし、「それらの団円飯のおかずには家族にとって定番の料理があるか」という筆者の質問に対して、Sは「特にない（没有什麼特別的）」と答えた。それらのおかずは彼女の両親が当時の食料品販売店から入手できる食材を、自分が好きな味付けで作った家庭料理にすぎない。彼女によると、両親はそれぞれの生活経験によって、団円飯に願いや祝いの意味が込められる料理を作るという伝統的なやり方を重視しなかった。例えば、彼女の父親は北京への進学のために、青年期から江蘇省の実家を出ることになった。北京の長年の一人暮らしによって、彼は南方地域の行事食をとらなくなり、行事食の伝統的なやり方にこだわらなくなった。父親と類似して、Sの母親は少女期から勉強に精力を注ぎ、調理や食事に関心を持っていなかった。とりわけ、年中行事に関して無関心であった。このように、Sの両親は団円飯に特定の料理を作る習慣を持っていなかった。

上記の原因によって、S氏一家の団円飯では水餃子などの春節の不可欠な行事食が見られなかった。その代わりに、両親が好きな家庭料理、すなわち魚・肉の醤油煮込み、ハクサイの和え物と甘酢炒め及び酸燴菠菜などが、団円飯のおかずとしてよく作られていた。このように、彼女は年中行事に家族と共食する習慣を持っていたが、行事食のやり方に従って特別の料理を用意する観念を強く持っていなかった。

2　結婚後の主婦としての時期（一九八四年以降）

一九八四年、二三歳のSは天津出身の夫（第二節にとりあげたL男性）と結婚した。結婚後の彼女は実家から出て、夫と新居で暮しはじめた。一年後の一九八五年に、彼女は一人息子を出産した。それから、彼女は育児や家事に専念するために、働く時間を次第に減らした。一九九〇年代末期に、彼女は平日の勤務を自ら辞めて、専業主婦になった。次は「仕事と家事・子育てを両立する段階（一九八四年～一九九〇年代末期）」及び「専業主婦になった段階（二〇〇〇年代初期以降）」という二つの段階に分けて、結婚後のSの食生活を記述する。

①仕事と家事・子育てを両立する段階（一九八四年～一九九〇年代末期）

一九七〇年代末期以降に、中国の都市部においては市場経済のメカニズムが導入されるとともに、既存の配給制を基本にする食物の販売ルートが急速に変化しつつあった。一九八〇年代の天津都市部においては個人経営の店舗が増加するとともに、自由販売の食品市場が再び出現した。販売ルートの増加と同時に、市場で出回る生鮮食材の種類と量も次第に増加した。一九九〇年代になると、市場に出回る食材の種類は従来の天津近郊、山東省や河北省などの北方地域産のものに限らず、広東省などの南方地域産の食材も含むようになった。それと同時に、海外産の食品やキッチン用品も、市場や百貨店で販売された。

上記のフードシステムの転換において、結婚後のSは仕事と家事・育児を両立する生活を約一五年間（一九八四年

〜一九九〇年代末期）送った。

【仕事と家族・子育ての両立の暮らし】　出産後のSは一九八六年に職場に復帰した。当時、本業と副業を同時に行う夫は業務のためにいつも深夜遅く帰宅して、さらに休日も出勤していた。そのため、Sは育児や家事を一人で負担することになった。

具体的に言うと、平日彼女は勤務しながら家で朝食と夕食を用意し、幼稚園に預けた息子の送り迎えをする。週末になると、家で息子の世話をしながら、三食の用意、掃除・洗濯などの家事をする。このような育児・家事をしながら、毎日に出勤する生活は一九九一年前後まで続いた。

一九九一年に、Sの息子は小学校に入学した。当時の小学校は昼の給食を提供していた。ところが、彼女は息子が昼に学校で遊び過ぎて、午後の授業に集中できないことを心配した。そのため、彼女は家で昼食を用意し、息子に昼食と昼休みを家でとらせた。

当時、Sが所属した部門は従業員を対象とする利潤上納額の請負制を導入した。従業員は自ら儲けた金を部門に上納して、管理者が定めた年度分の利潤額を達成させる。この制度の導入によって、従業員は「坐班（定められた時間通りに出勤すること）」を毎日しなくてもよく、勤務時間を自ら管理できるようになる。

そこで、Sは平日の勤務時間を自ら減らして、その代わりに、より多い時間を息子の世話に注ぐことにした。平日の彼女は出勤しながら息子の送り迎えをして、家で三食を用意する。時々、彼女は出勤せず昼間に掃除や洗濯、買い物などの家事をして、午後や夜に息子の勉強を見ている。週末になると、彼女は家で育児や家事をする。時折、息子を連れて、姑の家で過ごしたり、あるいは夫と一緒に外食したりしていた。このような暮らしは息子が小学校に通っていた六年間（一九九一〜一九九七年）続いた。

写真25　雑誌で写された外国の生活スタイル（1980年代初期に出版した日本のファッション雑誌『装苑』、Sの就職先の図書館収蔵より）

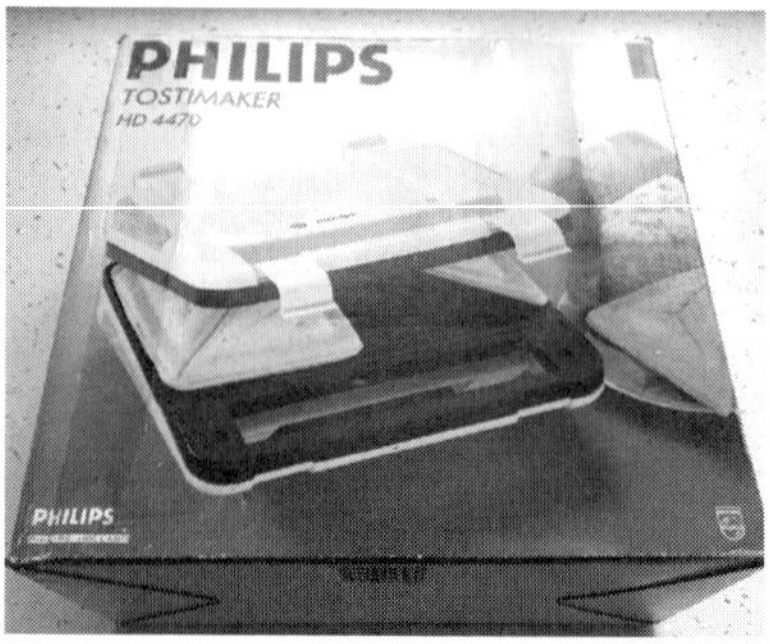

写真26　Sが1980年代後半に購入したサンドイッチメーカー（2017年11月6日、筆者撮影）

【日常食】　まずはSが家でとっていた三食の食事内容を記述する。

朝食は基本的にパンと牛乳から構成された。時折、Sはジャム、ソーセージ、目玉焼きを副食として作った。このような西洋式の組み合わせの他に、彼女も油条や豆乳などの中華式の食べ物を時折購入し、息子と食べた。

Sによると、息子に西洋式の朝食を用意するのは、自分が西洋式の生活スタイルへの憧れを持っていたためである。彼女が働いていた美術学校の図書館には欧米や日本の工芸・衣装を紹介する雑誌が大量に配架されていた（写真25）。一九七〇年代末期及び一九八〇年代前半において、それらの外国雑誌は市販品でなく、一般住民にとって手に入れにくいものであった。そのため、一九七九年に就職した彼女はそれらの外国雑誌を閲覧し、その内容に興味を覚えるようになった。それらを通じて、彼女は雑誌に掲載されていた外国の生活スタイルに憧れ、オーブンやコーヒーメーカーなどの調理道具を使いながら、サンドイッチ、焼きパンやコーヒーなどの洋食を作ってみたくなった。結婚後のSは百貨店で見つけたオーブンやサンドイッチメーカーなどの調理道具を購入し（写真26）、焼きパンやサンドイッチを朝食として常に作っていた。

昼食と夕食は基本的に米飯と一品のおかずであった。時折、彼女は餡ものや麺類も作った。Sが当時、よく作った料理はアブラナなどの青菜炒め、

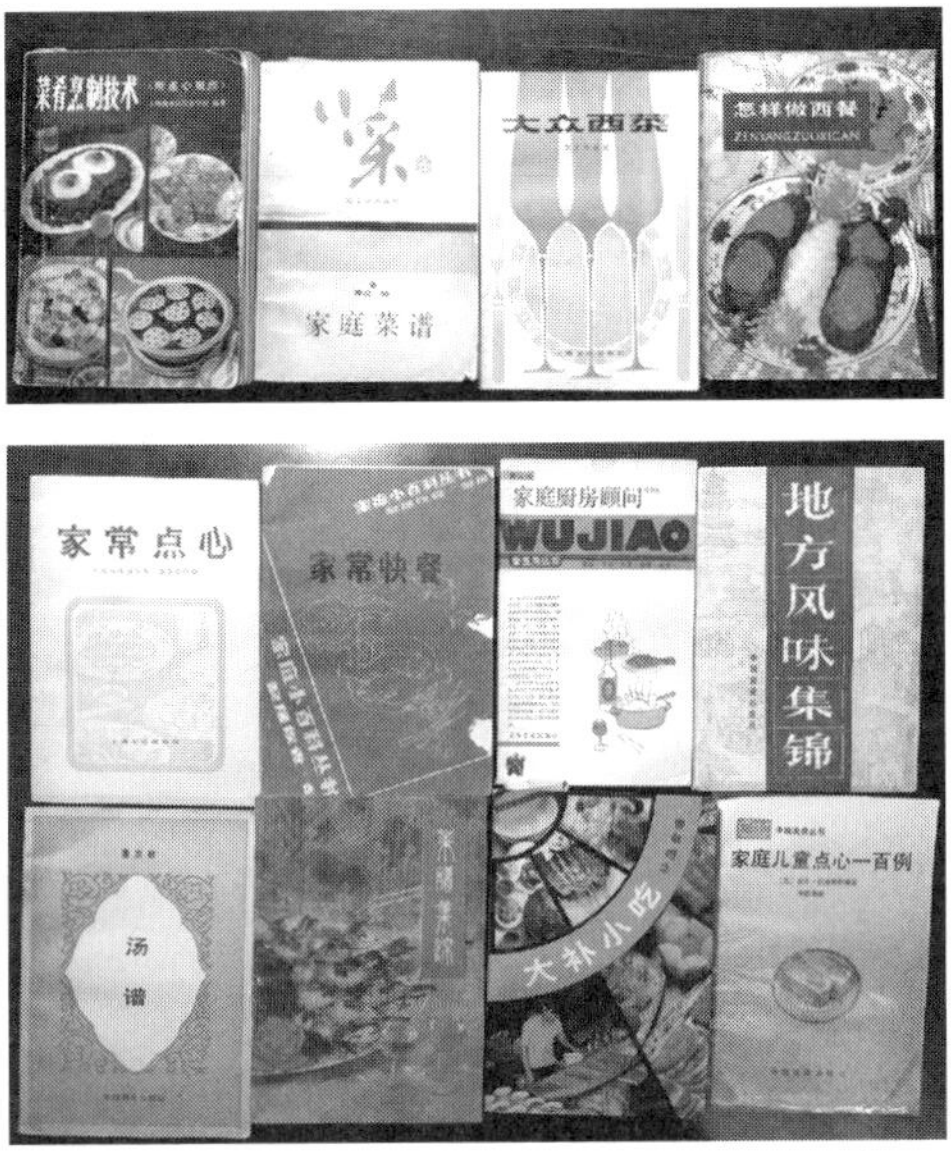

写真 27・28　S が 1980 年代に購入した料理本（2017 年 11 月 7 日、筆者撮影）

茶碗蒸し、サヤインゲンと鶏肉炒め、ニンジンと牛肉炒め、エビの剥き身とキュウリ炒め、タチウオの醤油煮込みなどであった。それらのおかずの食材のほとんどは「質が良いもの」である。その原因について、彼女は「当時、質がよい食材を買って、息子に食べさせた。私は小さい頃に粗末な食事をとっていたため、質がよいものを息子に食べさせたい（那个時候什么好就給儿子買什么吃，我小時候吃的不好，所以就尽量給他買好吃的）」と話した。このような考えによってSは値段や栄養分の高さによって、市場に出回った食材を選んで購入し、息子に料理を作っていた。彼女によると、当時、自分がよく購入したものはサヤインゲンやキュウリなどのより高価な野菜[18]、及び栄養分の高い牛肉と魚介類であった。

「質がよい食材」以外に、彼女も、中国他地域の家庭料理を紹介する料理本を購入し（写真27と写真28）、自分にとっても珍しい料理を息子に作ることにした。それについて、Sは一つの事例を筆者に振り返った。一九九〇年代初期に、Sは広東料理の料理本から、ヨウサイやカイランという野菜の種類があることを知った。当時、天津都市部の市場に出回った野菜は基本的に天津近郊あるいは河北省、山東省などの北方地域で生産されたものであった。南方地域産のヨウサイやカイランはなかなか市場に出回らず、一般住民にとって珍しいものであった。ただし、彼女は自由市場を探して、南方産の野菜を販売する露店から購入し、それらの珍しい料理を息子に作るようになった。

また、頻繁に外食していた夫も、料理店で初めて食べた外来料理をSに紹介し、家庭料理として作らせた（本章の第二節の記述にも参照）。それについて、Sは家庭料理にオイスターソースの使用を事例として筆者にあげた。彼女によると、自分がオイスターソースを家庭料理に使い始めたのは一九九七年頃である。当時、ヤムチャを経営する広東料理店が天津に進出してきた。そこで外食する夫はオイスターソースで作った野菜料理を初めて食べた。

オイスターソースはカキを主原料とする調味料であり、広東料理で多く用いられるものである。天津地域の家庭料理によく使われる麦味噌や醤油と異なり、オイスターソースは濃厚なうまみがある。そのため、Sの夫はオイスターソースを美味く感じ、その使い方を彼女に教えた。それをきっかけに、彼女はオイスターソースを家庭料理に使いはじめ、レタスやカイランなどの野菜、または牛肉の炒め物によく用いていた。

上述の事例から見れば、結婚後の彼女は周りの住民と異なり、国内の他地域や国外産の食材や調味料を家庭料理によく使ってきたことがわかる。

ここまでは日常食におけるSが家でとる食事の内容及びその特徴を記述した。ただし、冒頭で説明したように、彼女は家以外に、姑の家あるいは料理店において食事をとることも時々あった。次には姑の家や料理店の食事のとりかたと組み合わせを記述する。

姑の家で食事をとるのは基本的に日曜日である。日曜日の午前中、Sは息子を連れて姑の家に行って、そこで昼食と夕食をとっていた。この二食は基本的に姑に作ってもらい、主に魚や豚肉の醤油煮込み、水餃子あるいはあんかけ麺などの天津地域の家庭料理であった。

Sによると、それらの料理の味付けは自分の小さいから食べ慣れたものと多少異なっていた。例えば、姑は豚肉あるいは魚の醤油煮込みを作る際に、甘い麦味噌と「紅腐乳（豆腐に紅麹をつけ、塩水中で発酵させたもの）」を入れた。ただし、このような醤油煮込みの味付けが美味しいと思ったため、その作り方を覚えて自分が調理する際によく使っていた。

姑の家以外に、Sは夫や息子と一緒に外食もした。それらの料理店は主に夫の行きつけの回族料理店、マクドナルドやピザハットなどの西洋式ファーストフード店、または天津市内に開店したばかりの中国他地域の料理店であった。なかでも彼女は外食料理の味付けや作り方を覚えて、家庭料理として作ってみることが時々あった。その事例として、彼女はスパゲッティやラム肉の炒めもの、鶏の手羽先の揚げ物などの料理を筆者にあげた。

【行事食】　結婚後のSがとっていた行事食は基本的に春節及び誕生祝いの食事である。

春節で、彼女は息子と夫とともに、姑または北京の親族の家で行事食をとっていた。姑の家でとる春節の行事食は大晦日の団円飯と素餃子である。この行事食は姑が作り、天津地域の伝統的なパターンから構成されていた（団円飯のおかず及び素餃子の中身に関する詳細内容は本章の第一節を参照）。前文に記述したように、結婚前のSが食べた大晦日の食事は南方・北京地域の家庭料理から構成されていた。そのため、彼女によると、自分は姑に作ってもらった天津地域の行事食が美味しくなく感じ、特にねり胡麻、ハクサイや春雨などで作った素餃子の中身の味に慣れなかった。そのことで、彼女は姑の家で春節を過ごす際に、それらの料理を我慢して、少しだけ食べることにした。

それに対して、正月二日から五日までの四日間は、Sは夫や息子を連れて、北京の親族（母親のいとこたちの家族）

とともに正月を過ごした。彼女は北京の親族が作った料理が好みであった。彼女によると、当時、親族がよく作ったのは「芥末墩（からし漬けのハクサイ）」「焼羊肉（煮たラム肉の揚げ物）」、または「炒醤瓜（醤油漬けのキュウリと鶏肉炒め）」などであった。その中で、夫が「芥末墩」や「炒醤瓜」が好きだったため、彼女はそれらの料理の作り方を親族から学んで、家庭料理として作ることにした。このように、結婚後のSは春節の時期に天津や北京の親族と共食するため、天津や北京地域を含む多地域の行事食をとることになった。

春節以外に、Sは誕生祝いの行事食もとっていた。誕生祝いの対象は舅、姑や息子であった。その中で、Sが参加した舅や姑の誕生祝いは旧暦の誕生日に行われ、天津のやり方によって行われた（誕生祝いの行事食に関する詳細内容は本章の第一節を参照）。

ただし、息子の誕生祝いに対して、Sは彼の西暦の誕生日に行った。より具代的に、誕生日の前日の水餃子、当日のあんかけ麺という中国の伝統的な行事食を作ったうえで、当日に西洋式のケーキを用意した。また、誕生祝いの当日に、夫婦は息子を連れて、料理店で外食することも時々あった。

ここで指摘したいのは息子の誕生祝いに関する考え方である。従来、Sは子供の誕生祝いを行う習慣を持たない家庭に育った。ところが、彼女は自分の息子に誕生祝いをあげることにした。それは一九八〇年代以降の中国の都市部に生じた子育ての観念の変化がもたらす影響と考えられる。景（Jing）の指摘によると、一九八〇年代における一人っ子政策の実施及び物資供給の増量によって、都市住民は子供の食生活の改善に強い関心を抱くようにした。その代表的な事例の一つは両親が子供に誕生祝いをしてあげることである［Jing 2000: 4-7］。景が取り上げた事例と同じように、S（または夫婦）は一人の息子に対して、「質がよいものを息子に食べさせたい」という子育ての観念を強く持っており、自分の幼年期より良い生活を送らせようとする。このような子育ての観念を持つS夫婦は自分の幼年期に体験できなかった誕生祝いを息子にあげようとしたのである。

②専業主婦の時期（二〇〇〇年代初期以降）

一九九八年前後に、S婦人は平日の全ての勤務を辞めて、専業主婦になった。当時、中国の都市部においては食物の配給制がすでに終わっていた。自由販売を基本にするフードシステムの形成によって、食品メーカーの生産量や市販の食品の種類を左右する要素は従来の国家の計画から住民たちのニーズに変わっていた。それと同時に、一九九〇年代以降の都市住民は食品の量的満足だけでなく、食生活の質の向上を強く求めはじめた。すなわち、住民たちは国内外産の食品・調理道具の入手、食品の安全性への重視、食の養生的効果、及び地域の伝統的な食文化の伝承などを含む多種多様なニーズを持っていた。それらの住民たちのニーズによって、中国の都市部においては食の安全、養生や健康、及び地域の伝統行事に関する情報が、マスメディアや人々の日常会話にあふれるようになった。このような食に関する社会的変化の中で、Sは専業主婦の食生活を送ってきた。

【夫婦二人の暮らし】　一九九七年に、Sの息子が中学校に入学した。中学校の授業内容は小学校より多くて難しかったため、息子は学業不振になった。そのため、Sは平日のすべての勤務を自ら辞めて、息子の教育や世話に専念することにした。

専業主婦になって以降、Sは家で三食を調理し息子と共食していた。それと同時に、彼女は市販の食品の安全性を心配し、頻繁に外食をする夫を説得し、彼に家で食事をとらせるようになった。それによって、夫は普段の朝食と夕食を家でとることが多くなった。

二〇〇三年に、息子が大学に入学した。息子は大学に寄宿するため、家での食事の回数が減った。また、二〇〇九年に、息子は南方地域の大学院に進学し、家から出ることになった。息子が家から出て以降、普段の食事は基本的にS夫婦の二人だけで、家で三食をとっている。

【日常食】　Sが専業主婦になって以降、彼女の日常食は以前と大きく変化しなかった。最初の四、五年間（一九九八〜二〇〇二年）、彼女は普段の三食を家で作って、息子と共食していた。時々、朝食と夕食を、夫も家で食べた。朝食に、Sが用意したものは基本的に焼きパン、饅頭、あるいは点心などの主食、目玉焼きあるいはソーセージなどの副食、及び牛乳などの汁物であった。時折、彼女は家の近くにある露店から煎餅餜子あるいは油条などの主食を持ち帰った。昼食と夕食のどちらも米飯と二品のおかず（一品の野菜料理と一品の肉・魚料理）を基本にした。時々、夫が家で食べる際、さらに一品の肉料理が出された。米飯とおかずの組み合わせ以外に、彼女は水餃子などの餡のあるいは麵類を週一回ほどで作ると同時に、スッパゲッティ、牛肉の鉄板焼きなどの外国料理も時折用意した。二〇〇三年以降、普段の三食をとるのは基本的にS夫婦の二人だけとなった。それをきっかけに、彼女は自分の関心を夫の世話に向けると同時に、夫婦二人の体調にあわせた食事を作るようにした。

より具体的に、朝食には手作りの豆乳、饅頭や雑穀の粥が用意された。二〇〇七、〇八年から、Sは豆乳を朝食の汁物として頻繁に飲み始めた。彼女によると、豆乳が高血圧や高血糖を予防できるためであった。豆乳の健康的な効果に関する紹介は当時マスメディアにあふれていた。彼女はその情報に関心を覚え、豆乳を朝食の汁物として飲み始めた。ただし、彼女は市販の豆乳の安全性を心配して、豆乳メーカーを購入し、豆乳を作ることにした。また、二〇一三年前後から、Sは手作りの饅頭や雑穀の粥を朝食に用意しはじめた。彼女が饅頭を自ら作る理由は上述の豆乳と同じように、市販の食品の安全性を心配するためであった。一方、雑穀の粥を作るのは体調不良の夫のためであった。彼女によると、二〇一〇年代初期に、夫は一九八〇年代から長期間外食を続けたため、免疫力の低下で体調を崩した。当時、雑穀がもつ健康的な効果、すなわち体調を整えて、免疫力を高める効果に関する紹介はマスメディアでよく見られた。そのため、彼女は小豆や黒豆、ハトムギの実、黒米、黒ピーナッツなどの雑穀を粥に作って、朝食の汁物として夫に飲ませることにした。このように、二〇〇三年以降、Sが用意した朝食は手作りの食べ物、及び養生的効果がある食材・料理の追加という変化を遂げた。それらの変化は作り手としてのSがもつ食の安全や養生への関心がもたらす影響であると言える。

上述した朝食の変化と同時に、昼食と夕食の組み合わせも多少変わった。二〇〇〇年代中期に、Sは自分が脂質異常症であるということが健康診断で判明した。彼女は体の状態を改善するために、主食の量を減らすことにした。特に夕食後が運動不足であるため、消化されにくい米飯や饅頭などの主食を作らないようにした。このように、二〇〇八年頃以降、夫婦は夕食に主食を食べず、その代わりに、うどんや粥などの汁物、あるいは焼きサツマイモなどの芋類を食べることにした。

主食の量を減少すると同時に、Sは野菜料理を作る際に、季節外れの野菜をできるだけに使わないようにした。彼女によると、二〇〇〇年代後半に、季節外れの野菜の食用は人の体にとって良くない効果があることが、マスメディアで紹介された。特に二〇一一年に市民農園に入会してから、[19] 旬の野菜を定期的に入手できるようになった。それをきっかけに、家庭料理に旬の野菜を取り入れて作るようになった。

また、季節外れの野菜以外に、彼女は牛肉、鶏肉や魚介類を用いないようにした。それは鶏や淡水魚の安全性への配慮、及び牛肉や海産魚が体にもたらす影響のためであった。彼女によると、二〇一〇年代初期に、自分はマスメディアや周りの知り合いを通して、市販用の鶏や淡水魚が抗生物質や成長ホルモン剤を過剰に投与されたということを知った。そのため、彼女はそれらの安全問題がある食材を購入しないようにした。また、二〇一三年以降に、体調不良の夫は漢方薬を飲み始めた。それによって、Sは漢方薬の効能及び夫の体調に合わない牛肉や魚介類を、家庭料理に作らないようにした。

上述した日常食の構成から見れば、二〇〇〇年代以降、Sが用意する食事の組み合わせは、彼女と共食するメンバーの変化によって変わっていくことがわかる。特に彼女は夫の体調に合わせた食事を用意するため、食材がもつ栄養的効果に注目し、少女期の実家で学んだ漢方知識及びマスメディア・親友から得た食養生の情報を活用するようにした。このような日常の食事の変化は作り手の観念、共食する家族メンバー、及び食の情報に緊密に関係していると言える。

【行事食】 この時期に、夫婦二人は春節と誕生祝いに行事食を取り続ける（春節や誕生祝いの行事食に関する詳細内容は本章第二節を参照）。

一方、二〇〇八年に端午節と中秋節が国家の法定休日になって以降、夫は人間関係の構築・維持をするために、市販の粽と月餅を購入して知り合いや親友に送ったり、もらったりしていた。それによって、夫婦は端午節と中秋節の前後に粽と月餅を頻繁に入手できるため、それらの節句食を食べるようになった。同時に、マスメディアでの宣伝によって、Sは天津地域の伝統行事に関心を覚え、立冬、立春などの重要な節気、初伏や龍擡頭などの節句に、特別な料理を作り始めた（関連する内容は本章の第二節を参照）。

要するに、春節以外の行事食の食用は、マスメディアでの紹介や作り手であるSの関心の向上によって、夫婦二人の日常生活に徐々に増加するようになった。

第四節　まとめ

本章は天津都市部の出身である三人の食生活史を通して、二〇世紀の三〇年代から現在までの都市家庭の食生活の通時的変化を詳述した。具体的には、第二章第二節に具体例としてあげた、親子関係がある八〇代の老婦人Zと五〇代の息子L、及び息子の五〇代の妻Sという三人のライフヒストリーについて、食事の作り手や共食するメンバーの変化によっていくつかの段階を分けて彼らの人生の各段階における日常食と行事食の食事内容を詳述し、食事のとりかたと構成の通時的変化を明らかにした。

本節ではまずは上述の三人の食生活史の特徴及び通時的変化をまとめる。そのうえで、家族メンバーに関わる要素、すなわち世帯の経済状態、個人の嗜好と家族関係、及びマスメディアから得る情報に注目し、都市家庭の食事がいかに持続し、変化してきたのかを考察する。

(一)　三人の食生活史の特徴と通時的変化

本章で取り上げた三人の人生の各段階における料理の作り手と共食する家族メンバー、及び日常食と行事食の食事内容を以下のようにまとめることができる。

1　八〇代の老婦人Z

Zは一九三六年に天津地域の家庭に生まれた。彼女の二〇一八年現在までの八〇年間ほどの人生は少女期の核家族である実家の暮らし（一九四二年頃〜一九五〇年代前半）、結婚後の仕事中心の暮らし（一九五〇年代前半〜一九六〇年代末期）、大家族の嫁としての家族と仕事の両立の暮らし（一九七〇年代〜一九九〇年代前半）、及び定年退職後の夫婦二人の暮らし（一九九〇年代前半以降）という四つの段階で構成されている。

より具体的に、少女期において彼女は両親と四人の兄弟と暮らしていた。基本的に、母親に食事を作ってもらい、家族と共食した。一九五四年に、Z婦人は天津出身の夫と結婚し、三世代の大家族である嫁ぎ先で住み始めた。ただし、結婚後の彼女は夫が両親とかまどを分けたため、夫と三人の子供とともに生活を送っていた。一九六〇年代末期に、夫は両親との分家状態を終わらせた。それから一九九〇年代前半まで、彼女は夫と子女たちならびに夫の親族（舅、夫の姪一人と甥二人）の世話をしており、彼らと食事をとっていた。それらの食事は基本的にZが長女と夫の姪に手伝ってもらいながら作ったものである。定年退職後の彼女は既婚の子女と別居し、夫と暮らしていた。基本的に自炊しながら、二人で食事をとっていた。二〇一八年現在、彼女は夫と死別したため、自炊しながら一人暮らしをしている。

上述の四つの段階を通してみれば、Zの今までの食生活の特徴と通時的変化を、以下のようにまとめることができる。日常食は朝食、昼食や夕食を含む一日三食である。各食事の組み合わせは基本的に主食とおかずから構成され、時折汁物も加えられる。それらの主食、おかずや汁物に使われる食材はZの各段階の生活状態及び市場供給によって、以下のように変わっている。少女期（第一段階）の食事はトウモロコシ粉で作った餑餑あるいは粳米の米飯などの主食と、一品の野菜料理（炒め・醤油煮）である。結婚後の彼女は夫の両親と分家する時期（第二段階）に、このような雑穀・粳米の主食と一品の野菜料理を常に作っていた。ところが、分家の状態を終わらせて以降（第三段階）、彼女がよく作った食事は共食する家族メンバーの増加及び市場供給の制限の緩和によって、おかずの品数及び小麦粉・米と肉・魚の食用機会が増加するようになる。すなわち、おかずの品数は従来の一品から二品まで増加する。それと同時に、日曜日の食事に、小麦粉の饅頭あるいは米飯の主食と肉・魚の醤油煮を作ることが多くある。退職後の時期（第四段階）において、彼女の日常食の食事は前の段階よりさらに豊富になる。それらの食事は基本的に小麦粉、米や雑穀の主食と、二品以上の野菜料理と肉・魚料理から構成される。そこで、Zの今までの日常食は天津地域の家庭料理（餑餑・饅頭と野菜の醤油煮など）から構成される一方で、食事の組み合わせが雑穀・粳米の主食と一品の野菜料理から小麦粉・米・雑穀の主食と二品以上の野菜と肉・魚料理までに変更されたと言える。

それに対して、Zが今までにとってきた行事食は伝統的な年中行事、誕生祝いや仏教の斎日という三種類に分けられることができる。その行事食は伝統的な年中行事に関わるものである。少女期において、彼女の母親は春節、中秋や節気を含むほぼ全ての行事に行事食を作っていた。母親と異なり、結婚後の彼女は勤務リズムの忙しさや家計の節約のため、春節だけ行事食を家族に作ることにした。ところが、退職後に、彼女は時間的や経済的な余裕、国家の法定休日の増加及びマスメディアの宣伝によって、春節以外の年中行事に行事食を再びとるようになる。誕生祝いに行事食をとり始めたのは結婚後の一九七〇年代以降である。誕生祝いの対象は最初、舅であり、舅が逝去して以降、夫、彼女自身及び孫たちとなっている。仏教の斎日に関わる行事食は家族メンバーと共食する年中行事と誕生祝いと異なり、彼女が一人で食べるものである。二〇〇〇年代以降（第四段階）に仏教への信仰によって始め、現在も続いている。上述の三種類の行事食のいずれも、天津の伝統的なやり方によって行われていると言える。例えば、春節に素餃子や丸ごとの魚などの縁起が良い食材の使用、旧暦の誕生祝いに水餃子やあんかけ麺の食用などはその事例である。ただし、それらの行事食に作られた食材と組み合わせは当時の市場供給の制限やZの個人の食の嗜好によって変化している。春節の大晦日に作られた魚の種類は市場供給の制限によって、従来のハクレンから、タチウオを経て、さらにマナガツオまでに変更される。また、仏教に関わる精進料理に対して、彼女は肉類への嗜好によって、肉や鶏卵を入れて作るようになっている。

2　五〇代の息子L

Lは一九六〇年に生まれた。彼の二〇一八年現在までの約六〇年間の人生は少年期の大家族での暮らし（一九六〇年代中期〜一九八〇年）、結婚後の外食中心の暮らし（一九八〇年代前半〜二〇〇〇年代初期）、及び結婚後の内食中心の暮らし（二〇〇〇年代以降）という三つの段階に分けられる。

より具体的に、少年期において、Lは祖父、両親や兄弟・いとこたちと共に暮らしていた。基本的に、母親に食事を作ってもらって、家族と共食した。結婚後に、彼は家で食事をする際に、基本的に妻に料理を作ってもらって、妻と一人息子と共食した。時折、春節などの行事食をとる場合、母親や妹夫婦、または妻の親族に作ってもらい、彼らと共食することもある。

上述の三つの段階を通してみれば、Lの今までの食生活の特徴と通時的変化を、以下のようにまとめることができる。日常食について、食事の回数が一日三食であり、各食事の組み合わせは基本的に主食とおかずから構成され、時折汁物も加えられる。それらの主食、おかずや汁物に使われる食材はLの人生の各段階の生活状態及び市場供給によって、以下のように変わっている。少年期において彼が家で常食するのは雑穀・米の主食と一、二品の野菜料理である。時折（主に日曜日）、小麦粉の主食と肉・魚料理がある。ただし、孫としての彼は祖父に可愛がられ、回族料理店に連れていってもらい、小麦粉・米の主食、一品の牛・羊肉の料理、及び一品の汁物を食べることが時々あった。結婚後の彼は外食中心の生活を送っている際に、天津地域の回族料理、ヤムチャなどの国内の他地域の料理、及びファーストフードなどの西洋料理を頻繁に食べていた。その一方で、内食中心の暮らしに変更した（二〇〇〇年代以降、彼の普段の食事は小麦粉・米・雑穀の主食と二品以上の野菜と肉・魚料理から構成される。ただし、それらの料理は天津だけでなく、南方地域や北京地域の味付けと作り方によって作られ、さらにスパゲッティなどの西洋的な料理も含まれている。それらの料理の味付けと作り方は彼の食の嗜好及び作り手の変化によって、従来の天津地域の料理から国内外の料理まで多種多様なスタイルに変化している。

Lが今までにとってきた行事食は伝統的な年中行事と誕生祝いという二種類に分けられる。少年期において彼の母親は春節と誕生祝いに行事食を作っていた。前述したZの行事食の通りに、それらの行事食は天津でのやり方によって行われた。また、結婚後の彼は春節の大晦日と両親の誕生祝いの際、母親が行事食を作っているため、少年期の行事食をとり続ける。ところが、春節の大晦日や両親の誕生祝い以外の行事食に対して、彼は西洋式の生活スタイルへの憧れ、家庭料理の作り手の変更、及び伝統的な食の民俗の宣伝などの影響によって、少年期と異なる行事食を取り始めた。すなわち、春節の行事食には妻の親族に作ったもらうものがあるため、従来の天津の料理だけでなく、北京地域の家庭料理も含むようになった。また、二〇〇〇年代以降（第三段階）に、彼は同僚、親友や知り合いとの人間関係の構築や維持のために節句食の贈答をしたり、伝統的な食の民俗に関心を覚えた妻に作ってもらったりして、春節以外の年中行事に行事食をとるようになった。また、一人息子と夫婦二人の誕生祝いに、彼は西暦の誕生日に行い、バースデーケーキを注文したり、あるいは西洋料理店に外食したりするようになる。

3　五〇代の息子の妻S

Sは一九六一年に生まれた。両親は蘇州出身の父親と北京出身の母親であり、天津の美術学校への就職のために移住して来た。彼女の二〇一八年現在までの約六〇年間の人生は少女期の長女としての暮らし（一九六〇年代中期～一九八三年）、結婚後の仕事と家事の両立の暮らし（一九八四年～一九九〇年代末期）、及び結婚後の専業主婦としての暮らし（二〇〇〇年代初期以降）という三つの段階に分けられる。

より具体的に、少女期のSは移民家庭の長女として、両親、弟や妹とともに暮らしていた。この五人家族の暮らしにおいて、両親は使用人の手伝いをもらいながら、食事を作って、家族と共食した。ただし、喧嘩のために使用人を解雇した以降に、Sに調理の手伝いをさせることにした。それによって、彼女は小さい頃から調理の技術を身につけるようになった。結婚後（第二段階と第三段階）に、彼女は一人息子と夫と暮らしており、家庭の調理を担っている。時折、春節などの行事食をとる場合、夫あるいは自分の親族に作ってもらい、彼らと共食することもある。

上述の三つの段階を通してみれば、Sの今までの食生活の特徴と通時的変化を、以下のようにまとめることができる。日常食について、食事の回数が一日三食であり、各食事の組み合わせは基本的に主食とおかずから構成され、時折汁物も加えられる。それらの主食、おかずや汁物に使われる食材はSの人生の各段階の生活状態及び市場供給によって、以下のように変わっている。少女期に彼女が家で常食するのは基本的に米飯・粥と二品ほどの野菜料理であった。それらの食事は主に彼女の両親が作り、北京や南方地域の料理を中心としていた。そのため、調理への手伝いをする彼女はそれらの他地域の家庭料理の作り方を身につけるようになった。一方、結婚後の食事は小麦粉・米・雑穀の主食と二品以上の野菜と肉・魚料理から構成される。それらの料理は上述の少女期に両親がよく作ったもの（「糊塌子」など）だけでなく、天津地域の家庭料理（魚の醤油煮など）や西洋式の食べ物（スパゲッティなど）も含むようになる。また、最近では彼女も食の養生や安全への関心の向上によって、日常の食事に養生的効果がある食材を頻繁に使う一方で、安全性が低い食材を用いないようにしている。

Sが今までにとってきた行事食は伝統的な年中行事と誕生祝いという二種類に分けられる。少女期に彼女の両親は春節の大晦日のみに行事食を作っていた。ただし、それらの行事食は素餃子などの天津のものでなく、両親が好んだ北京や南方地域の家庭料理を中心としていた。結婚後に、彼女は共食する家族メンバーの変更及び伝統的な地域の食の民俗への関心の向上によって、少女期と異なる行事食を取り始めた。すなわち、春節の際に、彼女は夫の親族と天津の行事食をとる一方で、北京で住んでいる親族と北京地域の行事食をとっていた。また、二〇〇〇年代以降も、春節以外の年中行事に行事食をとるようになった。同時に、結婚後の彼女は誕生祝いに行事食をとり始めた。最初は夫の両親の誕生祝いへの参加である。ただし、一人息子の出産以降に、息子を対象とする誕生祝いを頻繁に行うようになる。また、二〇〇〇年代以降に、夫婦二人を対象とする誕生祝いも行われ始めた。一人息子や夫婦二人の誕生祝いのいずれも、西暦の誕生日に行われ、前日に水餃子、当日にあんかけ麺が行事食として作られると同時に、バースデーケーキの注文や料理店の外食も時折される。

(二)　都市家庭の食事に関係する要素とその影響

上述してきた三人の事例を見れば、都市家庭の食生活に関係する要素は（1）世帯の経済状態、（2）家庭料理をめぐる個人の嗜好と家族関係、及び（3）マスメディアから得る食の情報という三つのことがあると指摘できる。各要素が家庭の食生活に与える影響を以下のようにまとめることができる。

1　世帯の経済状態

各世帯の経済状態はそのメンバーの収入や同居する家族や扶養する親族の人数によって左右され、次第にその世帯構成メンバーの食生活のスタイルや食の消費観念に影響を及ぼしている。本章で取り上げた三人の食生活における日常食と行事食の食事内容およびとり方は彼らの所属家族の経済状態によって異なり常に変化している。

老婦人Zは少女期に一家七人の家計を支えるのが父親の収入だけであったため、余裕のない食生活を送っていた。母親は日常食に雑穀や野菜を基本にする食事を作っている一方で、行事食により高価の小麦粉と肉・魚を用意する。また、家計をさらに節約するために、家族メンバーに誕生日を祝わず、粽や月餅などの行事食も市場から買わずに手作りする。結婚後の最初の一五年間ほどのZは夫と一緒に一家五人の家計を支えると同時に、自分と夫の両親も扶養し、毎月仕送りしていた。そのため、夫婦は中流レベルの給料をもらえるものの、生活費を節約しなければならなかった。日常食に雑穀と野菜を頻繁に作る一方で、月一回ほどで小麦粉と肉・魚を作る。同時に、春節以外の年中行事、及び家族メンバーの誕生祝いに行事食を作らないようにする。このような余裕のない状態は子供たちが就職した以降ある程度改善される。一九七〇年代以降に、長女、夫の姪と甥が相次いで就職すると、家族の収入が次第に豊かになった。それにともない、Zは月三、四回ほどで小麦粉と肉・魚料理を作れるようになり、舅、夫や自分の誕生祝いに行事食を用意できるようになった。一九九〇年代前半以降、退職したZは十分な年金で夫と老後生活をしている。余裕のある食生活において、日常食に小麦粉・米と野菜・肉・魚料理を頻繁に作れるようになった。それと同時に、春節以外の多種な年中行事に行事食をとり始め、さらに誕生祝いや年中行事に市販の食品を購入したり、外食したりするようになった。

老婦人の息子Lは少年期の食生活が、家族の収入増加とともに次第に余裕を持つようになったと述べた。日常食に小麦粉と肉・魚料理の食用頻度が増加すると同時に行事食をとる機会も多くなった。結婚後の彼はさらに余裕のある食生活を送っている。本業と副業を同時に従事しており、周りの住民より高額な収入をもらえる。さらに、自分や妻の両親が給料や年金で自活できるため、彼らを経済的に扶養する必要がなかった。そのため、結婚後のLは家計を節約するという消費観念を持たず、食生活の質的満足を追求する。とりわけ、より高価な国内外の食物、調味料や調理道具を購入すると同時に、妻と一人息子を連れて外食することもよくある。

息子の妻Sは少女期において余裕のある食生活を送っている。当時の両親は中流層レベルに該当する給料をもらい、一家五人の家計を支えている。そのため、少女期のSの日常食は小麦粉・米の主食と、野菜や少量の肉・魚料理から構成される。それは上述した同年代のZとLがとっていた雑穀と野菜を基本にする食事よりも豪華であると言える。ただし、彼女は両親がもつ行事食への観念によって、春節以外の年中行事及び誕生祝いに行事食をとっていない。このような行事食のとり方の事例から見れば、ある家庭が行事食をとらない理由は経済的な余裕のなさだけでなく、家族メンバーの習慣でもあると指摘できる。結婚後に、夫婦はより高価な給料を稼いできていたため、食の栄養、安全や養生などの質的な方向に求め始めた。すなわち、一人息子にとって栄養分の高い食材を購入したり、夫の体にとって養生的効果がある食べ物を用意したりしており、安全性の低い食材を用いないようにしている。

以上、上述の三人の食生活において、各段階の所属する家族の経済状態は食材の購入種類を左右し、次第に日常食と行事食のとり方や組み合わせに影響を与えている。ただし、家族の経済状態以外に、家族メンバーの習慣及びマスメディアによる情報にも強く影響を受けている。

2　家庭料理をめぐる個人の嗜好と家族関係

西澤は中国に関する民族誌資料に基づいて、二〇世紀初期以降の中国家庭における日常の調理と食事方法を対象とし、家庭料理の役割分担や共食メンバーをめぐる人間関係を分析したうえで、家庭内部における食事の特徴及びその通時的変化を考察した［西澤　二〇〇九：三八七―四七七］。西澤の整理と考察によって、家庭料理の作り方、味付けや組み合わせは作り手と共食メンバーに緊密に関係することが明らかになった。

本章で取り上げた三人のうちZは少女期において母親に食事を作ってもらっていたが、結婚後に家庭料理の主な作り手となっている。生家と嫁ぎ先が天津の家庭であったため、結婚後の彼女は天津の料理を基本にする日常食（醤油・甘味噌入れの煮込みものなど）と行事食（あんかけ麺や素餃子など）を作り続ける。ただし、それらの家庭料理において、彼女は夫や舅の嗜好への留意及び自分の嗜好のため、生家で食べなかったものも作り始めた。例えば、嫁ぎ先の大家族に料理を用意する際に、彼女は飲酒の習慣がある舅や夫のために、日常の夕食につまみ（鶏卵炒めあるいは胡瓜の和え物など）を一品追加したり、あるいは春節の行事食に和え物（豚の胃の和え物やハクサイとクラゲの和え物など）を作ったりしている。この事例から見れば、家族内部における女性の作り手は調理をする際に、舅や夫を含む男性の家長の嗜好を注意することがわかる。このような男性の家長が家庭料理の組み合わせを左右することは、西澤が指摘したような中国の家族、特に拡大家族での食事をめぐる力関係の特徴である［西澤　二〇〇九：三九〇―三九四］。

天津の家庭の出身であるZと異なり、Sは移民の家庭に生まれ育った。そのため、少女期と結婚後の食生活において彼女は両親の出身地である北京や南方地域の家庭料理をよく作っていた。ただし、結婚後の彼女は一人息子と夫の嗜好や体調を留意するため、生家で常食した料理と異なるものをしばしば作っている。

具体的には、一人息子の嗜好に対して、Sは彼が好きな牛・羊肉、魚介類及びサヤインゲンなどの野菜、あるいは彼の体にとって栄養分の高い食材（牛肉や魚類など）を頻繁に用いている。ただし、子供への関心は彼女の少女期の両親に見られなかった。すなわち、Sは食事の用意をめぐる子供への関心が、自分の両親よりも強いのである。このような家庭内部における子供の食事への関心の向上は景（Jing）が指摘した通り、一九八〇年代以降の中国都市部における家庭収入の増加や一人っ子政策の実施がもたらす影響である［Jing 2000: 4-7］。

息子に対する食への関心と同様に、Sは夫に食事を用意する際に、彼が好きな天津地域の料理（魚の醤油煮込み、ハクサイと豚肉の醤油煮込みなど）を作るようになった。さらに、食の養生や安全への関心の向上によって、夫の体調にとって良くない牛・羊肉、魚介類も用いないようになる。

上述の二人と異なり、Zの息子Lは少年期と結婚後に調理せず、料理してもらう側になっている。ただし、少年期において大家族での子供としての彼は、自分の好みを作り手としての母親（Z）に関心を向けられることもなく、彼女に作ってもらった料理を食べている。少年期と異なり、結婚後の彼は三人世帯の世帯主として、自分の好みを妻（S）に知らせて、家庭料理の組み合わせを左右できるようになった。

以上、家庭内部での個人の嗜好と家族関係が、家庭料理のとり方と組み合わせにいかなる影響を与えるかを考察した。人々の好みは生家の食生活から形成され、持続されてきた一方で、家族内部における構成メンバーや人間関係の変動に影響を受けながら、常に変化している。ただし、三人の事例にしばしば指摘されたように、家族メンバーの嗜好の形成と変化は上述した家族内部の構造変化だけでなく、マスメディアの情報に緊密に関係している。

3　マスメディアからえる食の情報

人間は食事をする際に、生存するための栄養をとるだけでなく、食べ物にまつわる様々な情報も獲得している。それらの情報は食材の産地、生産・製造過程や栄養成分、料理の作り方や食べ方、地域的な食の民俗などを含んでおり、マスメディアや人々の日常会話によって集まったり、拡散したりしている。石毛が指摘したように、都市部においては多地域や多民族の出身者が集まると同時に、遠隔地で生産された食材、食器や調理道具なども集まっている。それらのヒトとモノが情報を担っているため、都市部は食の情報センターとなっている［石毛　一九九五：一九〇―一九二］。そのため、都市部で暮らしている人々は多種多様な情報を受けながら、食生活を送っている。

本章で取り上げた三人に関するならば、食に関する情報を大量に受け取ることは一九八〇年代から始まった。そのうちZは一九九〇年代中期から、ラジオ、テレビや新聞などのマスメディアの宣伝に注目し始めた。最初に、料理の作り方に関心を覚え、二〇〇〇年代以降に地域的な食の民俗、及び食の養生に関する番組や新聞記事に注目している。それに伴い、彼女は食生活を送る際に、春節以外の年中行事に天津地域の行事食を作ったり、日常の食事に養生的効果があるものを食べたりするようになる。

Zと異なり、息子Lと彼の妻Sは一九八〇年代から国内外の食に関する情報を受け取り始めた。そのうちLは仕事の関係によって一九八〇年代から長期間、外食中心の生活を送っていた。そのため、当時の天津都市部に進出してきた国内外の多種多様な料理を体験でき、それらの味付けや作り方などの情報を把握できるようになった。また、二〇〇〇年代以降に、カーラジオ（一九九七年に車を購入する）やインターネットで流れる宣伝によって、地域的な食の民俗に関心を覚えた。上述した料理や食の民俗に関する情報は彼の紹介を通して、家族の食生活に強い影響を与えるようになった。一方、Sは海外のファッション雑誌の閲覧、料理本や調理道具の購入、テレビやインターネットでの新聞記事やメッセージの閲覧などの多種なルートを通じて、国内外の料理の味付けや作り方、食の安全・養生、及び地域的な食の民俗に関する情報を受け取ることができる。結婚後の彼女はそれらの情報を活用し、自分や家族のニーズに応じた食事を作るようになった。

要するに、一九八〇年代以降、市場経済のメカニズムの導入によって、都市部において出回る食材の量と種類は豊富になりつつあった。それにともない、都市住民は食の量的満足を追求するだけでなく、食生活の質への向上、すなわち海外料理の体験、食の安全性の確保、及び食の健康的かつ養生的効果への追求なども求め始めた。したがって、それらに関する情報は都市住民の消費観念や食の習慣を左右し、次第に彼らの食生活に影響を及ぼしている。食の情報を含む家族外部の要素（すなわちフードシステムの変化）とその影響は次章で詳述する。

注

（1）Zがぼんやりと覚えている幼年期の食生活は六歳下の弟が生まれて以後のことであるという。そのため、実家に展開された食生活に対する記述は一九四二年頃からはじまる。

（2）素冒とは豆腐の滓とトウモロコシ粉を混ぜてあげた棒状の食べ物である。天津特有の軽食の一種である。

（3）ハクレンは天津の方言で「鰱子魚」と呼ばれた。「鰱子」と「連子」の発音が同じである。

（4）肉類の供給種類は漢族の都市住民を対象とする豚肉、及び回族の都市住民を対象とする牛肉や羊肉が該当した。

（5）長女は一九六〇〜六三年にZの就職先の通園保育の幼稚園で三食をとっており、一九六三年から小学校で昼食をとっていた。息子は一九六〇〜六三年に「托管戸」で三食をとっており、一九六三〜六七年に週間保育の幼稚園で三食をとっていた。

（6）この追加配給は一九六〇年代初期の物資供給の困難な時期も保証されていた。一九六〇年に、天津市の「第三商業局」が下級機関に伝達した当年の春節に向けての物資供給の指示（「天津市第三商業局 1960 年春節供応安排方案」）によると、市政府は春節の伝統的な行事食である大晦日の素餃子、正月二日のあんかけ麵を天津都市住民に食べさせることを保証するため、住人ごとに二個の油条を供給するという決定を下した［天津市第三商業局　一九六〇］。

（7）そのうち夫の姪は一九七〇年代前期に下放された天津の近郊地域から戻った直後、一九七六年頃にこの家の近くにある飲食店の料理人と結婚して家から出ることになった。一方、夫の末の弟の息子は一九七一年から七九年頃に継父の家族と暮らしていた。

(8) 一九六七年頃に、Zは家の近くにある小学校に異動した。異動先と家の間は歩いて一〇分ほどの距離である。

(9) 彼女によると、当時の素什錦はキクラゲ、「腐竹（棒状の乾燥湯葉）」、セロリ、ピーナッツ及びニンジンで作られた。

(10) Lがぼんやりと覚えている幼年期の食生活は幼稚園に入るころのことであるという。そのため、実家に展開された食生活に対する記述は一九六〇年中期からはじまる。

(11) 驢打滾は糯米や黍で作った生地で小豆餡を巻き、香ばしく煎った大豆の粉をまぶして作るものである。天津地域の伝統的な菓子である。

(12) 銀糸巻は天津地域の伝統的な軽食の一種であり、小麦粉で作ったコッペパンのような形の蒸し物である。なかには糸状に切った生地が詰められている。

(13) 都市部における文化事業に関わる単位である。単位とは中国の都市部におけるあらゆる企業・機関・学校・軍・各種団体で各人が所属する組織のことである［辻康吾「単位」『岩波現代中国事典』：七六〇―七六一］。

(14) 彼によると、当時によく注文したおかずは「黄燜牛肉（牛肉の醤油煮込み）」「木須肉（牛肉や鶏卵、キクラゲ、キュウリ、干しキンシンサイの炒めもの）」、「炒黄菜（鶏卵炒め）」、「鍋塌里脊（スライスした牛肉に卵液をつけて煎り焼いてから、スープを加えて煮込める料理）」、及び「拌黄瓜（キュウリの和え物）」であった。

(15) Sがぼんやりと覚えている幼年期の食生活は幼稚園に入った後のことであるという。そのため、実家に展開された食生活に対する記述は一九六〇年代中期からはじまる。

(16) 酸燴菠菜は酸味のとろみをつけたホウレンソウの煮込みである。北京地域の家庭料理の一種である。

(17) この二つ料理の作り方について、Sは以下のように説明した：「撥魚」は小麦粉の生地を箸で切り落として作ったすいとんのような汁物である。「糊塌子」はズッキーニ、鶏卵や小麦粉で作ったチヂミのような焼き物である。

(18) 『二商志』は一九五六年から一九九〇年までの天津都市部に販売された野菜の価格をまとめている。このデータからみれば、一九八五年から九〇年までの五年間に、サヤインゲンとキュウリの価格は当時の野菜の平均価格の二、三倍になっている［天津市地方志編修委員会辦公室・天津二商集団有限公司編　二〇〇五：四九七］。

(19) 市民農園に入会する経緯について、Sは以下のように紹介した：最初に市民農園という野菜の入手ルートを知ったのは二〇一一年頃であった。それは現在の家に引っ越して間も無いことであった。当時、知り合いの隣人が天津近郊の市民農園に入会し、そこから定期的に野菜を採っていた。彼らの紹介によって、自分は市民農園があることを知った。さらに、彼らが採った野菜をもらえることも時々あった。市民農園で生産された野菜は無農薬栽培であるために市販のものより新鮮で安心であり、味も美味しかった。さらに、隣人が購入した野菜をいつもただでもらうことは申し訳ないことだと思っていた。そのため、二〇一二年に市民農園に入会した。

第四章　食物の販売ルートの変化に応じる都市住民の食の実践

——親族・親友関係や食の経験の活用からみる食材入手の対処

前章では一家族である三人の天津都市住民の食生活史を具体例として、一九三〇年代以降の天津都市家庭がいかなる食生活を送ってきたかを詳述した。それによって、都市家庭の食生活における食事のとり方と組み合わせは家族内部の要素、すなわち世帯の経済状態、家庭料理をめぐる家族メンバーの好みと力関係に強い影響を受けることが明らかになった。

本章では家族外部の要素に焦点を当てて、二〇世紀以降のフードシステムの転換が都市住民の食生活にいかなる影響を与えるかを明らかにする。具体的には、自由売買期（一九五三年まで）、配給制の実施期（一九五三～一九九三年）、自由売買の復帰期（一九九三年～現在）という三つの時期に分けて、天津都市部における食物の販売ルートの仕組みと実行状態をまとめる。そのうえで、各時期における都市住民の食材の入手方法を記述し、国家政策の規制や食情報の流布が彼らの食実践に与える影響を考察する。

本章の分析データとしては地方誌や公文書などの歴史文献、天津市の統計データ、及び天津住民の語りを用いる。

第一節　食物の自由売買期（一九五三年まで）——貧富の格差による食材入手の差異

本節は配給制が実施される前の自由売買期（一九五三年まで）に焦点を当てる。まずは歴史文献を参照しながら、当時の天津都市部に存在する食物の販売ルートをまとめる。そのうえで、第二章の具体例としてのZをはじめとする四人の語りを整理し、都市住民が選択した食材の種類と入手ルートをまとめる。ただし、本節にまとめる販売ルートは外食産業に関わる飲食店や屋台を含まず、穀物（またその製品）や生鮮食品、調味料、惣菜類を商っているものに限られる。

㈠　座商、露天商や行商で構成される販売ルート

二〇世紀初期の天津市は大運河の中継地や対外貿易の門戸という役割を担っており、国内外の生産物の重要な市場及び積載地となっていた。当時、天津都市部に集まってきた食材は天津近郊地域で生産されたものだけでなく、河北省、山東省や江南地域などの国内他地域産の穀物や食料品、及びアメリカなどの海外から輸入された小麦粉や米なども含んでいた。それらの国内外の多地域産の穀物や食料品は座商、露天商や行商を通して、人々に販売されていた。

1　座商

座商は固定の店舗を経営し、固定の種類の食材を商っているものである。それらの座商人は二〇世紀初期に天津都市部に集まって、特定種類の食材を扱う専門店を商っていた。一九〇一年に上海で開設された日本の「東亜同文

写真29　20世紀初期の天津における海産物の専門店・「隆昌号」（天津鼓樓博物館の展示より）

書院」[1]は一九〇七年から中国全土において調査を行い始め、それによって収集した調査データを編集し、中国の省別の地方誌を合計一七巻で刊行した。そのうち第一八巻の「直隷巻」[2]〔東亜同文会編　一九二〇〕では二〇世紀初期の天津の概観を紹介した。特に、「市街」という項目で、当時の天津城の周りに分布する商店街を紹介し[3]、そこに集まった店舗の種類を概略的に取り上げた〔東亜同文会編　一九二〇：三五―三六〕。ただし、この本で取り上げた店舗においては、穀物の問屋（闘店）や海産物の専門店（写真29）だけがあり、野菜、肉類や調味料などの専門店が記録されていない。

それに対して、一九三一年に出版された『天津誌略』〔宋　一九三一〕では一九三〇年代初期の天津市内に存在する飲食関係の店舗が詳細に記録されている。編集者である宋蘊璞は東南アジアにおいて国際貿易や商業を行った経験があり、工・商業や海外貿易の振興を通して中国の民生の安定と改善を図るという意識を強く持っていた。そのため、彼は当時の開港都市である天津を試験地とし、地理環境や人口、工業、商務、教育、交通、公共事業などの項目から天津の全貌をまとめた。特に、天津市内の工・商業の規模をまとめ、各種の店舗の店名、経営者や住所をすべて記録した。宋蘊璞がまとめた店舗のリスト〔宋　一九三一：一八一―一九四〕を見ると、穀物の加工や販売を経営する店舗は「機製麵粉業（麦の加工と販売）」「闘店業（穀物の問屋）」「米業（米の販売）」及び「三津磨房（麦や雑穀の加工と販売）」に分けら

写真30　20世紀初期に露天商が集まった市場（[清国駐屯軍司令部編纂　1909] より）

れ、合計六四軒である。また、食料品を経営する店舗は二〇軒の「海貨業（海産物）」、三七軒の「魚業（魚）」、一八軒の「菜業（野菜）」、七四軒の「醤園業（醤油、酢や味噌・漬物）」、七〇軒の「油業（食用油やゴマ油など）」、及び五七軒の「雑貨糖業（干物・砂糖など）」を含んでいた。

上記の宋蘊璞がまとめた店舗は基本的に天津城の周りの商店街に開店し、中上層の住民または飲食店の経営者に向けて各種の食材を販売していた。ただし、宋が記録した店舗数を比較すれば、生鮮食品類のうち水産物を販売する店が圧倒的に多い（海貨業と魚業が合計五七軒である一方で、野菜類がわずか一八軒である）。また、調味料類のうち醤園業は相対的に多い（七四軒）。水産物と醤油・味噌の店がより多く存在するということは地元住民の魚料理と醤油・味噌の味付けへの好みが関わっていると言えよう。

2　露天商

露天商は市場に集まって、特定の種類の食材を販売するものである（写真30）。当時の天津市内に存在する市場の分布と実態に関する記録は『津門紀略』や『天津遊覧誌』という二冊の旅行ガイドブックのような出版物に残っている。

『津門紀略』は天津出身の作者（作者不詳）が一八九八年に出版したものである。この本では穀物や肉、野菜、果物、魚、スイカ、マクワウリを含む七種類の食材を専門的に扱う市場をあげて、各種類の市場の所在地を記録した［羊

城旧客　一八九八［一九八八］：八八―八九］。このデータから見れば、一九世紀末期の天津では特定の種類の食材を取り引きする市場が存在することがわかる。さらに、それらの市場には魚を販売する市場が相対的に多くある（五か所）。それも、天津都市住民の魚料理への好みに関係すると言える。

『天津遊覧誌』は張次溪が天津の観光案内として執筆し、一九三六年に出版したものである。この本の第五章「市場」では一九三〇年代の天津市内に存在するいくつかの大きな市場の分布と実態を紹介された。具体的には、それらの大きな市場は「南門外菜市場」や「東北角菜米市」「北大関菜市」「東浮橋菜市」「小劉荘菜市」「英・仏・義租界菜市場」などを含んでいた。それらの市場では個人経営の露天商が集まり、野菜（ハクサイやホウレンソウ、ニラ、ジャガイモ、カブ類など）や肉類（豚肉、牛肉や羊肉）、川産の魚介類（鯉、鮒やエビ）、鶏卵などの日常の食料品がより安価で販売されており、一般庶民を基本とする買い物客が集まっていた［燕帰来簃主人　一九三六：三一―三二］。上記の張次溪が記録した内容から見れば、一九三〇年代の天津市内の市場は天津城の周りに存在し続け、一九世紀末期からさらに繁栄することになるのである。

3　行商

座商や露天商以外に、住宅地を回る行商もいる。行商商人は天秤棒を担いで、少量の穀物、野菜や乾物などの日常の食品を販売していた。

上述した座商、露天商、行商という三種の販売ルートは一九五〇年代初期まで天津都市部に存在し続ける。国内外の多地域産の穀物と食料品はそれらのルートを通して、天津市内に集まっている。人々はそれぞれのルートを選んで、自分のニーズに応える食材を購入していた。

(二)　食材の入手と階層的差異

第一章第三節に提示したように、二〇世紀前半の天津都市部において、都市住民の食生活には大きな貧富格差が存在した。このような階層的差異は彼らの食事のとり方と組み合わせに存在すると同時に、食材の入手方法と種類にも見られる。以下、四つの事例をあげながら、食事のとり方と組み合わせ、及び食材の入手方法と種類に存在する階層的差異を具体的に記述する。まずは一般レベルの家庭に該当する事例1・Zと事例2・ZH1を取り上げる。その後に、富裕層に該当する事例3・Dと、貧困層に該当する事例4・Wを記述する。

第三章の具体例としてのZは少女期において両親と兄弟四人とともに暮らしていた。この一家七人の家計を支えていたのはある酒造店の出納係を担当していた父親の給料である。それ以外に、母親の兄から仕送りをもらうことも月一回ほどあった。彼女は「生家の暮らしが一般レベルの家庭である（我們就是普通人家）」と思っていた。このような「一般レベルの家庭」では第三章第一節にまとめたように、家計を節約するために、日常食では安価な雑穀と野菜を基本にした。その一方で、行事食の際、あるいは仕送りが届いた場合、より高価な小麦粉や肉・魚料理を作ることにした。それらの食材の入手ルートについて、Zは以下のように説明した。家の近くにある磨房から、トウモロコシ粉、米や小麦粉を購入する。時折、一碗の小麦粉を持っていって、それを切り麵に加工してもらうように頼むこともあった。穀物以外に、生鮮食品や調味料を購入するのは主に家の近くにある市場や雑貨屋である。ただし、母親は食費をさらに節約するために、粽や月餅などの市販の行事食を買うのではなく、基本的に手作りした。Zの事例から見れば、当時の「一般レベルの家庭」は家計の節約のためにより安価な入手ルートを選択し、さらに雑穀と野菜料理を日常食に、小麦粉と肉・魚料理を行事食に作るようにした。

上記の一般レベルに該当する食事の組み合わせも、ZH1の生家に見られる。ZH1は一九二九年に生まれ、天津出身の家庭に育った。小さい頃の食生活について、彼女は一般レベルと思っていて、以下のように振り返った。「（一九四九年に天津が）解放される前には家族は経済的な余裕がなくて、日常食においてトウモロコシ粉とサツマイモ粉で作った窩頭を主食し、ハクサイの炒め物あるいは漬物炒めをおかずとして食べていた。（中略）春節などの行事食の時だけ、小麦粉と肉料理を食べられた」（二〇一五年二月六日インタビューの記録から邦訳、括弧内の文字は筆者加筆）。

上述したZとZH1と異なり、八〇代のDは少女期により余裕のある生活を送っていた。一九三四年に生まれた彼女は一九四〇年代に祖父の妹、両親や四人の兄弟とともに暮らしていた。一家八人の家計を支えるのは父親の給料であった。ただし、彼女によると、父親は天津市内のある銀行の出納係長を担当していて、収入が周りの住民よりかなり高かった。そのため、彼女は当時の生活が「経済的に余裕がある」と思っていた。このような生活状態で、彼女の家族は日常食において饅頭・大餅（小麦粉）、米飯（米）あるいは窩頭（トウモロコシ粉）を主食にし、野菜、豚肉や水産物をおかずにした。当時に常食したおかずについて、彼女はハクサイの醤油煮、ジャガイモとピーマン炒め、または豚肉と春雨とハクサイの醤油煮をあげた。さらに、「炸茄夹」（豚肉のミンチをナスに挟んで揚げるもの）、塩漬けのアヒルの卵、タチウオ・車海老の醤油煮などの肉・魚料理も頻繁に食べることができたという。また、年中行事と父親の誕生祝いの際に、家族は揃って行事食を食べていた。それらの行事食は基本的に小麦粉と豚肉・水産物から構成される。例えば、春節の豚団子、豚バラの蒸し物（「扣肉」）や水餃子（豚ミンチ、カニ肉とハクサイの中身）、あるいは誕生祝いのあんかけ麺や水餃子である（上述した食事のとり方と組み合わせは二〇一六年九月二十四日インタビューの記録に基づき筆者整理）。すなわち、生活により余裕を持つDの家族は日常食において小麦粉・米の主食と肉・水産物のおかずを頻繁に食べると同時に、より豊富な行事食の種類と組み合わせをとることができた。このような食事のとり方と組み合わせは第一章第三節に提示した当時の富裕層の食生活に該当すると言える。

富裕層にあるDに対して、八〇代のWは貧困層にある家庭に生まれ育った。彼女は一九三四年に生まれ、少女期において両親、祖母及び二人の妹と暮らしていた。父親はあるドイツ人が開いた製鉄所に工場労働者として働いて、この一家六人の家計を支えていた。日常食において、父親は朝食と昼食を工場で食べて、夕食を家で家族と一緒に食べた。それに対して、仕事のない祖母と母親や子供三人は食物購入に経済的な余裕がないため、朝食をとれず、基本的に昼食と夕食だけを食べていた。彼女によると、昼食の食材は主に落ち穂拾いや山菜採りを通して入手するものであった。昼間に、祖母と母親や子供たちは家の近くにある市場や荒地で食物をよく探していた。例えば、彼女たちは「東浮橋菜市」で腐った野菜の葉、ジャガイモあるいはサツマイモを拾ったり、穀物市場で落穂を拾ったりしていた。また、荒地で草の種を拾ったり、ハチジョウナやスベリヒユ、ワラビ、マツバボタンの葉などの山菜を採ったりしていた。昼食の際に、母親は草の種を挽いた粉で作った塊状の焼き物を主食にし、山菜の煮物をおかずとして作っていた。ただし、もし当日に何も拾えない場合、家族はお湯だけを飲んで、夕食を待つことしかできなかった。夕食の際に、工場から退勤する父親はいつも帰宅途中で半分の「黄豆餅（餅状の大豆粕）」あるいは「果仁餅（円盤状に固めた落花生の油かす）」を夕食として購入した。母親は半分の餅をうちくだいて、大きな中華鍋で少量の塩を入れながら粥状のものを作った。家族六人で分け合うため、一人は茶碗の半分だけしかもらえなかった。時折、父親が給料をもらった時（半月間に一回）だけ、家族はトウモロコシ粉を購入することができた。母親はトウモロコシ粉で餑餑を焼いたり、あるいは野菜・山菜と混ぜて「菜団子」を蒸したりしていた。また、家の近くにある雑貨屋から一碗の「羊雑碎（羊のモツの煮込み）」のスープを買ってきて、家にあるハクサイなどの野菜を入れて煮込んで、肉料理として食べることがあった。上述した雑穀と野菜・山菜を基本にした日常食と異なり、家族は行事食に少量の小麦粉と豚肉を食べることができた。春節に、父親は製鉄所からボーナスや一袋の小麦粉をもらえた。そのため、大晦日の夕食に、家族はハクサイと豚ミンチの水餃子を食べられるようになった（上述した食事のとり方と組み合わせは二〇一五年三月二日や二〇一六年九月一日インタビューの記録に基づき筆者整理）。Wの家族は日常食において食材の購入に金の余裕がないため、草の種、落ち穂・拾ってきた野菜及び山菜採りによって、糊口をしのいでいた。さらに、食材を入手できず、一日中に一食のみ（夕食）のことも時々あった。ただし、春節などの年中行事、父親の勤務先から金と物資が支給されるため、家族は小麦粉と豚肉を食べることができた。

以上、四人の事例を通して、一九三〇、四〇年代における都市住民の階層的な食生活の状態を取り上げた。富裕層の世帯は通年において小麦粉・米の主食と肉・水産物類のおかずを頻繁に食べると同時に、より豊富な行事食の種類と組み合わせをとることができた。一般レベルの世帯は家計の節約をするために、雑穀と野菜料理を日常に常食する一方で、小麦粉と肉・魚料理を年中行事の食事として作ることができた。貧困層の世帯は収入がわずかでじゅうぶんな食材を購入できず、日常食において二食あるいは一食だけをとり、雑穀と野菜・山菜しか食べられなかった。春節などの年中行事の時に少量の小麦粉と豚肉の料理を作れた。貧困層の世帯は糊口をしのぐために、山菜採りや落ち穂拾い、職場の支給を含むより多い食材の入手ルートを活用していたことがわかる。

第二節　配給制の実施期（一九五三～一九九三年）
——食をめぐる国家の規制に対する人間関係や経験の活用

本節は食物の配給制が実施されていた時期（一九五三～一九九三年）に焦点を当てる。一九四九年、社会主義のイデオロギーを標榜する中国の共産党は中華人民共和国を成立させた。その後の一九五三年から、共産党政府は当時の同じ社会主義国であるソ連の国家建設と経済発展のモデルを導入し、計画経済を実施し始めた。計画経済において、共産党政府は農産物の生産や流通、加工、分配を国家の計画によって管理したうえで、農村地域に強制供出制[4]を行うと同時に、都市部において自由売買を禁止し、配給制を実施していた。

一九七八年以降、共産党政府は市場経済のメカニズムを導入し、市場経済体制への移行を試み始めた。それにともない、政府は農村地域において生産請負制を導入すると同時に[5]、都市部において自由市場の復興を認めることにした。それによって、食物の自由売買は徐々に解禁されていった。食物の生産、流通や販売において市場の役割と効用が高まり、一方で、国家の計画管理の規制は緩和されつつあった。その結果として、一九五三年から実施され始めた食物の配給制は一九九三年に廃止された。

このようなフードシステムの変化をふまえながら、本節は以下の三つについて記述する。まずは市場経済の導入を境界線とし、計画経済時期（一九五三〜一九七八年）と市場経済への移行期（一九七八〜一九九三年）に二分し、天津都市部の販売ルートとその変化を整理する。次は食物の配給制において、人々が受けた国家の規制をまとめる。最後に、それらの規制に対して、人々が食生活においていかに対応したかを詳述する。

(一) 国営の店舗を基本にする販売ルート

1 計画経済時期（一九五三〜一九七八年）

中国の都市部において、計画経済に基づく食物の配給制は一九五三年から始まった[6]。一九五三年から一九七八年までの二五年間において、食物は基本的に国営の店舗を通して、都市住民に販売されていた。ただし、一九五九年から一九六一年までにおいて、全国において農産物の生産の不調が発生するとともに、都市部では分配された食物の量と種類が非常に不足していた[7]。そのため、この時期の都市部において、国営の店舗以外に、闇市場も短期で存在した。計画経済時期の天津都市部での食物の販売ルートも全国の状態と類似して、国営の店舗や一時的な闇市場から構成された。

写真31　天津市で発行された「糧本」（筆者収集）

写真32　天津市で発行された「副食本」（筆者収集）

①国営の店舗

天津都市部において食物を販売する国営の店舗は穀物販売店（「糧店」）と食料品販売店（「副食店」）という二種類から構成される。それらの国営の店舗は天津市政府が一九五三年以降に設置し、「所在地の地名＋糧店／副食店」という統一様式で名付けられ、住宅地に散在した。

糧店は指定の住宅地に在住する人々を対象とし、小麦粉、米、及び雑穀（トウモロコシ粉や粟、モロコシ粉、豆類、サツマイモなど）を含む穀物、及び切り麺や素麺などの小麦粉の加工品を販売した。具体的には、糧店の店員は買い物客に穀物購入通帳（写真31）を提示させ、購入通帳に明記された指定の店名と割当量を確認したうえで、穀物あるいは穀物加工品を販売した。この穀物購入通帳は、「糧本」と呼ばれ、各都市の政府が発行し、「居民委員会」[8]あるいは「単位」を通じて各世帯に配ったものである。この裏面に、世帯の住所と人数構成、世帯メンバーの名前、穀物の割当量及び指定の糧店などの情報が全て明記される。

ただし、穀物の割当量やそれぞれの構成種類の比率、及び各種類の値段は天津市糧食局によって統一に定められ、国家の計画に合わせて変動していた。また、糧店は上述した穀物の販売ルートとしての役割以外に、配給券の管理の役割も担っていた。すなわち、毎年十二月末に、糧店は所轄地に在住する人々に、翌年度分の穀物や食料品の配給券を配った。

それに対して、副食店は指定の住宅地の住民を対象とし、野菜や肉類（豚肉あるいは牛肉・羊肉、時折鶏肉）、魚、鶏卵、調味料、干物、惣菜などの食料品を販売した。これらの店舗は店員の人数や食料品の販売カウンターの数量によって規模が異なる(9)［天津市地方志編修委員会辦公室・天津二商集団有限公司編二〇〇五：五〇五―五〇六］が、運営の様式は統一された。具体的にいうと、店舗の営業時間は年中無休であり、朝七時半から午後六時までであった。店員は買い物客に食料品購入通帳あるいは食料品の配給券を提示させ、各種類の食料品を指定の割当量で販売した。糧本に似た食料品購入通帳（写真32）は、「副食本」と呼ばれ、各都市の政府が発行し、各世帯に一冊しかもらえない。この裏面には世帯の住所と人数構成、指定の副食店などの情報が明記される。

副食店に入荷される食料品は天津地域産のものを基本に、河北省や山東省産の穀物と野菜、南方地域産の調味料と干物を加えたもので構成された。時折、北朝鮮の海魚やキューバの砂糖などの社会主義国から輸入されたものも見られた。それらの食料品の種類、割当量や値段は天津市蔬菜副食品公司に管理され、各年度の農産物の生産状態及び国家の計画によって定められた。

②一時的な闇市場

計画経済時期の天津都市部において、闇市場は一九六〇年末頃に出現し、以降市政府の黙認のもとに短期で維持されるが、二年後の一九六三年初に国家の農業生産の好転によって取り締まられることになった［耿　一九九八］。当時の闇市場について、筆者がインタビューした七〇代のYは以下のように語った。「当時は闇市場もあった。そこで、現金を使って魚や鶏卵などを購入できた。販売者はほぼ近郊の農民であった。彼らは食料品には余裕があるが、穀物が不足していた。そのため、彼らは都市部に頻繁にきて、それらの食料品を密かに販売した。その儲けた金を使って、穀物などの自分が欲しいものを購入した」（二〇一五年二月二十六日インタビューの記録から邦訳）。Yの語りから見ると、当時の闇市場においては天津近郊の農民が、自ら飼育した魚や鶏卵を販売していたことがわかる。また、一九五三年から一九七二年にかけて天津に在住していた日本人の林滋子[10]は闇市場に集まった農民について、「農民たちは飢えをしのぐため、鶏や卵などを都市部の人達の食糧切符（穀物の配給券）と交換し、その切符で都市の食堂から、食べ物を買い、多少なりとも糊口をしのぐ足しにしようとしました」と振り返った［林　一九八六：一一八、括弧内の文字は筆者加筆］。

上記の歴史文献や経験者の語りから見れば、天津都市部に短期に存在した闇市場は農民をはじめとする人々が鶏卵や魚などの生鮮食品を密かに販売する場所であった。都市住民はそこで足りない食料品を現金で購入したり、あるいは穀物配給券で交換したりすることができた。

以上のように、一九五三年に配給制が実施されて以降、天津都市部での食物の販売ルートは従来の個人経営の座商、露天商や行商から、国家経営の座商（糧店と副食店）に統一された。販売ルートの減少と同時に、市場に出回る食材の種類と量も以前より減少した。すなわち、当時の国営の店舗で販売された穀物と食料品は国家の流通システムの調整及び貿易相手国の減少（当時の貿易相手国は主に社会主義国）によって、主に天津地域で生産され、加工されたものだった。都市住民は食材を購入する際に、購入の場所、種類や数量に国家の規制を受けることになった。

2　市場経済への移行期（一九七八～一九九三年）

一九七八年から、共産党政府は既存の計画経済を実施すると同時に、市場経済のメカニズムを全国に導入し始めた。具体的には、農村地域において生産請負制を実施し、農家が収穫の余剰分を自由に売却することを認めた。一方、都市部において自由売買を解禁し、個人が食物や日用品などの物資を販売することを提唱した。その結果として、中国の都市部においては自由売買が復興され、露天商が集まる市場が再び出現することになった。

①国営店舗の維持と調整

一九七八年以降の天津都市部では、国営の店舗が依然として食物の主な販売ルートとなっていた。ただし、従来の運営の様式を調整されることになった。

そのうち糧店は穀物加工品の種類を増加した。『天津通志・商業志（糧食巻）』によると、一九七九年以降、天津市内の糧店は当時の都市住民のインスタント食品のニーズに応えるために、饅頭、パンや大餅などの主食を加工し、販売し始めた〔天津市地方志編修委員会編一九九四：一二九―一三二〕。一方、副食店は営業時間を延長した。それについて、一九七一年から一九九二年にかけて天津市内の副食店に働いていたC1は以下のように説明した。「元々、副食店の営業時間は朝七半から午後六時までであった（中略）しかし、閉店間際に買い物客がよく来て、店を時間通りに閉めることができなかった。そのため、一九七〇～八〇年代に、店は一つの販売用の窓口を増設し、閉店後の夜八時まで食料品を販売し続けた。それによって、夜に退勤する人々も食材の購入ができるようになった」（二〇一六年九月七日インタビューの記録から邦訳）。C1の語りから見れば、一九七〇～八〇年代の副食店は帰宅の遅い人のニーズを満たすために、営業時間を延長したことがわかる。

上記のように、市場経済のメカニズムが導入されて以降、国営店舗は消費者のニーズを考慮し、販売種類の増加あるいは営業時間の延長という運営様式の調整を試みた。ところが、それらの店舗に入荷される食材の種類と数量は依然として、国家からある程度の規制を受け続けていた。

②自由市場の復興

一九七〇年代末期以降、食物を販売する農民が天津都市部に再び出現した。彼らは基本的に住宅地の近くにある広場や道路の両側に集まり、自ら生産した穀物や食料品を販売していた。都市住民はそこで食材の種類と質を自由に選べ、さらに購入証と配給券を使わなくても購入できた。そのため、人々はこのような市場を「自由市場」と呼んだ。この自由市場は前節に記述した露天商が集まった市場と類似し、天津市内のいくつかの場所に点在した。

『天津統計年鑑1991』〔天津市統計局編　一九九一〕に掲載された一九八〇年や一九八五～八九年のデータによると、天津都市部での自由市場の数は一九八〇年から一九八五年までに三倍に増加し、当初の三四個から一一〇個になった。さらに、一九八六～八九年に市場の数は一一〇個以上が維持されていた〔一九九一：五二三〕。一九八七年から九〇年までに副食店の店員として勤めていたC2は就職先の国営店舗を比較しながら、当時の市場の様子を以下のように語った。「八〇年代末期頃、自由市場がどんどん出現した。そこで販売される野菜は副食店より新鮮であった。市場に販売しにきた人々は主に農家であった。彼らは自ら生産したものを販売した。そのため、当日に完売できなくても残ったものを持ち帰り、自分たちで食べた。それに対して、副食店は当日に入荷した野菜を完売できない場合、残ったものを翌日にまた販売した。さらに、当時の副食店で買い物をする場合、列に並ぶことがまだ必要であった」（二〇一六年九月一日インタビューの記録から邦訳）。C2の語りから見れば、国営店舗と比べると、市場は食材の鮮度や買い物の利便性に優れていたことがわかる。

一九七八年以降、天津都市部での食物の販売ルートは以前の計画経済時期より増加し、国営の座商と個人経営の露天商が並存した。農産物の生産量と販売ルートの増加にともない、市内に出回る食材の種類と数量も次第に豊富になった。それによって、都市住民は食材の量や質及び買い物の利便性などのニーズから、購入の場所と種類をある程度で選択できるようになった。

(二) 食物供給に関する国家の規制

上記では食物の配給制の実施期における天津都市部に存在した販売ルートをまとめた。そのうち国営の店舗は食物の主な販売ルートとして国家に設置され、約四〇年間維持されていた。ただし、前述したように、そこでは人々は店舗に入荷されたものしか購入できず、さらに購入できる食材の種類と量を自由に選択することができなかった。次は配給制の実施期における食物の販売における国家の規制を説明する。

1 供給対象の規制

都市部における食物の配給制の対象となる者は都市戸籍を持つ住民のみである。一九五〇年代において、共産党政府は戸籍の登録と管理に関する一連の行政法規を公布し[11]、新たな戸籍制度を作り上げた。この戸籍制度において、全国の人々の戸籍は住民の常住地によって二種類に分けられ、すなわち農村戸籍（「農業戸口」）と都市戸籍（「非農業戸口」）から構成される。農村戸籍を持つ住民は基本的に農村地域で暮らしている農民である。それに対して、都市戸籍を持つ住民は都市部で暮らしており、幹部、工場労働者や知識人などの非農業従事者から構成される。各種の戸籍を持つ住民は所属の常住地の戸籍管理機関に登録され、管理されているため、戸籍を変更する場合に管理機関に申請することが必要である。ただし、農村戸籍を持つ住民は都市戸籍に変更する場合、都市部での就職または大学入学などの証明書を提示することが必要である。そのため、農村地域出身の人々にとっては都市戸籍を得るのが極めて困難であった。

食物の配給制は上記の都市・農村という二元構造の戸籍制度に基づいて実施されていた。すなわち、都市戸籍を持つ住民のみが配給制の対象となって、食物の購入通帳と配給券を受け取り、国営の店舗に食物を購入することができた。それに対して、農村戸籍を持つ住民は都市部で在住しても、国家から食物の供給をもらうことができなかった。ここであげる具体例は六〇代のC2の生家である。C2の出身地は河北省の農村地域である。ただし、一九六〇年前後に、彼女の父親は天津都市部に就職するため、家族を連れて天津に転居してきた。一九六三年頃に、九歳のC2は三〇代の両親と五歳年上の姉と暮らしており、天津都市部に住んでいた。当時、彼女の父親は天津に就職してきたため、天津の都市戸籍を持っていた。残りの三人は都市部への就職や入学などの証明書を持たないため、実家の農村戸籍をそのまま持ち続けた。そのため、この四人家族は国営の店舗から一人分の食物しか購入できなかった。

上記のように、都市部の家庭は国営店舗で食物を購入する際に、その家庭構成員が持つ戸籍の種類によって国家規制を受けていることがわかる。ただし、一九七八年以降に、都市部での自由売買の復興によって、人々は自由市場において購入通帳や配給券を使わずに食物を購入できるようになった。それにともない、戸籍種類による食材入手の制限は次第に緩和されることになった。

2　供給の種類と割当量の規制

都市住民（都市戸籍を持つ者）を対象とする食物の供給方式は住民の身分によって二種類に分けることができる。すなわち、一般供給と特別供給である。一般供給はすべての都市住民を対象としている。それに対して、特別供給は共産党幹部[12]、帰国華僑（また華僑の親族）、特定職種の従事者[13]、及び病院患者や妊・産婦を含む特定の身分である住民を対象としている。それらの特定の身分を持つ住民に対して、共産党政府は食物の一般供給を行ったうえで、やや余った穀物や食料品を追加的に分配した。

一方、一般供給における食物の供給種類と割当量にはいくつかの国家の規制が存在していた。次は天津都市部での供給方式を事例に、穀物と食料品に分けて、それらの供給に存在する国家の規制を記述する。

①穀物

穀物の配給制において、天津都市住民に対する穀物の供給種類は基本的に小麦粉、米や雑穀から構成されていた。そのうち雑穀の種類はトウモロコシ粉を基本に、サツマイモや粟、豆類、モロコシを含んでいた。ただし、これらの構成比率は国家の農産物の生産と分配の計画によって決められ、常に変化していた。具体的には、最初の一九五六年に、小麦粉が四割を占める一方で、米や雑穀が六割を占めた。ただし、一九五八年から一九六二年までの間に、国家の穀物供給が不足し、天津都市住民に対する穀物の安定供給が維持できなかった。小麦粉の比率が一〜二割までに減少する一方で、サツマイモ、大豆やモロコシなどの雑穀類の供給比率が増加していた。一九六二年以降に、小麦粉の供給不足が好転するとともに、小麦粉の比率が徐々に増加していった。一九六〇年代後半になると、小麦粉の比率は五割までに回復してきた。その後五割の小麦粉、二割の米と三割の雑穀という比率構成は一九九〇年代まで続いた。

上記以外に、穀物の割当量に関わる国家の規制も存在した。一九五三年に、天津市政府は都市住民に対して小麦粉の配給制を実行し始め、毎月の一人当たりの割当量を四キログラムに定めた。その後の一九五五年に、共産党政府は全国の都市住民を職種や年齢によって九つの等級に分けて、各等級に該当する穀物の割当量の範囲（最高値、最低値や平均値）を統一的に定めた〔国務院　一九五五〕。この法規に基づいて、天津市政府はさらに三つの等級を増設し、天津都市住民を合計一二等級に分けて、各等級に該当する割当量の範囲を設定した（表5）。一九五五年以降、天津市政府は穀物の生産状況及び都市人口の変化を合わせながら、各等級に該当する割当量を常に調整していた。ただし、年間一人当たりの穀物の割当量の平均値はその後の三五年間にわたって、一三・一六〜一六・七九五キログラム

表5　1955年に公布した天津都市住民を対象とする食糧の割当量

等級	職種や年齢による住民の分類	割当量の範囲（kg）
1	肉体労働者・特別に激しい作業（鉱山労働者など）	25–30
2	肉体労働者・激しい作業（製鋼労働者など）	20–24.5
3	肉体労働者・軽い作業（紡績労働者など）	14.5–19.5
4	頭脳労働者（事務員、教師など）	13.5–16
5	大学生の学生、高校・中学校の生徒	14.5–18
6	10歳以上の一般住民（小学校生、無職の高齢者など）	12–14.25
7	8歳以上、10歳未満の児童	11.5–11.5
8	6歳以上、8歳未満の幼児	10–10
9	4歳以上、6歳未満の幼児	8–8
10	2歳以上、4歳未満の幼児	6–6
11	2歳以上、2歳未満の幼児	4–4
12	1歳未満の乳児	2–2

［天津市地方志編修委員会編 1994: 113–114］より筆者作成

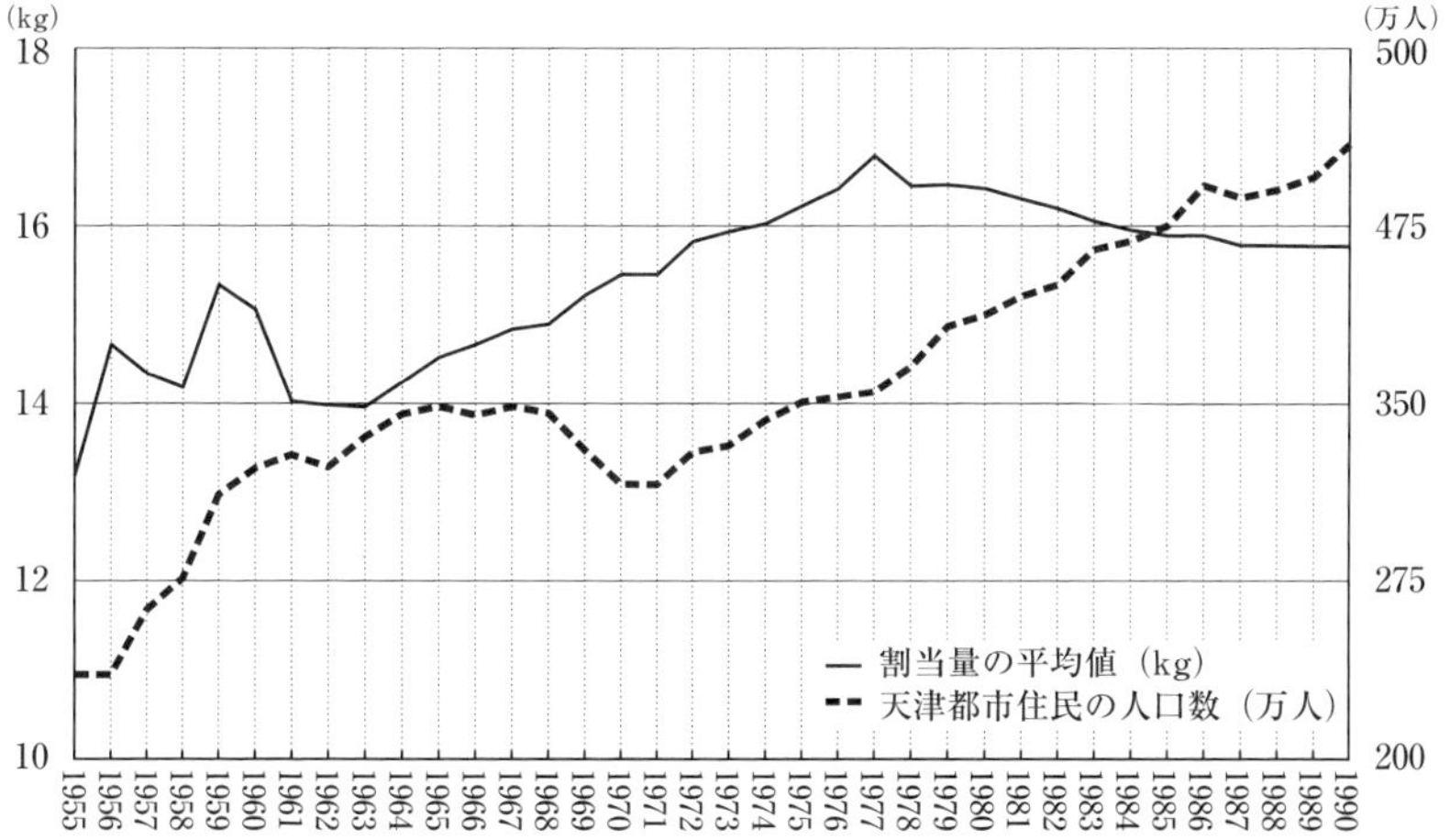

図14　1955～1990年の天津都市部における一人当たりの食糧の割当量の年間平均値と都市人口数の推移（［天津市地方志編修委員会編 1994: 116］の「1955–1990年天津市城鎮人口与糧食定量水平変化情況」表に基づき筆者作成）

の間に維持されていた（図14）。すなわち、穀物の配給制において天津の都市住民は毎月にわずか一キログラム余り（一・〇九～一・一三キログラム）の穀物を配ってもらうのである。

②食料品

配給制において食料品は副食店を通して天津都市住民に販売されていた。前述した穀物の供給と類似して、これらの食料品の供給は天津地域の農産物の生産状態や国家の生産・分配の計画によって制約されていた。天津都市部の食料品供給に関する地方誌である『天津通志・二商志』によると、一九五四年から、食用油とねり胡麻の供給は配給制にされた。その後の一九五八年以降、農産物の生産不調によって、配給制にされた食料品の種類は次第に増加し、一九六二年に至ると、野菜、肉類、鶏卵、魚や砂糖などの四七種になった。ただし、一九七八年以降には、市場経済のメカニズムの導入によって、都市部での物資供給が豊富になりつつあった。それにともない、配給制にされた食料品の種類が減少し、一九九二年には食用油とねり胡麻の二種類だけが残っていた［天津市地方志編修委員会辦公室・天津二商集団有限公司編二〇〇五：五〇八］。

次に都市住民の食事構成に関わる食料品を、⑴野菜、⑵肉類、⑶鶏卵、⑷水産物、及び⑸調味料という五種類に分けて、各種類の供給に存在する国家の規制を記述する。

【野菜】　前節に記述したように、自由売買期において、天津都市部に出回る野菜には天津地元産のものだけでなく、河北省、山東省や南方地域などの他地域産のものも含まれた。ところが、食物の配給制が実施されて以降、共産党政府は流通システムを調整し、都市部での野菜の安定供給をその周りの近郊地域に保障させるという野菜の生産と分配の方針を定めた［陳　一九五七］。それによって、天津都市部に出回る野菜は基本的に地元の近郊地域が生産したものから構成されることになった。『天津通志・二商志』によると、この方針の実施にともない、天津都市部での野菜供給において、地元産の比率は一九五〇年前後には四割であったが、一九五〇年代後半には八割と二倍に急増していた。さらに、この八割の野菜の自給率は一九八〇年代末期まで維持されていた［天津市地方志編修委員会辦公室・天津二商集団有限公司編二〇〇五：四七〇］。このような高い自給率の野菜供給によって、市場に出回る野菜の種類と数量は天津近郊の地理環境や農産物の生産状態に左右されることになった。

地元野菜の高い自給率を維持すると同時に、天津市政府は都市住民に野菜の安定供給を保障するために、ハクサイ、ジャガイモやカブ類などの比較的生産性が高い野菜種類の栽培を拡大した一方で、いくつかの生産性の低い果菜類・茎菜類野菜の栽培を減らしていった。『天津通志・二商志』によると、一九五七年頃、天津都市部に出回る野菜は三〇～四〇種類があり、ハクサイやジャガイモ、カブ、ネギ、ニンニク、ショウガ、タマネギ、カブカラン、ホウレンソウ、ニラ、サヤインゲン、ナス、キュウリ、各種の瓜類を含んでいた。ところが、天津市政府は一九五九年に野菜の生産と販売を計画的に管理した以降、いくつかの茎・果菜類の野菜の栽培を減らす一方で、葉菜類の野菜の栽培を拡大した。それによって、一九六〇年代に、天津近郊地域で生産された野菜の種類はわずか二〇種まで減少した。さらに、一九七〇年代に至ると、レタス、サヤインゲンやシュンギクなどの「細菜」[14]の供給が中断されてしまった。ところが、このような野菜種類の減少状態は一九八〇年代後半以降のビニールハウスの普及や南方産種類の輸送増加によって徐々に好転した［天津市地方志編修委員会辦公室・天津二商集団有限公司編二〇〇五：四六八］。このような野菜生産と販売の管理状態によって、一九五〇年代後半から一九八〇年代前半までの間に、天津市内の国営店舗で入荷された地元産の野菜はハクサイやジャガイモ、カブ類、トマト、タマネギなどの生産性の高い種類（いわゆる「大路菜」）を基本に、時折キュウリ、サヤインゲンやピーマンなどの細菜を加えたもので構成されていた。さらに、それらの入荷野菜の種類は季節によって異なり、強い季節性を持っている（表6）。

表6　1950年代後半から1980年代中期までにおける天津都市部での野菜供給の種類

	天津の近郊地域で栽培される野菜の種類※	副食店に販売された野菜の種類※※（下線は細菜）
3月	葉菜類を基本に、ホウレンソウ、ニラ、チンゲンサイ、シロナ、カブ、キャベツ、パクチーなど	春の野菜の種類は多くなかった。4月末5月初に、店に入荷された野菜の種類が増えた。時折、シロナ、ホウレンソウ、キャベツ、及びセロリなどがあった。
4月		
5月		
6月	果菜類を基本に、ナス、ピーマン、サヤインゲン、トマト、ズッキーニなど。 また、ジャガイモ、カブ、ネギなどの茎菜類(6,7月は野菜の最盛期)	夏の野菜の種類は多かった。トマト、キュウリ、ピーマン、サヤインゲン、ジュウロクササゲ、ジャガイモ、ニンジン、ナス、チンゲンサイ、ズッキーニ、トウガンなどがあった。
7月		
8月		
9月	葉菜類、果菜類、茎菜類を含む多種な野菜	秋の野菜の種類も多くなかった。カブ、ナス、タマネギ、チンゲンサイ、シロナなどがあった。特に、立秋後、11月からハクサイは出回った。
10月		
11月	ハクサイ（最盛期）	
12月	端境期	冬の野菜はあまりなかった。主に、カブ、ジャガイモやハクサイであった。正月の際に、少量のニラ、ニンニクの芽が入荷された。
1月		
2月		

※『天津通志・二商志』での掲載データに基づき筆者作成［天津市地方志編修委員会辦公室・天津二商集団有限公司編 2005: 470］

※※副食店の元店員である70代のL1と60代のC2に対するインタビューより筆者整理（インタビューの時間：L1・2016年9月20日、C2・2016年9月7日）

これらの天津近郊産の野菜は国営の卸売機関を通して、市内の副食店に供給されていた。元副食店の店員によると、当時の副食店での野菜の入荷は午前あるいは午後、毎日に一回ほどあった。ただし、夏や秋などの野菜の最盛期になると、一日に二回の入荷もよくあった。毎回入荷する野菜の種類は市内の流通機関に決められ、だいたい二、三種であった。副食店は市政府が決めた粗利の範囲に基づいて、当日の野菜の値段を決めて、周りの住民に販売していた。『天津通志・二商志』の統計データから見ると、一九五一年から一九九〇年までにおいて、副食店が都市住民に販売する野菜の量の日間平均値は一人当たりで二七三～四八一グラムの間であった［天津市地方志編修委員会辦公室・天津二商集団有限公司編二〇〇五：四八四］。ただし、当時の人々のニーズにとって、それらの野菜の供給量はじゅうぶんだと言えない。そのため、人々は当日分の野菜を確保するために、店舗の前に並んで野菜の入荷を待つことがよくあった（詳細内容は

写真33　牛肉・羊肉の配給券（1992年8月の5キログラム分のもの、C3の収蔵品より）

写真34　豚肉の配給券（1964年4月分のもの、C3の収蔵品より）

次節を参照）。

【肉類】　副食店において通年で販売される肉類は基本的に豚肉と牛肉、羊肉である。そのうち牛肉、羊肉の供給対象はイスラム教を信仰する回族のみであった。彼らは天津市政府から牛肉・羊肉の配給券（写真33）をもらえ、それらの肉を購入できた。一方、回族以外の都市住民（主に漢民族）は主に豚肉の配給をもらっていた（写真34）。

一九五〇年代後半から一九九〇年代前半までにおいて、豚肉と牛肉・羊肉の供給方式は多少異なっていた。豚肉の供給において、都市住民の購入量に対する制限は基本的に存在していなかった。しかし、豚肉の入荷量の不足や値段の高さによって、人々は豚肉を頻繁に購入することができなかったのである（詳細内容は次の節を参照）。それに対して、牛肉・羊肉の供給には割当量の規制が存在し続けていた。人々は牛肉・羊肉を購入する際に、それらの配給券を提示することが必要であった。

上記の豚肉と牛肉、羊肉以外に、春節の時期に鶏肉も販売された。基本的に、副食店は旧暦の十二月の月末に一羽丸ごとの鶏を世帯ごとに分配した。

【鶏卵】　一九五八年以降、鶏卵は配給制になった。各年度における供給の量と方式は鶏卵の生産量によって常に変化していた。生産量の少ない時期に、副食店は月に二五〇～五〇〇グラムの鶏卵を世帯ごとに配っていた。一方、生産量の多い時期には上述の供給量の制限は存在しなかった。

【水産物】 第一章第一節にまとめたように、天津地域が持つ豊富な水産資源によって、天津都市部に出回る水産物の種類は多種多様であり、季節によって異なっていた。『天津通志・二商志』によると、一九五〇年から一九五六年までにおいて、天津都市部に出回った水産物は以下のような旬の種類から構成されていた。すなわち、二月に「晃蝦（淡水エビの一種）」やアカメボラ、五月に海産のカニ、キグチやクルマエビ、六月にナマズ、七月に雑魚、八月に川のカニ、九月にエビと貝類、及び十月にコイ、フナや「白魚（淡水魚の一種、カワヒラ）」である。ところが、一九五〇年代後半以降、天津都市部に出回る水産物の種類は過剰な漁獲によって急減していた。それにともない、水産物の供給量も減少し一人当たりで月に二五〇グラムあるいは五〇〇グラムだけであった。特に、一九六六年から一九七六年までの間に、都市住民はメーデー、建国記念日、西暦の新年や旧正月に限って、副食店で魚を購入することができた［天津市地方志編修委員会辦公室・天津二商集団有限公司編二〇〇五：五一二―五一三］。ただし、このような水産物の供給不足は養殖業の発展や自由市場の復興によって、一九七〇年代末期以降に好転していった。

【調味料】 副食店で販売する調味料は基本的に天津の地元で生産されたものであり、食用油やねり胡麻、麦味噌、醤油、塩、酢、砂糖などが含まれた。そのうち食用油の種類と購入量には国家の規制が設けられた。『天津通志・商業志（糧食巻）』［天津市地方志編修委員会編一九九四］によると、天津の都市住民に配られた食用油は基本的に、落花生油、綿実油、ゴマ油の三種類がある。各種類の比率構成は七・五割の落花生油・綿実油と二・五割の胡麻油である。一般住民を対象とする食用油の月間割当量について、最初の一九五四年には一人当たり二五〇グラムが定められた。

この割当量は一九六〇〜六二年に短期で急減した（一五〇グラム）が、一九九〇年までに維持されていた［一九九四：二三三─二三五］。上述の食用油の構成種類と割当量を計算すると、落花生油と綿実油の一人当たりの月間割当量はわずか一八七・五グラムである。この割当量は揚げ物などの油料理を作るにはじゅうぶんだと言えないのである。それゆえ、当時の食用油の供給は都市住民の家庭料理の調理法に強い影響を与えている（詳細は次を参照）。

(三)　食材の入手と人間関係・食の経験の活用

以上は食物の配給制の実行状態に焦点を当てて、国営店舗を基本にする食物の販売ルートの実態を記述し、都市住民に対する穀物と食料品の供給に存在する国家の規制を整理した。次は都市住民の食生活の実践に重点をおいて、彼らが既存の国家規制に対していかに対応するのかを記述する。具体的には、歴史文献や経験者の語りを参照しながら、食材入手に関する通常的な方法を記述する。そのうえで、食をめぐる国家規制に対して人々が活用した人間関係と食の経験を整理する。

1　食材入手の通常的な方法

本節の冒頭でまとめたように、天津都市部での食物販売ルートは基本的に国営の糧店と副食店から構成されていた。筆者がインタビューした都市住民の全てはそれらの店舗で穀物と食料品を購入していたという。ただし、一九七八年以降、市場経済のメカニズムが導入されるとともに、自由市場が都市部に再び出現した。それによって、一部の住民は自由市場で食材を購入するようになった（例えば、第三章に取り上げた息子の妻S）。ところが、一九八四年に天津市内で行われた五〇〇世帯を対象とする家計構成の統計調査によると、当時の被調査世帯の食物消費の総支出額のうち自由市場で購入されたものはわずか六％を占めたにすぎない。その原因は、自由市場で販売

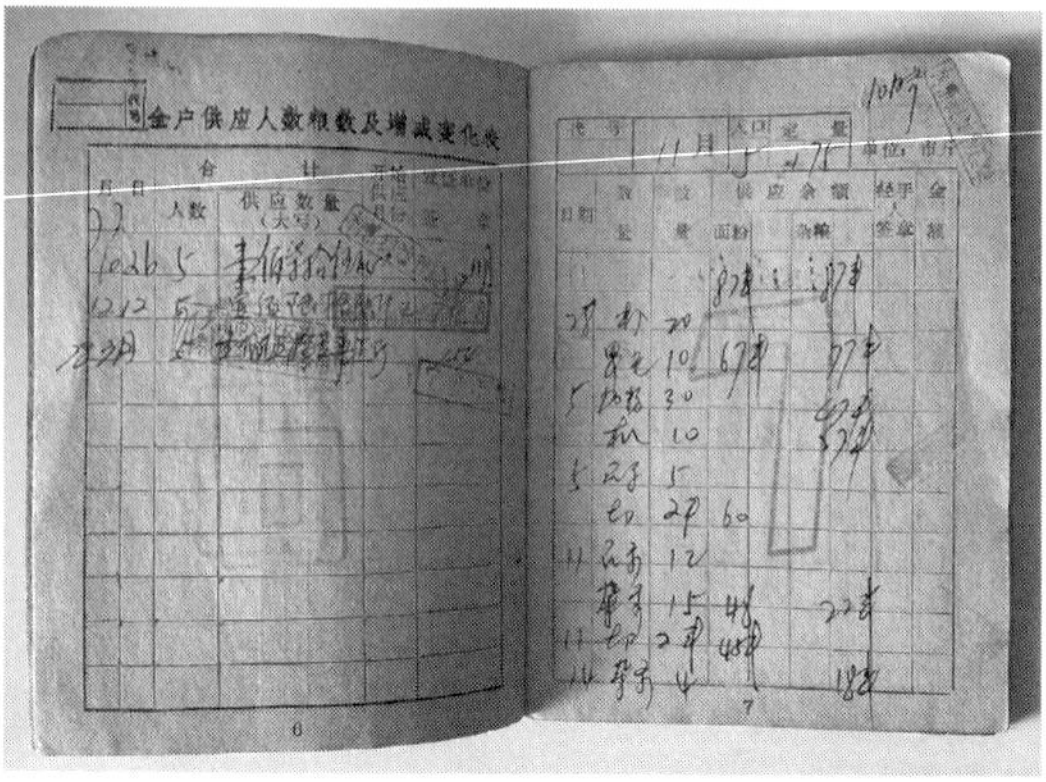

写真35　1970年代の糧本の裏面（筆者収集）

される商品の価格が国営店舗の価格の一・五倍から二倍以上に達していることにある［Hu・Bai・Shi 1987:190, 194］。自由市場での商品が相対的に高価であるため、一九八〇年代中期の人々はそこでは食材を大量かつ頻繁に購入することができなかったのである。彼らにとって食材入手の通常的な方法は依然として国営の店舗で購入することであった。

次は国営の店舗に焦点を当てて、食物配給制において人々が通常に穀物や食料品をいかに入手するのかを記述する。

①糧店から穀物の購入：国家が定めた種類と割当量

穀物購入の通常の方法は基本的に以下の通りである。すなわち、人々は近所にある指定の糧店において糧本を持参し、国家が定めた種類と割当量の穀物またはその加工品を購入していた。写真35は筆者が収集した使用済みの糧本の裏面である。この糧本はある五人家族[15]が一年間ほどの間（一九七七年十月二十六日～一九七八年十二月二十八日）使ったものである。穀物の購入記録から見れば、当時、この家族は平均週間二回ほどの頻度で穀物を購入していた。彼らが頻繁に購入した穀物の種類は小麦粉や米、雑穀、切り麺、素麺であった。

上記の歴史データと類似した穀物購入の頻度と種類は第三章に詳述した老婦人Z及び息子妻のSの食生活史にも見られる。具体的には、Zは大家族の嫁として家族の世話をする時期に、糧店において週間一、二回ほどで穀物を購入していた。購入した穀物の種類は小麦粉または小麦粉で加工された切り麵、米、トウモロコシ粉・サツマイモ・豆類などの雑穀を含んでいた。一方、Sは少女期に、家族が週間一、二回で糧店において穀物を購入していた。ところが、彼女の両親はトウモロコシ粉などの雑穀を食べるのが苦手であるため、隣人との交友関係を活用して、自分が好んだ小麦粉と米を頻繁に購入していた。このような人間関係の活用によって、Sの家族が購入した穀物の種類はZと多少異なり、基本的に小麦粉と米から構成されていた。

②副食店から食料品の購入：当日に入荷されたもの

穀物の購入と類似して、都市住民は副食本あるいは配給券を持参し、副食店において野菜や肉類、鶏卵、水産物、調味料などの食料品を購入していた。本節の冒頭で取り上げた天津在住（一九五三～一九七二年）の日本人の林滋子は一九六〇年前後の食料品購入の実態を以下の通りに振り返った。

また生鮮食品は、購入券や通帳と現金があっても、品物がいつでもあるわけではありません。八百屋一つを例にとっても、店先はいつも空っぽで、荷車が八百屋の前に止ったと、見たり聞いたりしたら、「ソレッ！」とばかりに、通帳とお金をつかんで駆け出さなければなりませんでした。早い者勝ちで店の前に、長い行列ができました。荷車に積まれている物が、菜っ葉なのか、大根なのかあるいは人参だけか、ピーマンか、そんなことは構っていられないのです。買えさえすれば幸いなのですから。荷降ろし作業が済んでも、なかなか売り始める様子がないので、「早く売れ」と群衆が催促すると、「まだ上級から値段の指示が届かないから、手がつけられない」、ということがしばしばありました。

（中略）

ごたごたしているうちに、値段の通知が届き、服務員もやっと重い腰をあげて、売り始めるのですが、その売り方がまた非常に手間取るのです。

一人一人の通帳に記入して、家族人数に応じた量を秤にかけて、お金を受け取り釣り銭を出す作業。その合い間に買う人から、そっちじゃなくてこっちがいいとか、クレームをつけられて、それに説明したり、口論になったり。

〔林　一九八六：一一三—一一四〕

上記の林の記録から見れば、一九六〇年前後の人々が食料品を購入することには二つの特徴があると言える。一つ目は行列に並んで購入することである。それは国営の店舗で販売される食料品、特に生鮮食品の数量が極めて少ないためである。[16] 二つ目は入手する食材の種類と質を選びにくいのことある。その原因は食料品供給に対する国家の規制及び副食店の販売様式（すなわち店員が商品を渡す）にある。

上述した食料品の購入実態の二つの特徴は第三章に取り上げたSの記憶にも残っている。Sによると、一九七〇年代の副食店では生鮮食品の入荷量が少なかった。そのため、人々は副食店に並んで生鮮食品の販売を待つことが必要であった。さらに、購入できる生鮮食品の種類と量は当日の入荷状態及び店員の配り方によって決められていた。

より具体的には、一九七二年から、一一歳の彼女は家事を手伝うようになり、特に食材の購入を担当し始めた。当時、家族居住地の所轄副食店は毎日午後三時半頃に野菜を入荷した。入荷量が多くないため、家族は毎日野菜を購入することが必要であった。そのため、小学校に通っていた彼女はいつも家に戻って（三時一五分）通学カバンをおいた後すぐに出かけて、副食店の前に並んだ。彼女によると、周りの住民たちも、当日分の野菜を確保するため、早めに（三時頃）並んで野菜の販売を待っていた。販売開始後に、人々は店員に副食本を提示し、店員に渡されたものを購入していた。また、彼女によると、肉類、水産物や鶏卵などの野菜以外の生鮮食品も、店員が配ったものしか購入できなかった。例えば、豚肉の購入について、豚肉の割当量が少ないため家族は週間一、二回しか豚肉を購入できなかった。毎回に購入した豚肉は二〇〇～二五〇グラムほどである。ところが、自分が欲しい部位の豚肉をなかなか購入できなかった。彼女によると、家族は赤身の肉で炒め料理を作りたかったが、店員は脂身の多い肉を配ることがよくあったという。

このような食料品の購入状態は一九八〇年代も続いた。本節の冒頭に取り上げた元店員C2によると、一九八〇年代末期でも、副食店において食料品を購入する場合、行列に並ばねばならなかった。さらに、「(買い物客が)食料品を購入する際、あれこれと選ぶことができない。(店員が)配るものだけを購入できた。例えば、(私は)買い物客に鶏卵を配る際に、殻にヒビが入る鶏卵を(クラフト紙製のレジ袋に)何個か入れる。なぜならヒビが入った鶏卵は売りにくいからで、それらを普通の鶏卵と一緒に買い物客に配った。どうせ彼らは商品を選べず、文句を言えないのだから」(二〇一六年九月一日インタビューの記録から邦訳、括弧内の文字は筆者加筆)。

以上、日本人の回顧録と二人の地元住民の語りをふまえながら、一九六〇年前後から一九八〇年代末期までに、天津都市住民が副食店において食料品をいかに購入したのかを整理した。この約三〇年間、人々は基本的に副食店で行列に並んで、店員に渡されたものを購入していた。このような方法は筆者がインタビューしたすべての地元住民に共通していた。このな方法を通して入手した食料品は種類・量ともに国家の農産物の生産と分配の計画によって決められていた。また、それらの食料品の鮮度や品質などに関して、消費者は選択の余地がなく、カウンター当番の店員の裁量にまかされた。要するに、消費者は上記の規制を受けながら、食料品を購入していた。

2　人間関係を利用した贈与、助け合いや裏口

上記の国営店舗において穀物と食料品を通常に（フォーマルに）購入すると同時に、人々は食材を確保するために、人間関係の活用によっていくつかのインフォーマルな方法も頻繁に使用していた。人間関係の活用とは人々が血縁や地縁、学縁、社縁などの多種な縁故関係を利用することである。当時の天津都市住民はそれらの縁故関係を活用し、（1）親族からの贈与、（2）親友間の助け合い、及び（3）裏口という三つの方法を使って、食材を入手することがよくあった。以下、この三つの方法に関する具体例をあげながら説明する。

①親族からの贈与

食物の配給制下、天津都市住民は親族から食物をもらうことがよくあった。以下、三つの事例をあげながら、親族間の食物贈与の実態及び贈与物の種類の変化を具体的に記述する。そのうち事例1は天津在住の女性Wの事例であり、一九六〇年代初期の食物供給の不足時期に、穀物、野菜や肉・魚などの生活必需品をもらったことである。それに対して、事例2と事例3は第三章に取り上げた息子の妻Sと老婦人Zの事例であり、一九七〇、八〇年代における親族間における他地域の特産品や希少な海産物の贈与である。

【事例1・女性W：一九六〇年代初期に穀物、野菜や肉・魚・卵をもらう】

本章第一節に取り上げたWは一九六〇年代初期の食物供給不足時期に、農村に住んでいる親族から、穀物と生鮮食品をもらうことがよくあった。一九六二年前後に、Wは夫や二人の息子（八歳と三歳）とともに天津市内に暮らしていた。夫は政府機関に働いており、そこの食堂の集団給食に加入し、朝、昼、晩食事をとっていた。それに対して、無職のWは国営の店舗から購入した穀物と食料品を二人の息子と家で食べていた。彼女によると、当時、国営

店舗では穀物と生鮮食品の供給が非常に不足していた。彼女と二人の息子が毎日購入できた穀物の割当量はわずか五〇〇グラムであった。さらに、野菜や肉類などの供給もあまりなかった。天津農村（寧河県）に住んでいた夫の両親は米や何本かの大根を送ることがよくあった。また、Wは実家（天津近郊地域の七里海）に帰省する時、実家の叔父に一袋の米や七匹の鯉、半頭の豚肉、塩漬けの魚、何個かのハクサイをもらうこともあった（上述した親族からの物資贈与は二〇一五年三月二日や二〇一六年九月十三日にインタビューの記録に基づき筆者整理）。

【事例2・女性S：一九七〇年代に北京老舗の菓子と蘇州特産の調味料を届ける】

第三章第三節に記述したように、一九七〇年代に、Sの両親は天津以外の都市に在住する親族から食べ物あるいは調味料をもらうことが時々あった。彼女によると、当時、北京在住の母親の姉は老舗「稲香村」の点心あるいは自分が手作りしたキグチの揚げ物を家族に送ることがあった。また、蘇州に住んでいる父親の従姉妹は「蝦籽醤油（醤油と新鮮なエビの卵を煮込んで作った調味料）」という当地の名物の調味料を送ることも時折あった。それらの他地域の名産物は天津市内ではあまり販売されていないため、当時の都市住民にとって入手困難の希少品である。Sの両親は親族間の贈与によって、それらの希少品を入手できた。

【事例3・女性Z：一九八〇年代に市場での希少な海産物を贈った】

第三章第一節に記述したように、Zは物資管理の政府機関に勤める夫と結婚し、結婚後に嫁ぎ先で暮らしていた。彼女によると、一九八〇年代、夫は石油の管理や分配の部門担当者であったため、石油生産の関係者から大量の海産物を贈り物としてもらうことがよくあった。それらの海産物はカニや車海老、シャコ、タチウオ、マナガツオなどで、普段、副食店で購入しにくい希少なものであった。そのため、彼女は夫がもらったものをとっておいて、自分の妹と弟に送るようにしていた。

②親友間の助け合い

親族の物資贈与以外に、人々は同僚・隣人間の助け合いを頻繁に行っていた。それらの助け合いは基本的に①配給券と日常生活上の世話との交換及び②物々交換（配給券・購入通帳の交換など）であった。当時、他人に配給券あるいは購入通帳を勝手に渡すことは国家から原則として禁止されていた。ところが、当時の人々は自分の欲しいものを入手するために、国家の禁令に違反し、それらの行為を密かに行うことがよくあった。次はそれぞれの事例をあげながら、親友間の助け合いの実態を具体的に説明する。

【配給券と日常生活上の世話との交換】　ここで二つの事例をあげたい。一つはＺＨ１の事例である。一九六〇年代において、ＺＨ１は天津市内の大雑院において舅、姑、夫の兄嫁、夫及び三人の娘と共に暮らしていた。同居家族は基本的に少食の老人や女の子から構成されるため、毎月に購入できた穀物が少し余っていた。それに対して、五人の息子がいる隣人は穀物が不足していた。その場合、ＺＨ１夫婦は残った穀物の配給券を隣人に援助した。その恩返しとして、隣人に部屋掃除や屋根修理などの手伝いをしてもらうことがよくあった（ＺＨ１の事例は二〇一五年二月四日にインタビューの記録に基づき筆者整理）。

もう一つはＺの事例である。小学校の教師である彼女は勉強が遅れている生徒たちに対して宿題の指導などの世話をよくしていた。Ｚに世話をしてもらった生徒たちの中に一人の回族出身の男の子がいた。彼の両親は感謝の気持ちを伝えるため、回族住民向けの牛肉・羊肉の配給券をＺにあげることが時折あった。それによって、漢民族出身のＺはそれらの牛肉・羊肉の配給券を使って羊肉を購入し、家族に羊肉ミンチの餃子を作ることができた。

【物々交換】　主に配給券・購入通帳の交換、及び配給券と食べ物の交換である。それについて、経験者がよくあげた事例は「全国通用糧票」をめぐる物々交換である。全国通用糧票は中華人民共和国糧食部が発行した穀物の配給券であり、有効範囲が全国である。それに対して、「地方通用糧票」は中国の省、市や自治区レベルの糧食局が発行したものであり、有効範囲がそれぞれの発行地の該当地域に限られる。当時、都市住民は常住地の政府が発行した地方糧票を定期的に配ってもらえるが、他地域が発行した地方糧票は基本的に入手できなかった。ただし、他地域に出張、帰省や観光をする際に、移動先の地方糧票を持参しないと、穀物あるいは穀物加工品を購入できなかったため、彼らは勤務先への申請を通じて、全国通用の糧票を入手することが必要であった。ところが、一部の都市住民は無職あるいは申請不可などの原因で、それらの全国糧票を公式に入手できなかった。その場合、彼らは手元に余った地方糧票や食物を他人の全国糧票と闇交換することがよくあった。

また、全国糧票をめぐる物々交換以外、購入通帳（糧本など）の相互借用の事例もある（例えば、第三章第三節に取り上げたS家族の事例）。

③裏口

食をめぐる裏口行為とは人々が縁故関係や物品の贈与を通して、食物の供給と分配の担当者（主に国営店舗の店員）にコネをつけたうえで、普段は入手困難なものを獲得することである。以下、二つの具体例をあげて説明する。

一つ目の事例は男性C3が収蔵した一九六三年の菓子購入用の依頼書（写真36）である。この書類は当時の天津市のある文化館が作成し、当館の幹部が菓子の滓（クズ）を購入することを国営の菓子販売店に依頼するものである[17]。菓子のクズは天津地元住民に「点心渣子」と呼ばれ、「白皮点心[18]」などの市販の菓子が配送や販売中の衝撃で

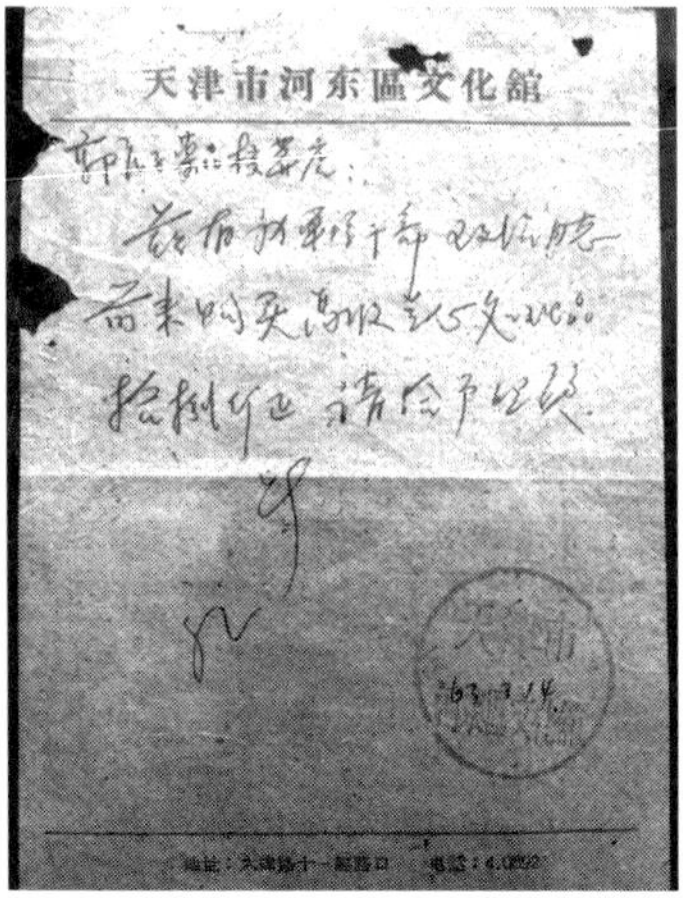

写真36　菓子のクズの購入依頼書（C3の収蔵品より）

細かく割れたものである。C3の説明によると、当時、菓子のクズは菓子の不良品として販売されていた。さらに、菓子と異なり、それらのクズの購入には穀物配給券の使用が不要であった。そのため、穀物配給券の余裕を持たない人々はそれらのクズを購入し、腹の足しにすることがよくあった。ところが、菓子のクズは店舗での菓子の入荷と販売の状態に制約を受け、大量かつ頻繁には販売されていなかった。さらに、販売開始後に、すぐ売り切れてしまった。そのため、人々は店舗の店員とコネをつけて、それらの人気商品を確保できるようにした。写真36に取り上げた依頼書はその事例である。依頼書の使用者は菓子のクズを購入するために、勤務先に紹介してもらい、勤務先との縁故関係がある店舗に購入を依頼した。ただし、実際に購入した際に、当番の店員たちとのコネをつけるため、依頼書の使用者は依頼購入量の全額（九キログラム）で入手せず、そのうち七キログラムのみを購入した。コネ使用の見返りとして、残りの二キログラムのクズを当番の店員たちに実家用として購入させた（依頼書に関する説明は二〇一四年十月十六日にインタビューの記録に基づき筆者整理[19]）。

もう一つの事例は元店員L1が語った職場での見聞である。L1は一九六二年から天津市内の副食店で働き始めた。彼女によると、一九七〇年代後半以降の副食店においては裏口行為を行う店員が徐々に増加した。彼女が働いている店舗においても、店員は知り合いの買い物客に当日分の食料品をとっておいたり、あるいは質が良いもの（例えば豚のリブ）を知り合いに売ったりしていた。さらに、同僚の店員たちも、近くにある店舗の店員との物々交換を頻繁に行った。例えば、国営の飲食店の店員とコネをつけて、その店の食料品を飲食店のおかずと交換するのをよく目撃した。彼女は上記の裏口行為に反感を覚え、店ではそれらの行為を基本的にやっていなかったという。また、一九八〇年代初期に彼女は家の近くにある店舗に転勤させられる予定であった。ただし、親族や隣人からの食料品購入依頼の面倒を避けるために、家の遠くある店舗への転勤を申請した（店員に関わる裏口行為は二〇一六年九月二十日にインタビューの記録に基づき筆者整理）。

以上、親族からの物資贈与、親友間の助け合い、及び裏口という三つの方法に分けて、当時の人々が食材入手において人間関係をいかに利用していたことを整理した。各方法にあげた具体例をまとめると、以下の二点が指摘できる。一点目、食物の配給制において、人々は国家の食物供給の制限による入手困難のものを獲得するため、既存の多様な縁故関係を利用するようになった。二点目、人々が人間関係の活用を通して入手した食材の種類は食物供給の状態変化によって生活必需品から贅沢品に変わっていった。すなわち、最初の一九六〇年代初期では国家の食物供給の量的不足のため、人々は穀物（またはその加工品）、野菜や肉・魚などの生活必需品の入手を求めた。一九七〇年代後半以降、それらの生活必需品が量的に豊富になるとともに、人々の注目は他地域の特産品、及び豚リブや海産物などの高品質な食材を含む希少な商品に集まるようになった。

3　経験の活用による食の保存

上記のような人間関係を活用すると同時に、人々は伝統的な方法により保存食を作ることもあった。保存食は長

表7　食物の配給制における天津都市住民の保存食の種類（保存方法別・筆者作成）

保存方法	食材の種類
乾燥	ダイコン、ナス、ネギ・ニンニク、ハクサイ、山菜、豆腐
塩漬け	カブ類、カラシナの根、カラシナの茎、鴨・鶏の卵
発酵	ハクサイ、カラシナ
加熱	トマト、薄切りの豚肉、炸醤（脂の多い豚肉と麦味噌の炒め物）、ラード

期間にわたって貯蔵するため、防腐の加工や処理をした食品をさす。基本的に、それらは人々が自然なあるいは社会的な原因によって食物の確保に大きな制約を受ける状況下で、既存の多種な生活経験を活用したうえで作るものである。本節に記述したように、天津都市住民は穀物と生鮮食品の確保に自然環境（野菜の端境期）や国家規制（種類と割当量の規制）の制約を強く受けていた。そのため、彼らは入手した食材に対して、いくつかの工夫を加えて保存食を作る習慣があった。

筆者がインタビューした都市住民の全ては穀物や生鮮食品を保存した経験があった。なかでも穀物の保存について、当時の人々は基本的に穀物を甕に入れて、高温多湿や直射日光を避ける方法を採っていた。それに対して、生鮮食品の保存方法は冷蔵庫の普及率が極めて低かったため[20]、より複雑かつ多種であった。筆者は経験者が紹介した保存方法と保存食の種類を表7にまとめた。この表7から見れば、当時の人々は野菜や肉類、卵、豆腐などの生鮮食品を乾燥や塩漬け、発酵、加熱という四つの方法を通して、多種な保存食を作ったことがわかる。以下、表7のデータに基づいて、歴史や社会的文脈において各種類の保存食の作り方を詳述し、それをめぐる食の経験の活用を説明する。

①乾燥

食材を乾燥させて保存することは中国の人々が持ってきた知恵である。食物配給制の実施期に、天津都市住民はこの方法を活用し、天日干しのニンジンやナス、ネギ・ニンニク、ハクサイなどの野菜及び山菜を保存食として作り続けた。また冬に、入手した豆腐を外に

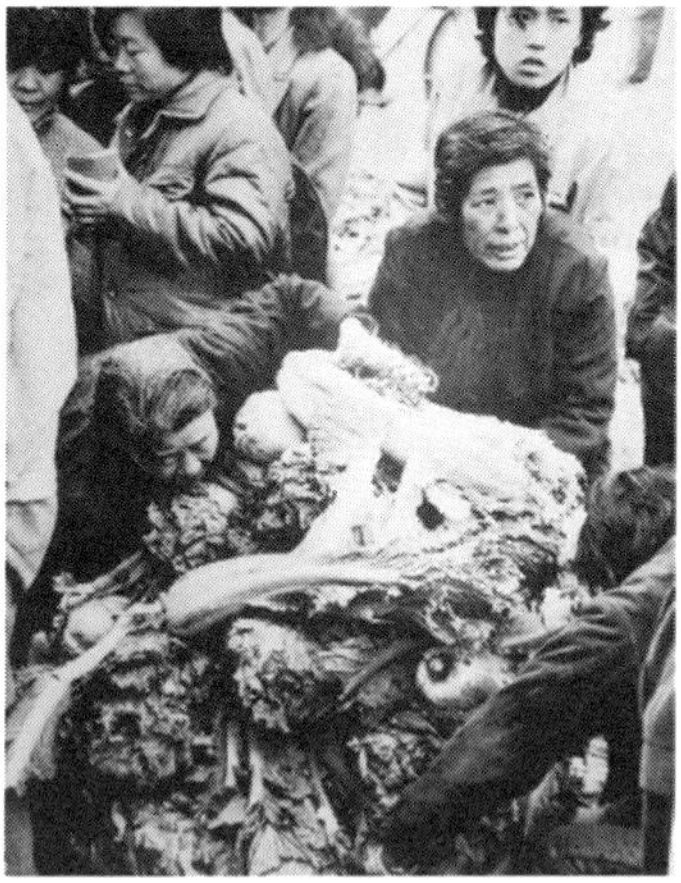

写真37　天津都市住民がハクサイを買いだめする様子（［単　2016］より）

冷凍して乾燥させ、凍り豆腐を作ることもあった。

ただし、上述の保存食において、ハクサイの保存には一九五〇年代以降に新たな展開が現れるようになった。一九五〇年代末期から、天津市政府は冬の野菜の供給不足という問題を解決するため、秋（十一月頃）に大量に収穫したハクサイを都市住民に買いだめさせ、保存させることにした［天津市地方志編修委員会辦公室・天津二商集団有限公司編二〇〇五：四五一］。その保存方法は丸ごとのハクサイを日光に当てて、外葉を乾燥させてから、日陰の場所において山のように積み上げることである。しかし、人々がこの方法によってハクサイを大量に保存する際に、乾燥不足のために根と葉が腐ってしまったことがよくあった。そのため、市政府は新聞での紹介記事及び副食店の店員による口頭伝授を通して、その保存方法を住民に普及させようとした［『人民日報』一九六二、天津市地方志編修委員会辦公室・天津二商集団有限公司編二〇〇五：五〇九］。それにともない、天津都市住民は冬にハクサイを買いだめして保存する習慣を身につけるようになった。より具体的には、毎年の十一月に何百キログラム（四〇〇〜五〇〇キログラム）ものハクサイを買いだめして（写真37）、乾燥させてから、大雑院の内庭あるいはアパートのベランダなどの日陰の場所において積み上げた。人々はそれらの「冬儲大白菜（冬の山積みハクサイ）」を多種なおかずに作りながら[21]、ひと冬を過ごしていた。

②塩漬け

上述した乾燥と同様、食材を漬物にすることは中国古来の保存方法である。天津都市住民は中国北方料理の特徴である塩辛い味付けを好んでいるため、一般的に塩（時折醤油や味噌）を入れて漬物を作る。食物の配給制が実施されて以降、人々は野菜を塩漬けして大きなボウルあるいは甕において保存する習慣を持ち続けていた。当時によく作ったものはダイコン、青ダイコンや赤ダイコンなどのカブ類、及びカラシ菜の根と茎であった。また、上述の野菜以外に、鴨あるいは鶏の卵を塩漬けして保存することもあった（例えば、第三章に取り上げたZは鶏卵を漬物に作ることが時折あった）。食事を用意する場合、人々はそれらの漬物を一品のおかずとしてそのまま出したり、あるいは他の食材と混ぜて作ったりしていた。

③発酵

発酵食品は食材を微生物などの作用で発酵させることによって加工したものである。経験者の語りを整理すると、当時の人々が保存食として作った発酵食品は主にハクサイの「酸菜」及びカラシナの「雪里紅」である。この二種類の漬物を作る方法と時期は同じである。例えば、「酸菜」の作り方について、人々は秋に買いだめしたハクサイを洗って一日天日に干した。大きな甕に入れ、塩を振り、またハクサイを入れるという作業を何回か繰り返して、ハクサイを甕に積み上げる。その後、水を入れてから、ハクサイの上に重石をおく（すべてのハクサイを水に沈めて、空気との接触を遮断するためである）。甕を内庭あるいはベランダに放置し、塩漬けされたハクサイを自然に発酵させる。

④加熱

当時の人々は食材を加熱して保存することもあった。例えば、豚肉を甘味噌と炒めて炸醤にしたり、あるいは豚肉の脂身を揚げてラードを作ったりする事例がある。

ここで追記したいのは一九六〇年代後半から現れたトマトソースの作り方である。天津ではトマトの最盛期が夏である。その時期に、副食店に出回るトマトは数量が多いため、都市住民に無制限で販売されていた。そのため、人々はトマトを買いだめしてから、トマトソースを作って保存する習慣があった。最初の保存方法はそれらのトマトを炒めたり、煮たりして、トマトソースに作って、大きなボウルに保存することである。ところが、この方法によって作ったトマトソースは長期に保存することができなかった。そのため、一九六〇年代後半以降、人々はトマトソースの保存においてブドウ糖点滴剤のガラス瓶を活用し始めた。具体的には、トマトの皮を剥いて細かく切ってから、洗ったブドウ糖点滴剤のガラス瓶に詰める。ゴムのふたをしてから、注射器の針をふたに挿し入れる。それらの瓶を蒸して、トマトソースを作る。作ったトマトソースをガラス瓶に入れたまま、日陰の場所におけば、長時間（二、三ヶ月間）保存できる。筆者がインタビューした六〇代の女性Hは当時の家族が、上記の方法によってトマトソースを作って保存していたという。彼女によると、家族はいつも秋にトマトを買いだめして、トマトソースを作った。冬の食事を用意する際にジャガイモと炒めたり、あるいはトマトと鶏卵のスープに作ったりしており、ジャガイモ、ハクサイやカブ類を中心とする食卓に潤いや鮮やかな彩りを添えるようになった。ところが、当時の人々にとって、ブドウ糖点滴剤のガラス瓶は誰でも簡単に手に入るものではなくて、医療従事者がいる家族だけが入手できるものであった。Hによると、当時の妹は市内の看護学校に通っていた。そのため、家族はそれらのガラス瓶を入手できて、さらに知り合いや隣人にガラス瓶の入手を頼まれることも時々あった（以上のブドウ糖点滴剤のガラス瓶によるトマトソースの保存に関することは二〇一六年八月三十一日のインタビューの記録に基づき筆者整理）。

以上、乾燥、塩漬け、発酵、加熱という四つの方法に分けて、食物の配給制下における天津都市住民の保存食の作り方を詳述した。当時の人々は国家の食物供給の不足を補うため、入手した食材の一部をとっておいて、保存食に作る習慣を維持したと言える。ただし、それらの食の保存には以下の二点が指摘できる。

一点目は保存方法の踏襲と改良である。冷蔵庫の普及率が極めて低かったため、人々は既存の方法を踏襲し、伝統的な乾物、漬物や発酵などの保存方法を活用し、かつての保存食を作り続けた。その一方、旬によって大量に出回る食材（ハクサイやトマト）に対して、人々は既存の保存方法を改良し、買いだめした食材を長期間に保存できるようにした。例えば、一九五〇年代末期以降に流行った何百キログラムのハクサイの積み上げる保存方法あるいは一九六〇年末期に出現したブドウ糖点滴剤のガラス瓶の使用によるトマトソースの保存である。

二点目は野菜を中心とする保存食の作り方と季節による食経験の定着である。すなわち、当時の人々は基本的に冬の端境期を乗り越えるため、野菜を保存食にした。秋に保存したハクサイ、ジャガイモあるいはカブ類などの野菜を、一冬の間食べるという経験は地元住民の記憶に残っている。そのため、「冬に野菜が少ない」または「冬に食べる野菜はハクサイ、ジャガイモやカブ類だけである」などの冬野菜の種類と食用に関する経験が当時の都市住民に定着することになった。

第三節　自由売買の復帰期（一九九三年〜現在）
——情報化社会への転換による食消費の多様性

本節は食物の配給制が廃止された以降の時期（一九九三年〜現在）に焦点を当てる。一九九二年末に、「社会主義市場経済」という経済運営モデルが中国の共産党政府に提起された。このモデルは政府のマクロ・コントロールの下で、市場が資源配分に対して基本的機能を発揮するようなメカニズムを構築することを意味している。そこで、一九九三年以降の中国は全面的な市場経済化への道を歩み始めた。

市場経済の全面的な展開によって、都市部においては食品の製造業、流通業や小売業、及び外食産業を含む国内外の食品産業が急速に進出してきて、食物の販売ルートが多様化した。それと同時に、消費財市場において、人々にとって生活向上を象徴する耐久消費財の種類は一九八〇年代後半のテレビ、洗濯機や冷蔵庫から、一九九〇年代中期のエアコン、ビデオや電子レンジを経て、二〇〇〇年前後のパソコンやスマートフォンなどへと変化した。食品産業の急増や家電用品の普及率の増加によって、一九九〇年代以降の都市住民の食生活は徐々に豊かになりつつあった。それによって、人々が持つ食に対する追求は従来の量的満足から質の向上へと転換し、グルメ、安全や栄養・健康などの多様な方向に展開するようになった。消費者のニーズが向上し多様になったとともに、都市部においては世界中で生産された多種多様な食材や調理道具が集まり、同時に食に関する情報もマスメディアや人々の日常会話によって広がっている。

上述したフードシステムの変化をふまえながら、本節は以下の三つの部分に分けて記述する。まずは自由売買の復帰期（一九九三年以降）における天津都市部での食物の販売ルートとその変化を記述する。次にマスメディアや人々の日常会話に集まる食の情報に注目し、各種情報の内容とその時代的な流れを整理する。最後に、上記の食物販売ルートの多様化及び食の情報化に対して、人々が食生活においていかに対応しているかを詳述する。

㈠　市場、チェーンストア、ネット通販や市民農園などの多種多様な販売ルート

一九九〇年代初期以降の都市部では、個人経営の許可や取引の自由化にともない、食物の販売ルートが急増し、

写真38　天津市のＥ区に残る自由市場（2017年11月18日、筆者撮影）

写真39　天津市のＦ区に残る自由市場（2016年9月11日、筆者撮影）

より多様になってきた。それらの販売ルートにおいて、座商、露天商や行商を含むかつての小売商が再び出現した。彼らは商店街に出店したり、市場に集まったりして、より伝統的なかたちで食物を販売し続けた。一方、小売業の市場開放、インターネットの普及、及びコミュニティ支援型農業（Community Supported Agriculture、詳細は以下を参照）という新たな農業モデルの導入にともない、チェーンストア、ネット通販や市民農園などの新たな形態である食物の販売ルートが沿海都市部に進出してきて、全国への広がりを見せるようになる。

　次は天津都市部での販売ルートに焦点を当てて、（1）市場（自由市場と「封閉市場」）、（2）チェーンストア、（3）ネット通販、及び（4）市民農園という四つのかたちに分けて、新旧ルートの実態及びその変化を詳述する。

1　既存の自由市場と新たな「封閉市場」

　上節で記述したように、国家規制の緩和によって、自由売買の個人販売者が集まる市場は一九七〇年代末期の天津都市部において再び出現し、一九八〇年代に急増していた。人々は国営店舗と区別し、当時の市場を自由市場と呼んでいた。一九九〇年代初期以降、それらの自由市場はかつての形を維持しながら、天津市内に存在し続けてきた。写真38と写真39は現在（二〇一八年）天津市に残る大きな自由市場である。そこでは百数十軒の露店や屋台が狭い道に数百メートルにわたって並んでおり、生鮮食品や加工食品だけでなく、服飾から日用品

写真40　封閉市場の外観と看板（2016年9月1日筆者撮影）

写真41　封閉市場における販売食材の種類別のテナント（2017年11月18日筆者撮影）

に至るまでの日常生活に関わるあらゆるものが揃っている。このような賑やかな風景にはかつての自由市場の様子が残っている。

ところが、二〇〇〇年代以降、天津市の政府機関は道路の混雑、大量のゴミや日々の喧騒などのデメリットなどが原因で、上記の自由市場を許可なしの違法市場とみなし、そこに集まる露天販売の小売商を取り締まり始めた。それによって、一九八〇年代以降存在し続けた自由市場は天津の都市部から消えつつあった。

一方、二〇一〇年代初期以降、新たな形の市場が天津市政府により統一的に設置されてきた。それらの市場は半径一〜一・五キロメートルを基本商圏とする基準に基づいて建てられ、白色の屋根、囲いや看板と緑色の飾りと文字が設けられ、「グリーンのマーク＋所在地の地名＋菜市場」という様式で名付けられた（写真40）〔天津市商務委市場建設拠　二〇一三〕。既存の露天の自由市場とは対照的に、都市住民はそれらの屋根や囲いがある新型の市場を「封閉市場」と呼んでいた。

それらの新たな封閉市場においてはテナントの店舗・カウンターが販売食物の種類別によって分けられて設置された（写真41）。そこに集まる商品はテナントの小売商が自ら生産した青果、加工したねり胡麻などの調味料や饅頭などの穀物製品、または仕入れた生鮮食品や加工食品だけでなく、代理として販売する肉類や穀物製品なども含んでいた。

自由市場と比べると、封閉市場はよりきれいな売場環境があると同時に、政府機関からの管理、ブランド商品の提供などのメリットを持っていた。ただし、そこで販売される商品はテナントの賃貸料が必要であるため、自由市場より相対的に高い。都市住民は商品の値段と質、購入の便利性及び売り場のきれいさなど、異なるニーズによって自由市場と封閉市場を選んで自分が欲しいものを購入していた。

2 チェーンストア

チェーンストアとは一九世紀中期にアメリカで誕生したものであり、大資本を元手にブランド、経営方針、サービスの内容、外観などに統一性を持たせ、多数の店舗の運営や管理を行う経営形態をさす。一九九〇年代初期以降、食料品を商うチェーンストアは中国の小売業市場の開放にともない、天津都市部に導入された。それらのチェーンストアはその後の二〇年間ほどの普及期間を経て、現在ではスーパーマーケット、コンビニ及び特定食品の専門店という三つのタイプが存在する。

スーパーマーケットは中国語で「超市」と呼ばれる。天津都市部での最初の超市は一九九五年に開店された日本の「大栄（ダイエー）超市」である。一九九〇年代末期に至ると、天津市内の超市は約二九社の国内外のブランドによる一二〇軒ほどの店舗があった［劉　一九九九：一四］。超市で提供される商品の種類は前述した市場より豊富である。そこで揃っている食材は普段の生鮮食品だけでなく、洗浄された後にパッケージされた有機野菜、各種ブランドの加工食品、及び超市が自ら加工した惣菜類も含んでいる。また、期間限定割引やポイントデー、会員制、試食コーナーの設置などの多種な販促サービスも頻繁に行われていた。ただし、当時の超市は居住区から離れていたため、人々にとってそこへの移動が不便であった。それによって、一九九〇年代後半以降に、超市への移動の不便を補うため、より小型のコンビニと特定食品の専門店が天津に導入され、居住区に徐々に設置されていった。

このコンビニは日本と類似していて、年中無休で長時間の営業を行い、小規模な店舗において主に食品、日用雑

写真42　天津地元ブランドの肉類製品専門店（2017年11月15日、筆者撮影）

貨類などを扱う小売店である。このような経営形態を持つ店舗は一九九〇年代後半から天津都市部に進出し、展開されてきた。それらのチェーンストアは住宅地に設置され、周りの住民に対して生鮮食品、調味料や惣菜類などを販売している。

特定食品の専門店は基本的にブランドの商品を直営し、特定の種類の食品を取引するものである。それらの店舗は二〇〇〇年代後半から天津都市部に現れ、住宅地に点在している。写真42は団地付近にあり、天津地元ブランドの肉類製品専門店である。これらの専門店は天津地元の国営の食品会社の直営店であり、会社から食品安全を管理されるとともに、豚肉や鶏肉を中心として販売している。特に、秋や冬に住民の注文を受けて、豚肉のソーセージの加工サービスも提供している（写真には店舗の玄関前に掲げているソーセージが見られる）。

3　ネット通販

中国におけるネットショッピングのブームは二〇〇〇年代後半から始まり、都市部において急速に広がっていた。ネット通販の商品における食品は重要なカテゴリである。二〇一八年現在での食品の通販サイトには穀物、調味料やスナック食品だけでなく、新鮮な野菜や肉類、水産物、果物などの生鮮食品も注文できる。とりわけ、「京東商城」「一号店」や「天猫」などの大手サイトにはオーストラリア産の牛肉や南米産の海老などの海外産の生鮮食品が直販されている。

天津都市部においてはネット通販に対して興味を覚える住民が二〇〇七、〇八年頃に急増した。天津地方新聞社である『毎日新報』が二〇〇九年に掲載した記事によると、オンライン決済の業務を扱うアリペイ[22]のアカウントをもつ天津住民の人数は二〇〇八年には一八〇万人であり、二〇〇七年と比べて一・五倍に急増した。さらに、二〇〇八年における天津のアリペイ利用者一人当たりのネット通販の年間支出額の平均値は八二八人民元であり、全国二位となった［張 二〇〇九］。また、二〇一五年の統計調査のデータによると、天津におけるネット通販の利用者が頻繁に購入した商品では食物、飲料水や栄養食品などの食品が五二・七％を占めた［国家統計局天津調査總隊 二〇一六］。すなわち、二〇〇〇年代後半以降、天津都市住民はネット通販を通じて食材を頻繁に購入するようになったと言える。上述した市場とチェーンストアと異なり、ネット通販の利用者は自宅から食材を購入することができる。さらに、天津市が直轄市であるため、通販の多種な商品は注文の当日に受け取ることが可能である。ネット通販は売り場への移動、購入した商品の運搬などの面倒がなくなるため、人々にとってより便利なルートであると言える。ところが、実物を見ずに注文するため、サイトで掲載される写真と違う商品が届くことも時々ある。

4 市民農園

市民農園はコミュニティ支援型農業（Community Supported Agriculture、ＣＳＡと略称）の理念に基づいて開設された農園である。コミュニティ支援型農業（以下ＣＳＡといい）とは地域住民が地元の農家と直接契約し、代金を前払いして農産物を購入する農業の仕組みである。このモデルは一九八〇年代中期からアメリカに始まり、二〇〇五年に中国に進出してきた。当時、北京の中国人民大学は都市と農村の経済格差の縮小や農業の持続可能な発展を目指すため、郷村建設センターを設立した。その後に、このセンターは産地と消費者を結ぶ活動に着手し、中国農業大学などの

写真43　天津近郊地域にある市民農園（2017年11月11日、筆者撮影）

写真44　市民農園に野菜を収穫する人々（2017年11月11日、筆者撮影）

他大学と連携しながら、ＣＳＡのモデルを実践する市民農園を中国に導入した［山田 二〇一一］。それらの農園は基本的に地域の農業協同組合あるいは個人が開設したものであり、都市住民を会員対象として応募し、会費徴収によって会員たちに新鮮な農産物を販売する。

天津市での市民農園は二〇〇七年頃に近郊地域で出現し始めた。写真43と写真44に取り上げる市民農園は「辛口鎮（天津の南西方にあり、市内の中心地域からわずか二〇キロメートル離れる）」という農村地域に位置し、天津に開設された最初のものである。

この農園の経営者ＺＨ２は北京で経営していた農園が不振になり、二〇〇七年に天津に来て、経営を始めた[23]。彼によると、自分が経営した農園は当時の天津での最初のものである。そのため、農園の広告宣伝や会員募集において、かなり工夫を要した。当時、彼は天津市内の新聞やラジオに農園の広告宣伝を出すと同時に、農園紹介のチラシを印刷して市内に配った。ただし、チラシ配布の場所と対象の選択に様々な試行錯誤をした。具体的には、最初に、彼はスーパーで高齢者を対象としたチラシを配り、週末に無料の農園見学と送迎バスのサービスも提供した。ところが、それらのマイカーを持たぬ高齢者は無料バスの利用や見学サービスだけをねらい、多くは入会しなかった。そこで、彼はチラシの配布対象を変更し、マイカーを持つ住民、特に経済的余裕のある者を対象とした。すなわち「高档小区（高級なマンションや団地）」や病院、銀行、政府機関などの駐車場を配布場所とし、車のミラーやワイパーにチラシを挟むことにした。このような試行錯誤を経て、入会人数が徐々に増えて、農営の経営がようやく順調になってきた（上述した市民農園の経営過程は二〇一八年二月二十五日のインタビューの記録に基づき筆者整理）。二〇一八年現在、ＺＨ２が経営する市民農園は二つあり、合計四〇〇人ほどの会員がいる。それらの会員は基本的に天津都市部の住民であり、一区画（数十平米の広さ）ごとに畑の賃貸・栽培・管理費を含む年間三〇〇〇人民元（二〇一八年時で約四万七〇〇〇円）の会費を支払う。その一年間の契約期間において、会員たちは栽培可能の野菜リストから自分の欲しい種類をオーダーし、野菜栽培のサービス提供を受ける。さらに、畑の管理者とwechatで連絡し、畑の栽培状態及び野菜の収穫期などの情報も常に確認できる。

二〇一八年現在、天津の辛口鎮では地元の農民が経営する市民農園もいくつか運営されている。それらの農園は無農薬野菜の栽培サービスを提供すると同時に、「土鶏卵（放し飼いの鶏が生んだ卵）」や穀物の販売などの多種多様な項目を運営している。それらの市民農園に入会する都市住民は農薬や化学肥料を使用しない農産物を入手できると同時に、収穫期の際に農産物の収穫も楽しめる。ところが、野菜の収穫期を逃さず収穫するため、市民農園への頻繁な移動、大量な野菜の収穫や運搬などにかなり時間と人力をかけなくてはならない面もある。

(二)　食の知識情報化の展開

石毛直道は「つくる情報」をテーマとする食の文化フォーラムでの総合討論において、量的満足以降の人々の食物へのニーズが栄養のバランス、不老長寿及び食のレジャー化という方向に展開していくと指摘し、一九九〇年代末期以降の日本人の食生活の変化を予測した［杉田・石毛　一九九七：二四二］。石毛が指摘した日本社会に類似して、一九八〇年代以降の中国の都市住民は食の量的満足を得ってから、食物に含まれる感覚的特性や付加価値に注目し、食生活の質的向上を追求し始めた。このような人々のニーズの変化によって、食に関する情報は中国のマスメディアにおいて大量に流布されるようになる。

高田公理によると、食に関する情報には二つの側面がある。一つ目の側面は食物の外観、味や香りなどのものであり、すなわち人間が五感を総動員して受け取る感覚情報である。それに対して、もう一つ目の側面は多様なメッセージを伝える知識情報である。すなわち、書物や雑誌や新聞、ラジオやテレビなどのマスメディア、及び料理学校や人々の日常会話の中で話題にのぼる情報である［高田　一九九四：二四三］。特に、高田は後者の知識情報が社会において量的かつ質的に増加することを「知識情報化」と呼び、知識情報化が近代以降の日本における食文化の変容及び人々の食生活の様式に強い影響を与えていると指摘した［高田　一九九四］。

高田の分類と指摘をふまえたうえで、次に一九八〇年代以降の中国での知識情報化に注目し、庶民たちの食生活の様式とその方向性に影響をもたらす知識情報をとりあげて、それらの情報の展開過程を整理する。具体的には、情報の内容によって（1）料理の作り方、（2）食品の安全問題、（3）食の養生及び（4）年中行事での食民俗という四つの種類にわけて、それらの知識情報が出版物、テレビやインターネットにおいていかに展開するかを整理する。

1　料理の作り方

中国の古典的な儒教思想では「食欲と色欲は人間の本性である」と認められ、食の快楽が率直に肯定されている。石毛直道は個人の生き方を享楽型と禁欲型という二つのタイプに分けて、中国と日本を比較したうえで、中国を享楽的な食事観が優勢な文明とみなした。特に、中国は歴史的に美食に対する発言や討論がより多い社会であると指摘した［石毛　一九九二］。ところが、このような料理、特に美食に対する個人の追求は一九六〇年前後の農産物生産の不振及び文化大革命（一九六六～一九七六年）の階級闘争によって、中国の共産党政府によってブルジョア的享楽

写真45　2000年代に購入した料理本・家庭料理または養生食（2017年11月7日、筆者撮影）

写真46　2010年代に購入した料理本・西洋料理または養生食（2017年11月7日、筆者撮影）

主義として批判され、一時的に制限されていた。ただし、その制限は農産物生産の好転及び政治運動の終止にともない、一九七〇年代末期から緩和されつつあった。それによって、マスメディアにおいては美食に関する内容が増加し、それに関する発言と討論が再開された。

それにともなって、料理の作り方やレシピを紹介する料理本（中国語で「菜譜」と呼ばれる）の出版が一九八〇年代以降急増した。天津市図書館のホームページで「菜譜」というキーワードで蔵書検索をすると、蔵書目録には一九六〇〜七〇年代に出版された中文書物はわずか六八冊があった。それに対して、一九八〇年代の書物は二一六冊があり、さらに二〇〇〇年代のものは七〇六冊ある。[24] このような料理本の数量の急増と同時に、それらの書物に集まる料理の種類も最初の中国国内の各地域の名物料理（「中国名菜譜」）や家庭料理（「大衆菜譜」あるいは「家常菜」）から、西洋や日本などの外国料理、栄養・養生の効果がある料理、及び子供・老人向けの料理などへと拡大し、多種多様なテーマを含むようになった（例えば、Sが結婚後に購入した料理本は家庭料理、西洋料理、養生食などの多様な内容を含む。写真45と写真46）。

料理本の出版急増と同時に、美食の作り方を紹介するラジオやテレビの料理番組が一九九〇年代後半に出現した。特に、「天天飲食」という料理番組は一九九九年から中国の中央テレビ局（CCTV）で放送された。この番組は毎週の平日（月〜金）の午前中に放送され、毎回一品の家庭料理を作りながら紹介する。この番組は放送開始以降の五年間において毎回の視聴者数を五〇〇〇万人ほどで維持していた［唐　二〇〇六］。「天天飲食」の放送開始をきっかけに、各地方のテレビ局は視聴率を上げるため、美食に関する番組を相次いで放送し始めた。二〇〇〇年代以降、料理番組の放送が徐々に増加するとともに、放送の内容は従来の家庭料理に限らず、国内外の名物料理、養生的効用がある料理、あるいは地域の伝統的な食の民俗などを含むようになってきた（詳細は以下を参照）。

また、二〇〇〇年代後半以降、インターネットの普及にともない、美食の紹介に関するサイトやアプリも相次いで出現した。人々はそれらを通して、自分が食べたい料理の作り方を検索したり、あるいは自分が好きな料理のレシピを掲載したりしており、美食に関する情報を他人と常に交換できるようになった。

2　食品の安全問題

一九七九年以降、人々の生活の質的向上を目指す共産党政府は市販の食品や料理に存在する不衛生問題に注目し始め、食品の衛生に関する一連の行政法規を公布した［中国食品報社・科技市場報社編　一九八三］。特に、一九八二年に、共産党政府は「中華人民共和国食品衛生法（試行）」という中国最初の食品安全の法律を定めて、試行した。それらの行政法規の公布にともない、市販食品の衛生・安全問題に関する事件の発覚は一九八〇年代中期以降に急増していった。閻雲翔（Yan）は一九五〇～二〇〇二年の間に中国のマスメディアで公表された食中毒事件（被害者一〇〇人以上を出したもの）を対象とし、事件の原因によって八種類に分類したうえで、一九八二年の食品衛生法の公布によって二つの時期に分けながら、各種類の事件数を統計にした［Yan 2015: 267］。閻の統計を見ると、後期（一九八三～二〇〇二年）の中国においては市場や飲食店が販売する食品による食中毒事件が頻繁に出現し、前期（一九五〇～一九八二年）の二七・五倍（前期四件、後期一一〇件）まで急増した。特に、そのうち市販食品への農薬や化学物質の混入による事件は一九八三年以降に出現し始め、徐々に増加しつつあった。つまり、一九八〇年代中期以降の中国社会においては市販食品の有害物質混入事件が頻発し始めたのである。

食中毒事件の頻発にともない、一九九〇年代後半に新聞やテレビなどのマスメディアでは市販食品の安全問題が本格的に注目されるようになり、「有害食品」あるいは「有毒食品」の生産と販売に関わる内容が頻繁に報道されるようになった。例えば、二〇〇三年から、中央テレビ局は「毎週質量報告」という番組を週間一回で放送し、品質や安全性に問題がある商品に注目し、それらの商品の生産や販売過程、及びそれに関わる生産者と販売者の情報を公表している。放送以降の一〇年間（二〇〇三～二〇一二年）に、この番組が公表した商品は基本的に食品であり、肉製品や青果類、調味料、水産物、豆製品、卵・乳製品などの人々の常食するものである［許・李・郭 二〇一四］。このような頻繁な公表によって、市販食品に含まれる農薬残留や抗生物質などの有害物質に関する情報が人々に注目されると同時に、庶民の食安全への関心も高まるようになった。

3　食の養生

養生とは人間の身体を保養し、守り育てることを通して、疾病予防や老化防止を促進し、寿命をのばすことである。このような考え方は歴史的に中国の道家の老荘思想から生み出され、伝統的な医学の重要な部分として伝えられてきた。

一九八〇年代以降、人々は生活の質的向上を追求するとともに、健康増進や長寿への関心が徐々に強くなった。このような関心を持つ人々は上述の中国の伝統的な養生思想に注目し、それに関する内容を整理し、関連する書物を大量に出版し始めた。例えば、天津市図書館のホームページで「養生」というキーワードで蔵書検索をすると、蔵書目録における一九七〇年代の書物はわずか二〇冊であり、主に「気功」中心の治療法を紹介するものである。それに対して、一九八〇年代以降には種類が急増し、二〇〇〇年代の書物は三三二六冊にのぼった[25]。それらの養生に関わる書物の内容は上記の治療法の他に、飲食やライフスタイル、メンタルコントロールなどもキーワードとして登場している。このように、一九八〇年代以降の人々の養生への関心が高まりとともに、二〇一〇年代初期の中国社会においては養生ブームがついに形成された。

養生ブームの中、食の養生に関する情報は一九八〇年代末期に出現し始めた。同じ天津図書館の蔵書目録を検索すると、一九八七～八九年の間に、「飲食養生」及び「食療」などの食の養生に関する中文書物が集中的に出版され始めた。一九九〇年代から二〇〇〇年代の間に、書物の内容はさらに細分化され、各種の食材（五穀や青果、豚肉、鶏卵、調味料など）がもつ養生的効果の紹介から、「養生食譜（養生的効果があるレシピ）」、「食療菜譜」や「薬膳」などのレシピの収集までの多種多様なテーマを含むようになった（写真45と写真46）。

出版物において食の養生に関する情報が急増すると同時に、二〇〇〇年代以降の中国の各テレビ局も、各種の食材や料理が持つ養生的効果に関する内容を紹介し始めた。例えば、二〇〇四年頃から、天津地方のテレビ局は「美食大捜索」という週一回の料理番組で、市内の「中医学（中国伝統医学）」の医師をゲストとして迎え、天候変化に基づいて養生的効果がある料理を放送した。具体的には、この番組においては放送日以降の週間天候の特徴を紹介し、天候変化が人間の体調に与える影響を説明しながら、体調を整えるメニューを勧める。このような番組は当時

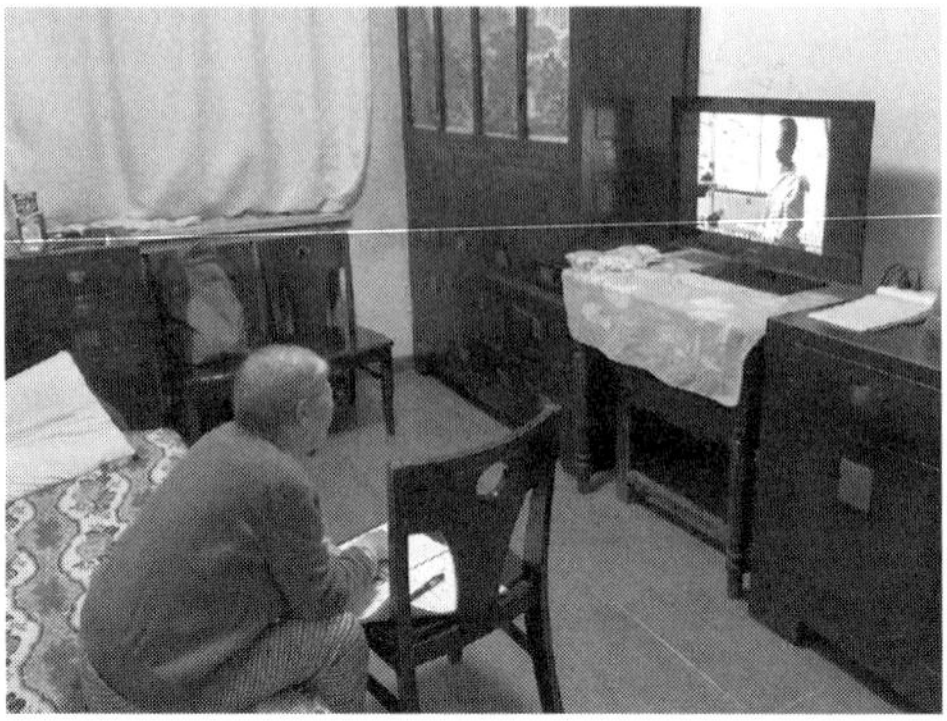

写真47　「養生堂」を視聴しながらメモを書く老婦人Z（2017年11月17日、筆者撮影）

の全国では初めて放送されたため、たくさんの視聴者の注目を集めていた。また、二〇〇九年に、北京地方のテレビ局は「養生堂」という番組の放送を開始した。この番組は基本的に中高齢層を視聴対象者とし、多数の中医学や西洋医学の医師を招待し、養生知識を紹介する。さらに、毎回の放送においては中高年者向けの疾病予防や老化防止に関わる食材の働きや料理の作り方も紹介する。二〇一八年現在、この番組は全国の健康類番組の人気ランキングの第一位になって、毎日放送され続けている（例えば、第二章に取り上げた老婦人Zもこの番組を毎日視聴している。写真47）。

出版物やテレビの番組以外、食の養生に関する情報もインターネットで広がりを見せるようになる。それらの情報の内容は基本的に体調の整備や疾病・老化の防止に関わる食材の働きや料理の作り方を紹介するものであり、中高年者の日常会話の話題にのぼっている。

4　年中行事での食民俗

中国の年中行事は漢民族中心の農耕社会のもとで発生し、一般に全国的規模を持っている。歴史的には歳時あるいは月令とも呼ばれる。それらの年中行事は旧暦に基づく生活のリズムを形成し、人々に豊作祈願や歓楽・慰労の機会を提供する。中村喬の研究によると、古来の中国の庶民たちは一年中の様々な行事を通して、無病息災、家族円満、多産豊饒や子孫繁栄のような願いや祈りを実現する習慣があった。特に、それらの行事において、上記の願いや祈りが込められる特別の料理を手作りしたり、食べたりする習慣も強く伝承されていた［中村　一九九三］。

一九九〇年代以降、年中行事における特別料理は伝統的な文化として、人々の注目を再び集めるようになった。特に、一九九八年に「人類の口承及び無形遺産に関する傑作の宣言」がユネスコ執行委員会によって発表されて以降、中国の共産党政府は国内の民俗文化の保護と伝承を重要視し、国家無形文化遺産登録プログラムを実施し始めた。二〇〇六年に公表した第一次の国家無形文化遺産リストには旧正月や端午節、中秋節、七夕節、重陽節、二十四節気に関する漢民族の民俗が登録された㉖。それをきっかけに、旧暦の節句や節気に関する伝統的な食民俗を紹介する内容が二〇〇〇年代後半以降のマスメディアに広がりを見せるようになった。

例えば、前述の天津地方のテレビ局は旧暦の節気あるいは節句の日が近づくと、料理番組の「美食大捜索」において節気や節句に関する伝統的な行事食の作り方を紹介する。このような内容の放送は二〇〇四年頃から始まり、二〇一八年現在まで続いている。テレビ番組以外に、市販のカレンダーには旧暦の節気や節句に関する食の民俗を載せたものがよく見られる。また、wechatアプリの使用者が、節気あるいは節句の際に、該当する節気や節句の行事のやり方、特に行事食の作り方や食べ方に関する内容を、親友にメッセージで転送したり、シェアしたりすることも、最近流行っている。これらのテレビ、書物やインターネットでの頻繁な情報発信によって、地域の伝統的な行事食は人々に重要視されるようになってきた。

(三)　情報化社会における食材入手の多様性

ここまで自由売買の復帰期における食物販売ルートの多様化及び食の知識情報化の展開に焦点を当てて、都市住民の食消費に関わるフードシステムの変化を記述した。具体的には、市場経済の全面に展開によって、一九八〇年代以降の都市部での食物販売ルートにおいては既存の国営店舗が急減する一方で、個人経営の店舗が徐々に増加する。さらに、小売業の市場開放によって、一九九〇年代中期以降の都市部においては世界中の小売業企業や新たな販売方式が進出し、スーパーなどのチェーンストア、ネット通販や市民農園を含むより多様な販売ルートが相次いで出現した。販売ルートの多様化と同時に、食に関する情報の広がりもマスメディアにおいて急速に展開してきた。人々の食生活の質的向上にともない、中国各地域や世界中の料理の作り方やレシピを含む美食の話題は一九八〇年代の出版物において再開され始めた。それをきっかけに、食材や料理に関わる内容が一九九〇年代以降マスメディアに溢れるようになり、人々の注目を集めている。それらの内容は当初の料理のレシピからさらに豊富になり、食品の安全問題、食材の養生的効果、及び伝統的な行事食のやり方を含むように展開してきた。

以下では上述のフードシステムの変化をふまえながら、自由売買の復帰期における都市住民の食消費の実態を記述し、彼らがそれらの変化に対していかに適応するかをまとめる。具体的には、天津都市住民の食材入手に焦点を当てて、経験者の語りや歴史文献を整理し、彼らが食材をいかに購入するかを詳述する。さらに、多種な販売ルートや食情報の急速な展開に対して、彼らが食材入手において個人の人間関係や経験をいかに活用するかを明らかにする。

1　情報化の展開と食材入手の選択

一九九〇年代初期以降の天津都市部においては既存の国営の店舗が徐々になくなる一方で、個人経営の小売業が増えていった。本節の冒頭で記述したように、それらの小売業者は住居地の近くで露店あるいは八百屋を経営して、穀物、生鮮食品や調味料・惣菜などの加工食品を周りの住民に販売していた。一九九七年の天津都市部に行われた、合計五〇〇人の都市住民の消費行為を対象とするアンケート調査においては食物類や日常用品類、シャツ・靴下類、洋装・オーバーコート類、家電用品類という五品目にわけて、人々の買物時における品目別の移動距離や年間購入頻度、交通手段、外出の時間帯などのデータを統計した［作・柴・張　二〇〇〇］。この統計データによると、当時（一九九七年）の都市住民が買い物をする際には、基本的に徒歩や自転車によって外出した。また、食物購入の際の移動距離の平均値は四一〇メートルであり、買い物の頻度は平均的に週六回ほどであった［作・柴・張　二〇〇〇：五三五、五三七］。このような移動距離の短さから見れば、購入場所は基本的に都市住民の近所にあり、彼らの家の近くにある自由市場あるいは八百屋であることがわかる。このように、一九九〇年代の天津都市住民は近所に点在する自由市場や八百屋を、食材入手の主なルートとしていたと言える。

例えば、第三章第一節に取り上げた老婦人Zは一九九〇年代において、基本的に家の近くにある自由市場から食材を購入していた。転居前（一九九四年前）の彼女の行きつけの自由市場は職場と家の間にあり、家から五〇〇〜六〇〇メートル離れていた。彼女によると、自分は出勤あるいは退勤の時に、この自由市場に通って、そこから食材を購入していた。また、転居後の彼女の行きつけの自由市場や八百屋も家の近所（一五〇メートルほど）にある。老婦人Zの事例と類似して、息子嫁のSも、結婚後に近所にある自由市場を食材購入の主なルートとしていた。第三章第三節に記述したように、結婚後のSは夫婦に経済的余裕があったため、一九八〇年代後半から自由市場から野菜や鶏卵などの生鮮食品を頻繁に購入し始めた。特に、一九九〇年代に、団地の裏通りにある自由市場において、ほぼ毎日食材を購入していた。彼女によると、当時、小学校に通っている息子（一九九一〜一九九七年）を自転車で送迎するため、帰宅途中で当日の食材を購入することにした。上述したZとSの事例と類似して、一九九〇年代に、住民らは基本的に、自宅の近くにある自由市場や八百屋から当日分の食材を購入していたのである。

ところが、二〇〇〇年代以降のスーパーマーケットの普及や食品安全問題の頻発にともない、都市住民は買い物の安全さや安心さを求めるため、スーパーにおいて食材を購入するようになった。例えば、上述に取り上げたSは二〇〇一年から、家から一・五キロメートル離れる「家楽福（カルフール、フランス発のスーパーマーケット）」で食材を頻繁に購入し始めた。彼女によると、カルフールでは穀物や野菜、肉類、水産物、調味料を含むほぼ全ての食品が揃い、さらに燻製の肉などの惣菜も自社で加工して販売していた。さらに、自由市場と比べると、スーパーの売り場の環境はよりきれいであり、そこで揃った食品の質もより高いと思った。特に、自由市場に集まった個人の小売業者が、毒大米や偽物の醤油などを販売することは新聞やテレビのニュースにおいて頻繁に公表されていた。そのため、彼女は自由市場での食材への不信頼感を持ち始め、スーパーで販売されたものが自由市場より安全だと考えた。そこで、彼女はスーパーを見て回って、そこから野菜や肉類、魚・エビ、調味料、穀物を購入することがよくあった。彼女によると、当時（二〇〇〇年代）に、スーパーに集まった買い物客が多いため、自分の欲しいものが売り切れて、購入できないことも時々あった。このように、二〇〇〇年代に天津都市住民の食材購入の主なルートは既存の自由市場に限らず、海外から進出してきたスーパーも加えられるようになった。

ただし、二〇一〇年前後から、天津都市部においてはブランド食品を扱う専門店やネット通販、市民農園などの多様な販売ルートが相次いで出現すると同時に、食の安全性や食材の養生的効果などの情報もマスメディアにおいて急速に展開してきた。したがって、二〇一〇年代以降の天津都市住民は食材を購入する際に、上述の自由市場とスーパー以外に、より多様なルートを選ぶようにした。第二章に取り上げた合計六二世帯の聞き取り調査では「各種の食材の入手ルート」という項目のデータを集めた。付録の付表─7においては本節の冒頭で分類した四種類のルート、すなわち市場（自由市場や封閉市場）、チェーンストア（スーパー、コンビニや専門店）、ネット通販及び市民農園に分けて、合計六二世帯が活用する食材入手のルート及び各ルートによって入手する主な食材の種類（野菜や肉類、鶏卵、水産物、穀物、調味料）を統計にした。それらの六二世帯のうちデリバリー・外食の中心、病気や高齢などの原因で買い物を基本的に行わない六世帯（世帯番号22、39、41、54、61、62）及び情報を取れない一世帯（世帯29）を除いて、残りの五五世帯の統計データから見れば、二〇一〇年代中期における都市住民の食材入手には以下の二点の特徴が指摘することができる。

【特徴1：食材の種類別による入手ルートの固定化】　五五世帯の全ては市場やチェーンストアを日常の食材入手の主なルートとしている。それらの世帯は、野菜や水産物を市場で購入する傾向が極めて高い（48／55・約九割）。その原因は主に「市場のものがスーパーのものより新鮮である」という。例えば、世帯18の六〇代妻によると、家の近くにあるスーパーで販売している野菜は時々腐りかけているため、自転車で市場に購入しにゆく（二〇一七年十一月二十四日インタビュー）。また、世帯44の五〇代女性は市場での魚介類がスーパーよりも新鮮であり、とりわけ川魚が生きたまま販売されているという（二〇一七年十一月二十日インタビュー）。さらに、野菜や水産物の新鮮さをさらに確保するため、行きつけの店舗から食材を購入する住民も多くいる。

それに対して、穀物や調味料の購入にはスーパー、コンビニや穀物の専門店（いずれもチェーンストア）を通してブランド商品を求める世帯がより多くある（47／55・約九割）。その理由は「個人経営者が自ら加工した食品は安全性が保証されない」という心配があるためである。例えば、世帯9の五〇代父親はその考え方を持っている。彼によると、「米、小麦粉や調味料はスーパーで購入する。スーパーから購入すると、より安心感がある。（中略）できるだけ市場から購入しない。そこで販売される穀粉に、何か入ったまま挽いて作られているかわからない。やはりスーパーから購入すると安心感がある。スーパー側は商品の品質や安全を保証できる」（二〇一八年二月三日インタビューの記録から邦訳）。このような個人経営者が自ら加工した穀物や調味料への不信感は他の多くの世帯メンバーからも聞かれる。

穀物や調味料の購入と類似して、五五世帯の全ては個人経営者が自ら加工した肉類の安全性を心配し、ブランド商品を購入することにしていた。それらの世帯の七割（40／55）は市場においてブランド商品の肉類を経営する露店、カウンターや八百屋を選択し、そこから肉類を購入している。特に、そのうち一部の漢民族世帯（12／55）は回族むけの「清真（ハラール）」露店やカウンターを活用し、そこから牛肉や羊肉を購入している。なぜそれらの店を選ぶのかという筆者の質問に対して、彼らは「回族経営の店はイスラム教の教えに従って牛と羊を殺して加工するため、そこで販売する牛肉・羊肉の安全性が保証される」という理由を挙げる。市場以外に、五割の世帯（28／55）はチェーンストア（スーパー、肉類専門店やコンビニ）を選択する。例えば、世帯23の七〇代妻によると、「豚肉は肉専門店から購入する。たとえば『二廠』あるいは『雨潤』（ブランドの名前――筆者注）のような大きなブランドの専門店（本節の写真42を参照）から購入する。個人経営の小さい露店から購入したくない。不浄な肉（注水や病死の豚で加工された豚肉――筆者注）を心配している」（二〇一七年十二月十九日インタビューの記録から邦訳、括弧内の文字は筆者加筆）。

このように、被調査の世帯は食材の新鮮さあるいは安全性を求めるため、各種類の食材を固定的なルートを通して購入していることがわかる。ここから二〇一〇年代の天津都市住民が普段に活用する食材の入手ルートは食材の種類別によって決められ、固定化されていると言える。

【特徴2：収入や観念による入手ルートでの階層的差異】被調査世帯は固定的なルートを通して食材を購入する際に、食材の値段あるいは品質を注目しながら、自分のニーズに応える商品を選ぶことがある。その際世帯メンバーの収入や消費観念が異なるため、食材入手のルートや種類の選択には階層的差異が見られる。

それらの被調査世帯において一部の世帯は食材の価格より質の方を重視することがある。例えば、世帯1の六〇代妻によると、「安価なものまたは特売品は値段が安いけど、（不良品の混入や腐りかけによって）食べられず捨てる部分もある。それより、質がよく値段が高いものを購入した方がいいと思う。（同じ値段で）購入できる量が少なくなるが、食べた食品の質が高くなる」（二〇一八年一月七日インタビューの記録から邦訳、括弧内の文字は筆者加筆）。そのような「（食材の）新鮮さを重視し、安すぎるものを購入したくない」、あるいは「安価よりもいい質の食材を購入する」などの考え方は被調査世帯のメンバーによく聞かれた。

とりわけ、生活にさらに余裕がある世帯は高品質や安全安心な食材を求めるため、海外ブランドの会員制のスーパーあるいは市民農園に入会し、より多様なルートを活用する。例えば、「自分の世帯が中流家庭」と考える世帯31の四〇代夫はサムズ・クラブ（ウォルマートの会員制倉庫型店舗）に二六〇人民元（二〇一八年時約四一〇〇円）の会費を支払って入会し、そこから有機野菜や放牧養豚の豚肉、オーストラリア産のステーキ、ノルウェー産のサーモンを購入している。彼によると、サムズ・クラブで販売される野菜は新鮮さが相対的に高い。スーパーも野菜の品質を確保でき、残留農薬の検査も時々している。そのため、海外ブランドのスーパーが販売する商品の安全性は信頼できるという（二〇一七年十二月十三日インタビューの記録に基づき筆者整理）。また、もう一つの事例は「銀行などでVIP待遇をしてもらえる」という五〇代女性の世帯45である。この世帯では普段食べている野菜のほとんどが、別荘で自ら栽培しているものである。彼女によると、それによって入手した野菜は自然で安全である。さらに、彼女は「周りの知り合いも食の安全性を重視している」と強調し、「別荘を買って野菜を自ら栽培する」あるいは「郊外の市民農園に入会し、そこから野菜を入手する」知り合いの事例も紹介した（二〇一七年十二月九日インタビューの記録に基づき筆者整理）。

上記の、価格より質の方を重視する世帯と異なり、残りの世帯は食材の値段に注目し、相対的に安価なものを購入する。例えば、市場においてより安価なものを選んで購入することは小商いをする五〇代夫婦の世帯40、最低生活保障の現金支給をもらう五〇代夫婦の世帯59、及び年金や最低生活保障の現金支給をもらう母子家庭の世帯60に見られる。とりわけ、世帯59の五〇代夫は「現在の食材は毒がある。どこで買っても安心できない。どうしても避けようがない。（中略）また、海外から輸入した食材の品質は必ずしも保証できない。wechatでのニュースによると、海外からの食材には質が低い密輸品が多くある」と考える（二〇一八年一月三十一日インタビューの記録から邦訳）。彼にとって、国内産の食材はすべて毒があるため、どんなルートによって買っても心配がある。また、国内産と同じように、より高価な輸入品の食材も品質が保証されない。そのため、より高価な食材は必ずしも安全性が相対的に高いというわけではない。そこで、彼は品質へのこだわりを強く持たず、低価格のものを選択するようにする。

このように、世帯間の経済状態及び消費観念が異なるため、食材の選択原則、入手ルートや購入種類には階層的差異が現れてきた。すなわち、生活に余裕がある世帯は安価よりも高品質のものを購入するという考え方を持ちながら、国内外の食材を購入している。さらに、食材の質や安全性を確保するため、会員制のスーパー、市民農園や自らの栽培などを含むより多様なルートを活用している。それに対して、生活にあまり余裕がない世帯は食材の品質へのこだわりを強く持たず、商品の値段に注目しながら、市場やスーパーにおいて買い物をしている。

2　食材入手に活用する個人の人間関係と経験

以上、自由売買の復帰期における天津都市住民の食材入手ルートの実態を整理した。各世帯の経済状態や消費観念の差異によって、彼らは商品の値段や品質などへのこだわりが異なり、自分のニーズに応えるルートや商品を選ぶことになる。その際、安全さ、品質の高さや値段の低さなどのそれぞれのニーズを満たすために、既存の人間関係や食の経験を頻繁に活用することがある。例えば、店舗の経営者との信頼関係を維持したり、あるいはブランド商品のより高い安全性を判断したりすることは上記で取り上げた六二世帯の事例調査によく見られる。そのため、次は人々が食材入手において人間関係や経験をいかに活用しているかを整理する。

①人間関係の活用：販売者への信頼関係の維持及び消費者同士間の交流

人々は食材の新鮮さや安全さなどの品質を求めるため、親友や知り合いとの信頼関係を活用しながら入手ルートを選択することになる。それは食品安全事件の頻発による社会への不信感の増大のためである。閻（Yan）はベック（Beck）の「リスク社会（risk society）」理論をふまえたうえで、一九九〇年代以降の中国において頻発した食品の安全事件が、政府管理に対する社会的信頼を急速に低下させ、社会（特に面識のない人）に対する人々の既存の不信感を徐々に増大させるようになると指摘した［Yan 2015］。すなわち、人々は食材を入手する際に、政府管理下での市販食品の安全性に対する不信感を抱いているため、面識のない人が加工し、販売するものを購入しないようになる。

上記のような考えがあるため、ほぼ全ての被調査世帯は既存の人間関係を活用しながら、自分が信頼できるルートを選択する。特に、そのうちより多くの世帯は個人経営の販売者と信頼関係を構築し、行きつけの露店、八百屋やカウンターから食材を購入する（詳細は付録の付表—7を参照）。

また、一部の世帯は親友や知り合いに紹介してもらったルートを信頼し、そこから食材を入手する。例えば、第三章第三節に取り上げたSは二〇一四年以降、夫の体調を整えるため、養生的効果があるナマコを日常の食事に頻繁に作っている。ただし、彼女は市販の乾燥ナマコに対して膨張剤の注入などによる品質低下を心配するため、従姉の夫に紹介してもらい、山東省の威海から乾燥ナマコを購入する。彼女によると、威海での乾燥ナマコの経営者は従姉の夫の元学生であるため、相対的に信頼できる。そこから購入するナマコの品質はなんとか安心できる。また、乾燥ナマコの入手以外に、彼女が入会した市民農園も、知り合いの近隣（世帯15の五〇代妻）に紹介してもらったものである（市民農園への入会経緯に関する内容は第三章第三節を参照）。さらに、彼女の夫は自分が入会した市民農園の情報を、周りの知り合いに紹介し、彼らを連れて見学することがよくある（例えば世帯31の四〇代夫は紹介をもらって、すぐ入会することがあった）。

②食の経験の維持：かつての経験及び自由売買復帰期以降の新たな経験

上述した信頼関係に基づく人間関係の活用と同時に、人々は入手する食材の種類を選択する際に、自由売買の復帰期以前の時代の食の経験や習慣も維持している。クライン〔Klein〕は二〇一〇年代初期の中国雲南省昆明市に出現したCSA農業モデルに基づく産地直売を事例として、現地の都市住民がこのルートを通して食材を購入する際に、生産地の農民や農業生産に対する彼らの観念を考察した。彼の考察によると、この新たな食材入手ルートを選択する都市住民は自分のためにより安全安心な食材の入手のみを求める一方で、CSA農業モデルに含まれる産地の農民や農業生産へのサポートという観念は抱いていない。このような農村地域や農民の利益度外視の観念はかつての農村部と都市部の二元構造に基づく食物配給制の実施に緊密に関係すると考えられる［Klein 2014］。すなわち、現在の都市住民は新たなルートを通して食材を入手する際に、かつてのフードシステムの実施によって生み出された食の経験や観念に強い影響を受けていると言える。

上記の既存の食経験や観念の影響は被調査の天津都市住民の「買応季蔬菜〔旬の野菜を購入すること〕」という消費観念によく見られる。本節の前文で記述したように、一九九〇年以降の天津都市部においては近郊でのビニールハウス栽培の普及及び南方産野菜の輸送増加によって、都市住民に対する野菜の通年的な安定供給を確保できるようになった。その結果として、従来の市場に出回る野菜の旬は解消される方向へと向かいつつあった。特に、サヤインゲン、キュウリやトマトなどの夏の野菜は冬の市場に出回るようになった。ところが、二〇〇〇年以降の食品安全問題の頻発及び食の養生ブームの形成にともない、人々は上述の「反季節蔬菜〔季節外れの野菜〕」に不安全や不健康のイメージ[27]をもつようになり、できる限り購入しないようになった。その代わりに、彼らはかつての食物配給制の実施期と類似した野菜の季節性を参照しながら購入している。例えば、第三章第三節に取り上げたSの事例では、結婚後の彼女は自分にとって珍しい食材を息子に食べさせるため、冬にサヤインゲン、キュウリやトマトなどの季節外れのものを家庭料理としてよく作っていた。ところが、季節外れの野菜の食用が人間の体調にもたらす悪い効果がわかって以降、それらの野菜を頻繁には購入せず、その代わりに、少女期の各季節に常食した旬の野菜を購入するようにした（詳細は第三章第三節を参照）。Sの事例と類似して、多くの中高年の配給制の経験者は、実施によって固定された野菜種類の季節性を覚えていて、旬の野菜を購入している。

また、配給制の実施期以前の時代の経験と観念の活用は高齢の経験者の食材入手によく見られる。例えば、世帯39の八〇代女性（本章第一節に取り上げたW）は少女期の生家が食材購入に経済的な余裕を持たなかったため、山菜採りを頻繁に行い、山菜をよく食べていた。現在、彼女は山菜への好みを依然として持っており、知り合いを通して山菜を入手し、日常食において山菜をよく食べている。また、第三章第一節に取り上げた老婦人Zの事例では、彼女は少女期の生家において、ほぼ全ての節気や節句の際に天津地域の伝統的な行事食を母親に作ってもらっていた。就職後の彼女は勤務の忙しさ、家計の節約及び国家の法定休日の調整によって、それらの行事食を作れないようになった。ところが、二〇〇〇年代以降、退職後の彼女はマスメディアにおける伝統的な年中行事のやり方に関する宣伝の影響を受けて、行事食を再び重視するようになる。特に、彼女は少女期に母親が作ってくれた行事食の種類を覚えていて、一年中の節気や節句の際に、市販の行事食（またはその原料としての食材）を購入している（詳細内容は第二章第二節や第三章第一節を参照）。

第四節　まとめ

ここまで自由売買期（一九五三年まで）、配給制の実施期（一九五三～一九九三年）、自由売買の復帰期（一九九三年以降）という三つの時期に分けて、二〇世紀以降の天津都市部における食物の販売ルートの仕組みと実行状態を整理し、各時期に人々が選択する食材と入手ルートを詳述した。

上記の内容をふまえながら、本節では都市住民がフードシステムの転換に対していかに対処するかを考察する。具体的には、まずは各時期の天津都市部における販売ルートの仕組みを比較し、市販食品の種類と供給方式の特徴をまとめる。そのうえで、人々の対処方法に着目し、国家の規制や食情報の流布等の家族外部の要素が彼らの食材入手にいかなる影響を与えてきたのかを明らかにする。

(一) フードシステムの転換：計画経済の実施と市場経済の復帰

二〇世紀以降の天津都市部の各時期の販売ルートの実行状態及びそれらを通して集まる市販食品の特徴は以下のようにまとめることができる。

第一時期は一九五三年までの自由売買期である。二〇世紀前半の天津市は中国の華北経済の中心都市であり、国内外の生産物の重要な市場及び積載地となっていた。当時の都市部において、市販食品の流通と販売のルートは物流業者、卸売商や小売商から構成され、現在のような流通組織の分業化がすでに形成されていた。そのうち小売商は店舗の形によって座商、露天商や行商という三種類に細分化され、特化した取扱品を販売する。上記の流通や販売のルートを通して、天津都市部で集まった市販食品は天津の地元で生産された穀物、生鮮食品や調味料を基本に、国内他地域の特産品（調味料や干物など）及びアメリカなどの海外から輸入された穀物なども含む。

第二時期は一九五三年から一九九三年までであり、食物配給制の実施期である。一九五三年以降、中国の共産党政府は農産物の生産、流通、加工や販売を計画的に管理し、都市部において食物の配給制を実施し始める。それによって、天津都市部においては国家の計画管理や行政調整に基づく流通と販売の体制が設置され、既存の個人経営中心の流通・販売ルートが全般的に国営化されてしまう。そのうち食品の小売業は国営の店舗から構成され、座商のようなかつてのルートまで減少されるようになる。さらに、それらの国営店舗は指定範囲内に在住する都市住民を対象とし、国家が定めた種類、数量や価格によって食品を販売した。上記の販売ルートの減少と国家規制の設置にともない、天津都市部に集まった食品は、主に隣接の農村地域が生産したものに限られるようになる。このように、市場に出回る食品、特に生鮮食品は天津の地理的環境によって制約され、強い季節性を持つことになった。

第三時期は一九九三年以降の自由売買の復帰期である。一九九三年以降、中国の共産党政府は社会主義市場経済体制を提起し、全面的な市場経済化を推進し始める。都市部においては個人経営の許可や取引の自由化によって、市場取引を中心とする自由な流通体制が形成されるとともに、個人経営の販売ルート（座商、露天商や行商）が復興され、徐々に増加してきた。それと同時に、小売業の市場開放にともない、チェーンストア、ネット通販や市民農園などの新たな商業形態が相次いで出現する。この時期の天津都市部において、食品の小売業の販売ルートは既存の国営店舗の単一のルートから、個人や企業が経営するより多様なルートに変更される。このような販売ルートの多様化と同時に、天津都市部に集まる食品は流通体制のグローバル化や交通網の発達にともない、地元産のものに限らず、国内外の多地域産のものを含むようになる。このように、市場に出回る食材が天津の地域的環境からの制約を受けなくなり、季節とともに大きな変化が見られず季節性が低くなっている。

以上のように、二〇世紀初期以降の天津都市部において、フードシステムのメカニズムは国家の計画的管理の実施と弱化によって、二回の転換が起こる。すなわち、一回目の計画経済の実施と二回目の市場経済の復帰である。そのうち一回目の転換によって、天津都市部のフードシステムは自由売買から配給制に変化し、国営の単一的かつローカルな流通・販売ルートから構成されるようになる。この行政調整中心のシステムにおいて、市販の食品は国家の計画的規制及び天津の地理環境に関わる地域性と季節性の制約を受けながら、都市住民に提供されている。それに対して、二回目の転換によって、天津都市部のフードシステムは配給制から自由売買に復帰し、個人・企業経営の多様的かつグローバルな流通・販売ルートから構成されるようになる。この市場調節中心のシステムは国内外産の食品を通年的に調達すると同時に、多様な食情報とあわせながら消費者のニーズを満たしている。

(二) 食材入手における人々の対処方法：人間関係と食の習慣・経験の活用

次は上記のフードシステムの転換に対する都市住民の対処方法に焦点を当てる。本章前節で記述したように、食物の配給制において、人々は親族、親友や知り合いを通して、生活必需品や希少な食品を入手すると同時に、既存の食の経験に基づいて伝統的な保存食を作っている。また、自由売買の復帰期において、彼らも、自分が信頼する人を通してより安全な食品を購入すると同時に、家庭料理の組み合わせと味付けの習慣に基づいて日常食と行事食を用意したり、あるいは保存食を作ったりしている。すなわち、人々は国家規制時代と市場調整の導入時期において、自分のニーズに応じた食材の入手を確保するため、人間関係と食の経験を頻繁に活用するのである。そのため、以下は人間関係と食の経験に焦点を当てて、フードシステムの転換が人々の食生活にもたらす影響を明らかにする。

1 人間関係の活用と維持による食材の入手

古代から中国人は社会生活のあらゆる場面において人間関係の活用と構築を行う習慣がある。費は中国の社会構造の形態について、西洋社会のような「一束一束ときれいに括られた柴のようなものではなく、あたかも一つの石を水面上に投げ入れると一輪ずつ広がっていく波紋のようなものだ」とみなした〔費 二〇一九〔一九四八〕：六八〕。そのうえで、費はこの社会構造において人々の人間関係は各人の自己を中心にして同心円状に広がると指摘し、人々が自己からの距離（他人との親疎の度合い）によって行動様式を変える原理（すなわち「差序格局」）を明らかにした〔費 二〇一九〔一九四八〕：二一―二八〕。費が解明した中国人の人間関係に基づく相互行為の行動原理に対して、園田は「関係主義」と命名し、日本人の「集団主義」と対比的に議論しながら、中国人の「関係主義」が生まれた背景を家族・親族と社会の権力構造から明らかにしたうえで、中国社会一般を「関係主義社会」として特徴づけた［園田 二〇〇一］。

上記の関係主義に基づく行動原理は近代中国の都市住民の社会生活にも存在していた。例えば、ラングの研究は一九三五～三七年の間に中国の北京市、天津市、上海市や無錫市で行った聞き取り調査のデータをふまえながら、当時の中国人が、政府機関や工場などの人事制度、交通機関の利用、電力資源の調達や奨学金の採用などの場合に、親族優先を中心とする「裙帯関係（nepotism）」を頻繁に使うことを明らかにした［Lang 1946: 181-192］。

ただし、一九四九年以降、共産党政府は国家政権の建設過程において、国家権力を社会に浸透させ、人々の日常生活をコントロールするために、一連の制度の実施とプロパガンダを通して、中国社会の伝統的な親族組織及びそれに基づく人間関係の活用を破壊しようとした。具体的には、共産党政府は頻繁なプロパガンダを通して、既存の差別や序列がある人間関係を批判し、共産主義や共産党への忠誠心及び社会全員との平等関係を示す「同志関係（comradeship）」の構築を強調していた。それにともない、同志関係は伝統的な親族や親友関係の代わりに、人々のすべての対人関係（interpersonal relations）に支配的な地位を占めるようになった［Vogel 1965］。プロパガンダと同時に、共産党政府も、生活必需品から公的サービス・社会福祉までを含むすべての物資・資源の分配ルートに対する国家的管理を目指して、都市部において配給制度、戸籍制度や単位制度などの一連の制度の設置と実施を行った。とりわけ、そのうちの単位制は共産党の指導下にある社会管理の基本的組織となり、職場、学校や街道などに設置され、各単位の所属者の社会生活を管理していた。それゆえ、単位は住民たちの新たな生活共同体となり、単位の所属者の間に新たな人間関係（同僚関係あるいは隣人関係[28]）の構築を進めるようになった。

ところが、一九五〇年代中期以降、食物供給の不足及び物資配分の国家規制に対して、都市住民は自分のニーズに応じた品物を入手するため、伝統的な親族関係及び新たな同僚・隣人関係を頻繁に活用するようになった。例えば、本章の第二節で詳述したように、一九六〇年代前後に出現した食物供給の非常な不足状態において、人々は親族からの贈与、親友間の助け合い及び裏口という三つの方法を頻繁に使い、穀物、野菜や魚・肉・鶏卵などの生活必需品を確保するようになった。また、一九七〇年代以降も彼らは上記の多様な方法を使い続けて、物資配分の国家規制を越え、他地域の名産物や市場の希少品などの質がより良いものを入手できるようになった。楊は上記のような配給制における人間関係の活用による品物の入手行為を、社会主義国家の物資配分制度下の個人あるいは集団の物資獲得をめぐる適応と実践とみなし、人々は人間関係の活用を、社会主義国家の意志と権力に抵抗する戦略的な手段として扱い、頻繁に行うようになった〔楊　二〇〇五〕。すなわち、ただし、活用する人間関係は既存の親族関係に限らず、国家制度（主に単位制）の実施による新たな同僚関係や隣人関係も含むようになった(29)。

一九九〇年代初期以降、市場経済を全面的に実施しようとする共産党政府は食物の配給制を中止すると同時に、戸籍制度と単位制度における人々の自由移動への国家的制限も緩和しつつあった。社会におけるヒトとモノの流動の加速及び政府管理の社会的信頼の低下にともない、人々は日常生活において、上記の親族、親友や同僚・隣人などの多様な人間関係を、自分を社会的なリスクから守る手段として扱い、頻繁に活用し続けるのである。例えば、本章第三節で述べたように、市販食品の安全問題の頻発によって、人々は面識のない人に強い不信感を抱くため、行きつけの店舗あるいは親族や親友の紹介するルートを選択し、自分が信頼できる人やルートを通して食材を購入するようになる。

このように、人々は自分が欲しい食材を確保するために、既存の伝統的な親族関係及び新たな同僚・隣人関係の活用を、フードシステムの転換における国家の規制や社会的なリスクに対する対処方法の一種として扱って、各時代に利用し続けている。

2　習慣や経験による食材の選択

人々が食物の種類を選択することは個人的経験及び社会的影響と緊密に関連する。イギリスの栄養学者であるフィールドハウスは人類社会における食物の社会的意義と文化的利用に関する考察を目的とする単著において、「食物選択が収入に制限されない場合、人々は自分の好きなものを選択する」と指摘し、個人の食物嗜好に関係する三つの要素、すなわち食物それ自体、個人や環境を提示し、これらの要素の相互作用が個人の食物選択をいかに左右するかを分析した［フィールドハウス　一九九一：三二一―三二八］。フィールドハウスの分析から見れば、上記の三つの要素の特性及びそれらと食物選択との関連性は以下のようにまとめることができる。まず、第一要素としての食物の特性は外観や味・香りなどの感覚的特性を含むと同時に、栄養、健康や安全などの価値も付加されている。次に、第二要素としての個人の特性は今までの人生経験に基づいて形成され、特に幼年期の家族の影響を受ける経験や出会いと緊密に関連する。最後に、第三要素としての環境の特性は食物の摂取場所（レストランなど）と購入場所（市場やスーパーなど）の雰囲気だけでなく、個人の現住地と出身地の地理的かつ社会的状況も含む。上記の三つの要素は相互作用をしながら、個人の食材選択に関する習慣や経験を形成するようになる。

例えば、現在の天津都市住民は日常の食事において季節に応じた野菜を購入するという考え方を強く持っている（本章第三節を参照）。このような考え方は以下の三つの要因に緊密に関係すると言える。すなわち、季節外れの野菜につけられたマイナスイメージ（食材の付加価値）、野菜食用の季節性的経験（個人の経験）、及び食物配給制における供給種類の季節的変化（天津の地理的環境やフードシステムの実行状態）である。より具体的には、食物の配給制の実施期において、人々は国家規制や季節的制約による食物供給の数量と種類の不足を補うため、入手した食材の一部をとっておいて、保存食を作る習慣を続けた。特に、人々は冬の野菜の端境期を乗りきるため、秋に買いだめしたハクサイ、ジャガイモやカブ類などの野菜を保存食に作って、冬の間ゆっくり食べていた。それによって、「冬に食べる野菜はハクサイ、ジャガイモやカブ類だけである」という冬野菜の種類に関する食経験は当時の人々の頭に固定され、さらに家庭料理によって次世代に伝えられた。一方、自由売買の復帰期に入ると、市場に出回る野菜の種類が通年化されるとともに、トマト、サヤインゲンなどの夏野菜は冬の市場によく出回るようになる。ところが、それらの季節外れの野菜は食の安全問題の頻発及び食の養生ブームの形成によって、危険とか不健康というマイナスイメージが世間につけられてしまう。このように、現在の住民たちは野菜を購入する際に、それらの季節外れの野菜をなるべく買わずに、食物配給制の実施期と同じような季節的な野菜を選択するようになっている。

また、年中行事の際に人々は市販の行事食を購入することも多くある（現在天津都市住民の行事食のとりかたと種類に関する詳細内容は第二章を参照）。このような年中行事の特別な食材の選択は以下の三つの要素と緊密な関係がある。すなわち、行事食に込められる願いや意味（食物の付加価値）、個人や共食する家族メンバーの習慣（個人の経験）及び無形文化遺産の国家認定による伝統的な行事食の復興（法定休日や無形文化遺産に関わる国家政策の推進と食情報の広がり）である。より具体的には、古来の中国文化には季節の儀礼（年中行事）と人生の儀礼（冠婚葬祭）の際に、無病息災、家族円満、多産豊饒や子孫繁栄のような人々の願いが込められる特別な料理を食べる伝統的な民俗がある。近代天津地域においても、人々が年中行事と冠婚葬祭の際に、家族の幸せや健康を願うため、多様な行事食を用意したり、食べたりする習慣があった（詳細は付録の付表—2を参照）。配給制の実施期や自由売買の復帰期においても、それらの行事食に関する習慣は中高年者の食生活に維持され、また家族内部での行事食の共食を通じて、若い世代にも伝えられた。一方、それらの地域的な行事食に関する民俗文化は配給制実施期の食物供給種類の制約及び国家の伝統的な文化への批判によって多少衰退したが、自由売買の復帰期に国家や地域の無形文化遺産として評価され、マスメディアに宣伝されている。特に、近年に至ると、年中行事の際に、行事食の食材と作り方、及び特定の料理に込められる意味に関する知識情報はスーパーなどの売り場やマスメディアに溢れるようになる。このように、年中行事などの際に、地域的な伝統のやり方に従いながら、特別な食材を選択して購入する現在の住民が多く見られるようになる。

以上のように、二〇世紀以降のフードシステムの転換において、天津都市住民は国家政策の制限やマスメディアでの情報を受けながら、食材選択に関する考え方を維持したり、変化したりして、各時期の食生活を営んできた。

注

（1）東亜同文書院は一九〇一〜一九四五年中国上海に存在した日本の高等教育機関であり、アジア主義者団体の東亜同文会が日中の共存共栄を建学精神として設立した高等専門学校である。前身は日清貿易研究所である［水谷尚子「東亜同文書院」『岩波現代中国事典』：九二五―九二六］。

（2）直隷は明清時代における黄河下流の北部地域を指した行政区画である。一九二八年に中華民国の首都が北京から南京に変更された以降に、直隷省は河北省と改称された。

（3）『支那省別全誌・直隷省』での記録によると、天津市内の商店街は天津城の北門外の鍋店街、針市街や估衣街及び東門外の宮北街と宮南街をはじめとし、東馬路、西馬路、南馬路、北馬路、大経路、南市大街、営業大街などである［東亜同文会編一九二〇：三五―三六］。

（4）強制供出制とは農民から農産物の一定量を政府が決めた価格で強制的に買い上げる制度である。

（5）生産請負制とは農家が政府と請負契約を結び、収穫の余剰分を自由に売却できる制度である。

（6）一九四九年から一九五三年まで、中国のいくつかの都市部では戦争による穀物供給の不足を補うため、穀物の配給を短期で行うことがあった。例えば、一九四九〜一九五一年において、天津市の政府は戦後の都市住民に対する穀物の安定供給を目指すため、小麦粉とトウモロコシ粉の配給制を短期で実施していた。ただし、天津都市部において穀物供給の欠乏状態の好転にともない、この制度が中止された［天津市地方志編修委員会編一九九四：一〇九―一一〇］。上述した食物供給の極端な不足に対する緊急処置と異なり、計画経済に基づく食物の配給制は国家のイデオロギーと戦略方針によって長期で実施されたものである。

（7）一九五八年から六〇年にかけて、毛沢東主導の下に大躍進運動が全国に行われていた。この運動において、共産党政府は、旧ソ連をモデルとした第一次五カ年計画（五三〜五七年）から離れて、農村部に人民公社や公共食堂を設立し、また大衆動員によって鉄鋼・穀物生産などを極めて短時間に急激に増産しようとした。この政治運動の実施によって、穀物などの農産物の生産量が急減し、それにともない、五九年から六一年にかけて、中国の各地で深刻な飢饉が発生した［安藤正士「大躍進」『岩波現代中国事典』：六九五—六九六］。この時期に、人々が深刻な飢饉によって餓死した事例は全国の各地域に見られ、現代中国に関する歴史学や人類学の研究でも提示されている［例えば、韓　二〇〇七：一一〇—一一三など］。

（8）居民委員会は、都市部住民の自治組織であり、日本の町内会に相当する。一九五八年頃から全国の都市部に広まり、「街道居民委員会」と言われていた。警察の戸籍管理区分に沿い、市街区では五〇〇～八〇〇戸ごとに設置され、街道弁事処の下でその指導を受ける。それは、主に住民間の揉め事の調停、社会治安の維持、住民の意見・要求・建議の上級への伝達などに携わる。同時に、家庭婦人、老人など単位に属していない住民を組織化し、住民間の相互監視を行わせることにより、国家支配の末端を担う側面も見られる［田原史起「居民委員会」『岩波現代中国事典』：二〇七］。また、街道弁事処は、「区人民政府（区役所）」の出張所であり、都市部での区の一級下の行政単位である。街道弁事処は居民委員会を指導する役目を持ち、管轄区域内の民事事件の解決、学校卒業後も就職できないでいる青年への仕事の斡旋、小規模な町工場の経営などに携わる［田原史起「街道弁事処」『岩波現代中国事典』：一〇三］。

（9）当時の副食店の規模は総合型、中型、小型という三つの種類に分けられる。総合型店舗では三一人以上の店員が雇われ、野菜や肉類、水産物、果物、干物、菓子、酒・タバコ、調味料などのカウンターが設置される。各カウンターに店員は三～五人おり、該当カウンターの食料品の店頭陳列や包装、加工、販売、点検などの作業を担当している。規模のより小さい中型店舗では一一～三〇人の店員が雇われ、野菜、肉類、水産物、「烟酒糕点（菓子、酒やタバコを含む）」「副食品（干物や惣菜、漬物、調味料などを含む）」などのカウンターが設置される。一番小さい小型店舗では一〇人以下の店員が雇われ、野菜や副食品などの二、三個のカウンターだけが設置される。

（10）林滋子は一九二九年に東京に生まれ、台湾出身の在日華僑である夫と結婚した。一九五三年に、第二次帰国華僑の家族として、長女を連れて、夫とともに中国に到着した。同年、夫婦は天津市針織場に技術員として配属され、天津に転居し、そこで暮らし始めた。その後に天津で息子一人を出産した。彼女は一九五九年から日本への帰国を中国政府に何回も請願するが、日中国交回復時（一九七二年）に日本帰国がついに実現した。一九七三年に、一家四人（夫婦、長女と息子）が日本に帰国した。日本への帰国後に、林は読売新聞社の誘いで、天津での二〇年間の生活をふりかえって、『中国・忘れえぬ日々』［林　一九八六］という回顧録を出版した。本節で引用した内容はこの回顧録からである。

（11）それらの行政法規は一九五一年の「城市戸口管理暫行条例」、一九五五年の「国務院関於建立経常戸口登記制度的指示」及び一九五八年の「中華人民共和国戸口登記条例」である［公安部政策法律研究室編　一九八〇：一三五—一四六］。

（12）内田の研究によると、共産党幹部を対象とする特別供給は一九六〇年に首都の北京から始まった。当時の北京市では高級幹部を対象とし、肉、鶏卵、砂糖やタバコなどの食料品を一般供給の割当量より余計に分配した。その後、このような供給制度は全国の他の都市部に導入された。この制度は文化大革命時期において共産党幹部の特権とみなされ、一時的に禁止されていたが、一九七〇年代末期から回復され、九〇年代にも維持されていた［内田　一九九〇：二七四―二八六］。

（13）特定職種の従事者は工業・鉱山、建設・土木業、鉄鋼業や物流などの肉体労働者から、一部の放射線・伝染病と関わる衛生・医療従事者、体力の消耗が比較的大きい芸術家やスポーツ選手までを含んでいた。

（14）細菜とは特定の地方で一定の季節に少量だけ出回る特別の野菜とさす。それに対して、大路菜は特定の地方で一定の季節に大量に供給できる普通の野菜である。

（15）世帯メンバーの名前から見れば、この五人家族は夫婦と三人の子供から構成されると推測する。

（16）Badica は一九八〇年代のルーマニア社会主義共和国における都市住民の食材購入の実践を事例として考察する際に、当時の人々が列に並ぶこと（queuing）を、食物供給の極端な不足によって形成された人々の社会的連帯（social solidarity）の一種とみなした［Badica 2012: 124-135］。

（17）依頼書の原文は「×××菓品核算店：茲有我単位幹部××同志前来購買高級点心処理品十八斤正，請給予照顧。63.3.14」（×××の菓子販売店へ：弊社の幹部××様は貴社に菓子のクズを九キログラムで購入しに行きます。どうぞよろしくお願いします。一九六三年三月十四日）

（18）白皮点心とは天津の伝統的な菓子の一種であり、日本のおやきのような食べものである。砂糖漬けの果物、あるいはクルミなどのナッツ類で作った中身を、小麦粉の皮で包んで、焼いたものである。

（19）C3によると、彼は自分の収蔵品を持参しながら天津市のあるテレビ番組に参加する際に、この依頼書の使用者と出会った。その番組において、使用者は当時の菓子のクズの購入事情を振り返った。

（20）『天津統計年鑑 1991』にのせた「1980-90 年都市住民世帯の百世帯あたりの年末耐久消費財所有量」という表［天津市統計局編　一九九一：五八五］によると、冷蔵庫の所有数量は一九八二年にわずか一・三台であった（一九八〇年と一九八一年のデータはない）。一九八六年に二三・〇台までに急増したが、一九九〇年になっても八〇台に達していなかった。また、『天津統計年鑑 1999』のデータから見れば、冷蔵庫の保有率は一九九三年になっても九割に達していないのである［天津市統計局編　一九九九：一六六］。

（21）例えば、ハクサイの根元のひね部分を刻んで、豚ミンチと混ぜて餃子や肉饅頭の中身に作ったり、あるいはトウモロコシ粉と混ぜて菜団子にして蒸したりする。柔らかい芯を、炒めたり、漬物あるいは和え物に作ったりする。また、葉をスープに作る。

（22）アリペイ（Alipay）とは中国の阿里巴巴集団（アリババ・グループ）が二〇〇四年から運営し、主にオンライン決済のサービスを提供しているプラットフォームである。中国語では「支付宝」と呼ばれる。

（23）ZH2によると、北京に経営した農園は畑の土作り及び野菜の栽培などのサービスを提供せず、その代わりに、会員に農産物を自ら栽培させた。ところが、都市出身の会員は野菜栽培の経験を持たず、野菜をうまく栽培することができなかった。その結果、農園は会員の解約率が高くて、経営不振に陥ってしまった。そのため、彼は経営地域を変更し、北京と近くにある天津にきた。さらに、北京の試行錯誤の経験があるため、天津では地元の農民を雇って、野菜栽培のサービスを会員に提供することにした。

（24）「菜譜」というキーワードで検索：http://ymt.tjl.tj.cn/rwt/DZSGX/http/MJYX843PMS4YR4LWF3SX85B/search?sw=%E8%8F%9C%E8%B0%B1&allsw=&bCon=&ecode=utf-8&channel=search&Field=1（最終閲覧日二〇一九年四月十三日）

（25）「養生」というキーワードで検索：http://ymt.tjl.tj.cn/rwt/DZSGX/http/MJYX843PMS4YR4LWF3SX85B/search?sw=%E5%85%BB%E7%94%9F&allsw=&bCon=&ecode=utf-8&channel=search&Field=1（最終閲覧日二〇一九年四月二十二日）。また、蔵書目録における一九八〇年代の書物は一三四冊があり、一九九〇年代のものは八八七冊がある。

（26）第一次の国家無形文化遺産リストは中国無形文化遺産ホームページを参照する（http://www.ihchina.cn/project#target1、最終閲覧日二〇一九年四月二十三日）。このリストには合計八一一項目が「民俗」として分類され、登録される。それらの項目は漢民族の節気や節句の民俗以外に、少数民族の節気や節句、及び地方の伝統的行事に関するものも含む。

（27）具体的には、食品安全問題に関するニュースでは季節外れの野菜が「催熟剤（果実の成熟を早める効果があるホルモン剤）」などの添加物を注入されることを頻繁に公表する。また、食養生の考えによると、季節外れの野菜は季節の移ろいや天気の変化に基づく体調の整備に対して、悪い効果を与えることがある。

（28）計画経済体制において、中国の共産党政府は社会福祉的な性格を持つ住宅制度を実行し、基本的に単位を通じて都市住民を対象とする住宅の割当を行っていた。そのため、同じ職場（単位）で働く人々は同一の団地あるいはマンションに住んでいることが圧倒的に多くあった。

（29）一九八六年に、天津社会科学院社会学研究所はアメリカのコロンビア大学の社会学科と連携し、「天津都市住民の職業と生活スタイル」という共同研究を行い始めた。同年の十一月に、天津都市住民の社会的ネットワークに関するアンケート調査が天津都市部で行われ、合計一〇一一人のデータを収集した［阮・周・Blau 等　一九九〇：一六五］。それらのデータによると、当時の天津住民の社会的ネットワークにおける親しく付き合う人について、一番多いのは配偶者、両親や兄弟・子女などの家族・親族メンバーである（三八・九％）。それに対して、残りの非親族関係において、同僚関係の活用は圧倒的な比率を占めた（三五・四％）。上記のデータから見れば、家族・親族関係と同僚関係が当時の天津住民の社会的ネットワークにおいて支配的な地位を占めて、彼らにとって頻繁に活用できる人間関係の種類だと言える。

終章　結論と展望

本書は一九四九年から現在の二〇一八年までの中国都市部の食生活に焦点を当てて、七〇年間の都市住民の家庭食事事情に対する通時的記述を行いながら、社会主義体制の実施が人々の日常食と行事食にいかなる影響を与えてきたのかを明らかにしてきた。その際に、家庭の食事と家族関係・社会制度の変化の関係に注目し、食をめぐるライフヒストリーの記述を通して、社会主義改造以降の個人の食生活を描いた。そのうえで、家族・親族を中心とする家族内外の人間関係の構築、維持や活用が、人々の食生活の持続と変化にいかに作用していくのかを論じてきた。

現代中国の食を対象とした人類学的研究は一九七〇年代に本格的に始まった。その中で、先駆的な研究は張光直が一九七七年に出版した編著であった〔Chang (ed.) 1977〕。この編著において、張は中国食文化の全体的特徴を提示したうえで、中華人民共和国の成立以降の時期を中国食文化の歴史の第三段階として捉えて、国家計画に基づく食物の分配システムが中国人の食生活に大きな影響を与えると予測した〔Chang 1977〕。

上記の張光直の研究の影響により、それ以降の人類学的研究は本書の序章で述べたように、食文化の全体的特徴、グローバル時代における食消費の変容、及び社会構造変動下の食実践の持続という三つのテーマに沿って展開してきた。これらの先行研究に関しては以下の三点の成果と二点の欠点としてまとめられる。

三点の成果は（1）中国全体あるいは個別の地域料理の特徴に対する概述、（2）フードシステムの変化と人々の食材選択との動態的関係、及び（3）人間関係や観念の活用と食実践の維持との関わりである。一方、調査の時代や対象に関わる制約によって、（1）一九四〇～一九七〇年代の食生活に関する記述の欠如、及び（2）家族内部の食事事情に対する考察の不足という二点の課題が指摘できる。

それゆえ、本書での考察は上記の先行研究の成果をいかしたうえで、既存の欠点を克服するために以下の二つのアプローチを行った。すなわち、（1）家庭の食事に焦点を当てて、個人のライフヒストリーのアプローチを導入し、二〇世紀中期以降の中国人の庶民の食生活を描いた。（2）家族・親族を中心とする様々な社会関係や社会制度の変化が家庭食事の実践にもたらす影響を分析した。

本書では都市の歴史的な特徴に基づいて、伝統的な食文化の継承地や社会主義政策の実施の試験場である天津市を調査地域として選定したうえで、天津都市部の食生活に関する歴史民族誌を以下の四章によって描いた。

第一章では王朝時代から民国期（一九一二～一九四九年）までの都市歴史をふまえながら、天津地域の地理環境や物産種類を説明し、近代の天津都市部における料理の全体的特徴及び都市住民の食生活の実態をまとめた。

天津地域の自然環境は華北平原と海河下流に属しており、農耕に適する広い平野と豊富な水産資源がある。そのため、この地域では水稲、小麦やトウモロコシなど多種類の穀物や二〇〇品種ほどの野菜を収穫できると同時に、多種類の畜産物が生産でき、海や川の多種多様な魚介類が一年を通して水揚げされる。このような地元産の食材の豊富な種類を基盤として、近代天津地域の料理は国内外からのヒトやモノの集まりによって重層的に発展し、多地域の宴席料理、穀物中心の大衆料理、及び西洋料理から構成されるようになった。それと同時に、都市住民の日常食と行事食の食事様式には階層的差異と伝統的な習慣の持続性という特徴が見られる。日常食における、一日の食事回数、食事の構成、及び料理の作り方には世帯の経済状態によって大きな差異があった。一方、行事食に関するやり方は民国政府の新暦採用によって多少影響を受けたが、旧暦に従う伝統的な行事が依然として続いていた。特に、これらの伝統的な行事食は家庭円満や無病息災などの願いが込められ、住民たちの間で家族・親族関係の維持の手段とされていた。上記のように、第一章の記述を通して、社会主義改造以前の天津都市部の食文化の特徴、及び都市住民の食生活の状態が明らかになった。

第二章では現在（二〇一八年）の天津都市住民の食生活に焦点を当てて、計六二世帯の調査データ及び具体例としての二世帯の詳細な記録に基づいて、都市住民の日常食と行事食の様式をとりあげて、食生活の全体像とその特徴を述べた。

日常食の様式に関しては都市住民の食事回数は一日三食を中心としている。朝食には一品の主食に加え、一品のおかずや一品の汁物という基本的パターンがある。このパターンでの料理の組み合わせは天津の伝統的な軽食を基本とし、中国他地域や西洋風の食べ物が加えられるものも含む。朝食に対して、昼食・夕食は基本的に一品の主食（米・小麦粉中心）、二品以上のおかず（野菜料理と肉・魚料理）、一品の汁物から構成されている。同時に、水餃子などの餡ものあるいは飲食店から購入した軽食なども並存している。

上記の三食から、天津の家庭料理は国内外の多地域の食材、調理法や味付けによって作られ、多彩な組み合わせで構成されていることがわかる。また、豊富な魚介類の食材、煮込み・炒めものを中心とする調理法、麦味噌や醤油などの味の濃い調味料を使用するという天津料理の伝統的な要素が依然として住民たちの食卓において維持されている。

行事食の様式に関しては都市住民が、旧暦に従って伝統的な行事を依然として行っている。とりわけ、誕生日、年中行事、宗教的祭日・斎日において、人々は願いや祝いの意味が込められる特別な行事食（食材あるいは料理）を用意し、家族、親族や友人の間で共食・贈答をすることを、依然として続けている。

一方、第一章でとりあげた民国期の食生活の実態と比べると、現在の人々の日常食と行事食には新たな展開が見られる。具体的には、日常食において、人々は食の養生・健康及び食品の安全性に関するマスメディアの宣伝によって、健康的・養生的効果がある食材・料理、または安全性が高い食材を常食するようになる。それと同時に、行事食に関しては多くの住民が、国家の法定休日（春節や中秋節、端午節、清明節）以外の年中行事に、行事食の用意や食用をしないようになっている。

上記のように、第二章の記述を通して、現在の天津都市住民の日常食と行事食の様式における伝統の継承と新たな変貌が明らかになった。そのうえで、これらの持続と変化に影響を与えた家族内外の要素、すなわち家庭内における個人の食習慣、生活経験と家族関係、及び家庭外におけるフードシステムの実行状態、食情報の流れと人間関係の利用も提示した。

第三章では個人の食生活史に対する詳述を通して、家族内部の要素が家庭食事の実践にもたらす影響を解明した。具体的には、第二章で具体例としてあげた親子関係にあたる老婦人Z、息子Lと息子の妻Sという三人の食に関するライフヒストリーを詳述し、一九三〇年代以降の天津都市住民の食事事情の実態及びその通時的変化を提示した。そのうえで、家族関係に焦点を当てて、家庭食事の持続と変化のメカニズムを以下の三点から明らかにした。

（1）世帯の経済状態：具体例としての三人の食生活史から見れば、人生の各ステージにおける食材の購入種類や食事の構成は世帯の経済状態による影響、すなわち世帯メンバーの収入、同居する家族や扶養する親族の人数によって左右されることがわかる。

（2）家庭料理をめぐる個人の嗜好と家族関係：西澤の先行研究では社会主義改造以降の中国人の家庭食事の特徴及びその通時的変化をとりあげたうえで、家族内部の人間関係と家庭料理の準備や食事方法との関連性を提示した［西澤　二〇〇九：三八九―四七七］。西澤の先行研究を参照したうえで、筆者は家庭料理に関わる性別の役割分担、親世代の扶養や子供世代の養育に焦点を当てて、作り手と共食する家族メンバーの嗜好及びそれをめぐる家族関係が、食事のとり方・構成及び料理の組み合わせ・味付けにもたらす影響を考察した。特に、社会主義改造以降の都市部に出現した新たな変化、すなわち女性の社会進出と多様な生き方、核家族化と親世帯との別居、一人っ子の嗜好への留意という家族関係に関する変化を重要視し、家庭料理に影響を与える要素として論じた。

（3）マスメディアから得る食の情報：具体例としての三人の食生活史から見れば、一九八〇年代以降の彼らは西洋式の生活スタイル、国内外のグルメ、食の安全性・養生・健康、地域食の伝統的な民俗に関する情報をマスメディアから得て、それらの情報の内容に基づいて、家庭の食事のとり方と構成を常に調整していることがわかった。ただし、マスメディアから得る食の情報に関しては家族外部の要素に該当するため、本章においてそれに対する詳細的分析を行わなかった。

このように、第三章では三人のライフヒストリーに対する通時的記述を通して、社会主義改造以降の天津都市住民の食生活史、特に毛沢東時代（一九四九～一九七六年）の都市家庭の日常食と行事食の実態を提示した。そのうえで、家族内部の要素に対する分析を通して、家族の経済状態及び人間関係（主に夫婦関係や親子関係）が家庭食事、すなわち食事のとり方や構成、料理の組み合わせや味付けにいかなる影響を与えるかが明らかになった。

第四章では家族外部の要素に着目し、フードシステムの転換が都市住民の家庭食事にもたらす影響を明らかにした。具体的には、食物の販売ルートの仕組みの転換によって三つの時期（自由売買―配給制―自由売買）に分け、各時期の天津都市部における食物の販売ルートの仕組みを整理した。歴史文献、統計データ及び天津住民の語りをふまえながら、食材の入手・確保に関する都市住民の対処方法に焦点を当てて、国家計画の規制や食情報の流布が家庭食事に関する人々の実践と観念にもたらす影響について以下の二点が明らかとなった。

（1）人間関係の活用：これまでの中国社会を対象とした先行研究には、人々が多種多様な人間関係の活用を通して物や公的資源を入手する事例が多く見られる。例えば、オルガ・ラング（Olga Lang）の研究では民国期の都市住民が親族中心の「裙帯関係（nepotism）」を頻繁に使って、就職や交通機関の利用などにおいて自分の利益を確保することを提示した［Lang 1946: 181-192］。また、社会主義改造以降の都市部の事例に関しては、楊美恵（Mayfair Mei-hui Yang）は都市住民が物資分配システムの国家規制に対して、家族・親族や近隣、同僚、同窓などの人間関係をいかに活用していたのかを考察した［楊 二〇〇五］。要するに、二〇世紀以降の中国社会において、人々が家族・親族を中心とした多種多様な人間関係を利用し、自分の欲しいものを入手する習慣を強くもっていたと言える。

しかし、先行研究で取り上げた事例を見ると、食材の入手に関わる人間関係の利用方法に関する記述や考察がほとんど見られない。本章では食材の入手に関わる人間関係の利用方法に焦点を当てて、食物の販売ルートの仕組みに対して人々が自分の利益を確保するため、どのような人間関係をいかに利用するのかを以下のように提示した。すなわち、食物の配給制の実施において、食物供給に関する国家の規制を受けた人々は、食生活にとって足りない食材の入手を確保するため、既存の伝統的な親族・親友関係及び新たな同僚・隣人関係を利用していた。また、市場経済のメガニズムの導入以降も、食生活の質的向上を追求している人々は自分にとって質のよりよい食材を入手するため、上記の多種多様な人間関係の利用を依然として行い続けていた。

（2）食の習慣と経験の活用：人々は人生の各ステージの生活経験を持ちながら、市販食品の感覚的特性（外観や味・香りなど）と付加価値を判断し、自分の好んだものを選択すると言える。

そこで、本章では保存食の種類と食の情報の流れを二つの入り口として、社会主義改造以降の都市住民の食の習慣と経験の定着過程及びその変容を記述し、それらの習慣や経験が人々の家庭食事にいかなる影響を与えるのかを考察した。

保存食の種類に関しては、毛沢東時代において、天津都市住民は食物供給の不足を補うため、乾燥、塩漬け、発酵、加熱という四つの伝統的な保存方法を生かして、野菜を中心とする多種多様な保存食を作っていた。同時に、これらの保存食を作って食べることにより、特定の種類の食材に関する食の習慣と経験が人々の日常生活に定着し、彼らの現在の食生活に影響し続けることがわかった。

一方、食の情報に関しては、一九八〇年代以降に、人々の食生活の質的向上に対する追求がより高まるとともに、国内外のグルメ、食の安全、食の養生・健康、伝統行事での食民俗という四つのテーマに関する情報がマスメディアで流布され始めた。これらの情報に基づいて、人々は特定の食材・料理に含まれる付加価値（名物グルメ、安全性、養生・健康的な効果など）を判断し、自分や家族のニーズに応じたものを入手するようになった。

以上の二点の考察を通して、第四章では家族外部の要素、すなわち人々の在住する地域の地理環境と物産種類、食物の供給状態、及びマスメディアに流布される食の情報が、彼らの食材入手に関する実践や観念に強い影響を与えて、家庭の食事に関する食材の選択、料理の組み合わせや味付けに緊密に関係することを明らかにした。

上記の四章の内容によって、本書では天津都市住民の食生活に対する通時的記述を通して、一九三〇年代以降の都市住民の家庭食事の実態を提示した。そのうえで、社会主義体制の実施が人々の日常食と行事食にもたらす影響を、家族関係や社会変化の文脈において明らかにした。以下では序章でとりあげた先行研究の課題及び本書の目的に応じて、三点の結論をまとめる。

(一)　天津都市部の家庭料理の伝統的な特徴

六二世帯の食生活の考察及び三人の食生活史を通して、天津都市部の家庭料理の伝統的な特徴を以下のように指摘できる。日常食に関しては、主食とおかず／汁物で構成される基本パターンがある。このパターンにおいて、小麦粉、米や雑穀は人々の主食によく用いられている。これは、天津地域に属する華北地域の粉食中心の農業環境、および明清時代の運河の利用による南方の水稲の導入と育成に緊密に関係する。また、おかず／汁物の食材は、主に地元産の旬の野菜、肉類（豚や牛、羊、鶏）・鶏卵、水産物で構成される。ただし、人々は天津地域での豊富な水産資源を活用し、多種多様な海・川の魚介類を好んで、家庭料理によく用いていることがわかる。食材以外に、各料理に用いられる調理法と調味料には、天津地域の伝統的な特徴も見られる。天津住民はおかずを用意する際に、煮込みや炒めものという調理法を頻繁に用いている。特に、煮込まれたハクサイやジャガイモなどの根菜類の野菜料理、及び魚あるいは肉の料理は家庭の食卓によく見られる。また、家庭料理を作る際に、醤油や麦味噌などの調味料を愛用し、濃い味付けを好んでいる。

行事食に関しては、一年の間に誕生日、年中行事、宗教的祭日・斎日の際に用意されている特別な料理を中心としている。これらの料理は、粽や月餅などの全国範囲で食べられる節句食以外に、主に天津地域の家庭料理から構成されていることがわかる。例えば、水餃子とあんかけ麺は、人々の常食する家庭料理であり、正月と誕生祝いにとって不可欠な行事食でもある。また、行事食としての魚料理と肉料理も日常食の家庭料理によく見られる。ただし、これらの家庭料理に対して、人々は天津地域の伝統的な行事に従って、水餃子の中身を野菜や大豆製品で作ったり、魚を丸ごと一匹用いたり、あるいは豚肉を団子に作ったりすることがよくある。このような食材や調理法の特別な使用によって、天津地域の特徴的な家庭料理には、家庭円満や無病息災などの願いが込められており、人々に共食されたり、贈答されたりするようになっている。

このように、天津都市部の家庭料理の伝統的な特徴は、中国の北部と南部の多地域の食文化の要素が混在して形成されたものであり、また、それは天津地域の地理的環境、風俗習慣及び近代以降の都市歴史に緊密に関係すると言える。

(二) 家族内部と外部の人間関係からみる家庭食事の持続と変化

(1) まずは家族内部での人間関係に着目し、家族関係が家庭料理の組み合わせや味付けにもたらす影響を明らかにする。第三章での記述を見ると、都市住民の家庭食事に影響を与える家族関係は主に性別の役割分担、親の扶養と子供の養育という三つの要素から構成されることがわかる。そこで、次にはこの三つの要素に焦点を当てて、各要素の特徴及びその変化をふまえながら、家庭食事の持続と変化を考察する。

(1)性別の役割分担に関しては、第三章と第四章で記述したように、社会主義改造以前の天津都市住民の家庭において、家庭料理の作り手を担当するのは、外で仕事を持たない女性を中心としていた。それらの女性は家庭料理を用意する際に、家族の生計を支える男性の嗜好を留意し、彼らが好んだ食材や味付けに応じて料理を作っていたことがわかる。

しかし、一九四九年以降の中国においては、女性の社会進出の提唱が女性の経済的・社会的自立を裏付けて、上記の「男は外、女は内」という伝統的な性別分業を崩すようになった。それによって、天津都市部において、妻より先に帰宅した夫は家庭料理を下準備したり、作ったりする事例が、夫婦共働きの家庭によく見られるようになった。

また、夫婦関係において、女性は社会進出によって家族の生計を支えることもできるようになったため、男性と平等な関係を持つようになった。それによって、女性が家庭料理の作り手を担当する家庭において、彼女たちは時間的都合によって料理を用意したり、時々自分の嗜好に応じて調理したりすることが、一九四九年以降の天津都市部でよく見られるようになった。

⑵親の扶養に関しては、中国社会では既婚の子女が親を扶養する義務があるという伝統的な観念により、「フィードバック型」［費 一九八三：七］の扶養方式が行われてきた。このような扶養観念の影響により、親世代は息子夫婦と同居して、日常の世話をしてもらうことが天津都市部での伝統的な家族によく見られた。その場合、作り手としての嫁は夫の両親の嗜好を留意して、彼らが好む食材や料理を用意することが必要であった。

一方、一九四九年以降の中国都市部において、親の扶養には上記のフィードバックという伝統的な方式が維持されていたが、年金制度の実施、新築住宅の増加及び女性の社会地位の向上によって新たな変容が現れてきた。具体的には、親世代は年金があるため、既婚の子女との同居による経済的援助をもらわずとも、老後の生活を送ることができるようになった。それと同時に、新築住宅の増加にともない、既婚した子女は新しい住宅を購入できるため、親世代と別居して結婚後の生活を送るようになった。このように、既婚の子女世代は親世代と別居し、日常の食事を親に用意しない傾向が見られる。ただし、第二章で記述したように、都市家庭は、親の誕生日や年中行事などの祝日の際に親と食事する習慣を強く持っている。その場合、作り手としての子女が親の嗜好に基づいて料理を用意することは依然として維持されている。

また、親の扶養に関しては、女性の社会地位の向上によって、娘夫婦が親世代の日常の世話をしているという変容も見られる。具体的に説明すると、嫁の社会進出による地位向上にともない、家族内部においては、嫁が姑に従うという伝統的な嫁・姑関係が変化し、嫁・姑の対立関係が激化するようになった。一方、嫁は夫婦関係での影響力が高まるため、自分の両親を扶養することができるようになった。このように、日常の食生活において、親世代は娘夫婦に食事の世話をしてもらう事例が都市家庭によく見られる。例えば、第二章と第三章で取り上げたZの退職後の食生活はその好例である。夫と死別したZに日常の食事の世話をしてあげるのは、息子L夫婦ではなく、末娘夫婦である。特に、仕事の休みを取れた末娘はZの家に行って、魚あるいは豚肉の煮込み、水餃子などZが好きな料理を作っておくことがよく見られる。

(3)子供の養育に関しては、民国期の天津都市部の伝統的な家族では子供の嗜好を留意しながら、家庭料理を作ることが基本的にはされていなかった。親世代は家庭料理を用意する際に、子供以外の大人メンバーの嗜好を優先的に留意することがよくあった。これは伝統的な子育ての観念に緊密に関係すると言える。先行研究で指摘したように、中国社会の伝統的な家族内では親子の従属関係に基づく子育ての観念があり［清水　一九四二：四二二―四二五、Lang　1946: 240］、子供を半人前として扱って、彼らを甘やかすような育て方をしないで、彼らが小さい時から鍛えて育てていたという［内山　一九七九：四五］。

ただし、上記の先行研究で指摘されなかった内容、すなわち祖父母が孫息子をかわいがることが、天津都市部の伝統的な家族に見られた。例えば、第三章で取り上げたLの少年期の事例に、三世代の大家族に暮らしていた彼は一番上の孫であるため、祖父にかわいがってもらっていた。特に、小学校や中学校に通っていた時期（一九六八～七七年）に、彼は母親が作った家庭料理を食べたくない場合、祖父に料理店に連れて行ってもらい、そこで自分が好きな料理を食べさせてもらうことがよくあった。この事例を見ると、伝統的な家族において、祖父母世代が孫息子を大事にするため、男性の子供の嗜好に応じた料理を用意することも存在したことがわかる。

ところが、一九八〇年代以降、上記の伝統的な家族における親世代の子育て観念は大きな変化を遂げた。具体的には、中国都市部においては家庭収入の増加や一人っ子政策の実施により、親世代が一人の子供を溺愛する傾向が強くなり、子供のニーズに対する家族メンバーの関心が高まるようになった。このような子育て観念の変化により、一九八〇年代以降の天津都市部において、親世代は子供の嗜好を優先的に留意し、子供が好む食材や味付けに基づいて家庭料理を用意するようになった。

上記の三つの要素に対する分析を通して、夫婦関係と親子関係は、家庭料理のメニューの決定をめぐる家族メンバーの力関係に影響を与えて、家庭の食事に関する実践の持続と変化に作用することがわかる。

（2）次に、家族外部に関わる人間関係に注目し、多種多様な縁故関係の活用が食材の入手や確保にもたらす影響を明らかにする。

第四章で述べたように、食物などの生活必需品の入手においては社会関係の活用が頻繁に行われていることがわかる。具体的には、社会主義改造以降の天津都市部において、人々は食物配給制の実施による国家の規制や地域性・季節性の制約に対して、伝統的な家族・親族関係及び新たな同僚・隣人関係の活用を、社会主義国家の意志と権力に抵抗する戦略的な手段として扱い、頻繁に行うようになった。

また、市場経済のメカニズムの導入以降の時代において、天津の都市住民も、上記のような人間関係の活用を、依然として頻繁に行い続ける。とりわけ、一九九〇年代以降の中国においては食品の安全事件の頻発が、政府管理に対する社会的信頼を急速に低下させ、社会（特に面識のない人）に対する人々の不信感を徐々に増大させるようになっている。このような社会的問題に対して、人々は信頼できる他人を「自家人（ミウチ）」とみなし、これらの「自家人」との関係の活用を、個人を社会的なリスクから守る手段として捉えて、日常生活において行い続けるようになる。

このように、人々は各時期のフードシステムの実行状態や社会的制約に適応するため、多種多様な人間関係の活用を行う。具体的には、人々は各人の自己を中心とする同心円状のネットワークにおいて、他人との親疎の度合いに基づいて、自分が信頼できる人との関係を活用する。このような伸縮自在のネットワークを通して、フードシステムの制約や食に関する情報を受けた人々は個人にとって「足りない」「質のいい」「安全性の高い」あるいは「健康的・養生的」食材を入手できており、自分や家族メンバーのニーズに応じた家庭の食事スタイルを維持・調整できるようになっている。

(三)　国家と社会の複合的関係からみる社会主義制度下の食生活の実態

韓国の人類学者である金光億は国家により定義された世界と、国家を構成する人々が創造し実践している世界との間で生み出される文化実践（cultural practice）に着目し、この文化実践のプロセスとしての社会現象に関する中国研究の事例を整理しながら、人々の実践や観念に存在する国家と社会の複合的関係（すなわち共謀、競合や妥協）を提示した［金　二〇一九］。金の視点から見れば、社会主義制度下の都市住民の食生活は共産党政府が目指した社会主義社会の理想な日常生活と、中国の庶民たちが送っていた日常生活との間で生み出された文化実践の一種であると言える。ただし、これまでの中国研究事例には社会主義体制下の親族・宗族のあり方、歴史的記憶と表象の形式、個人のプライベートな生活などに関する議論が多くあるが、食生活を対象とした考察がまだ見られていない。

一方、アメリカやヨーロッパの研究者は食を研究の重要な入り口として捉え、東欧諸国において社会主義制度の実施が現地住民の日常生活にもたらした影響に注目し、国家規制を受けた人々の食生活の実態を国家と社会の複合的関係という文脈において考察した。例えば、アメリカの人類学者であるケルドウェル（Melissa Caldwell）の編著は七つの人類学的研究事例を集めて、缶詰・瓶詰食品（ブルガリア）、パプリカ（ハンガリー）、乳製品とソーセージ（リトアニア）、コーヒーとウォッカ（ロシア）を対象とし、旧ソ連時代におけるこれらの食品・飲み物の生産や消費の実態を提示し、社会主義制度が人々の食の実践や観念にいかなる影響を与えるかを明らかにした［Caldwell (ed.) 2009］。

上記の先行研究をふまえ、以下では国家と社会の複合的関係という文脈において、社会主義体制下、とりわけ毛沢東時代の都市住民の食生活の実態をまとめる。

本書の第三章と第四章の記述を通して、毛沢東時代において、天津都市住民は一日三食（朝食、昼食、夕食）を中心とする日常食をとると同時に、旧暦の正月や誕生祝いを基本にする行事食をとっていたことがわかった。

日常食において、人々は家族メンバーの生活リズムの違いによって、自宅で家族と共に食べたり、自宅、露店あるいは職場などにおいて一人で食べたりした。

その中で、自宅でとる食事の構成は主に主食とおかず・汁物という基本パターンから構成される。具体的には、朝食は一品の穀物製品と一品の汁物から構成され、昼食と夕食は一品の穀物製品と一、二品のおかずから構成される。穀物製品は主にトウモロコシ粉やサツマイモなどの雑穀で作られ、時折少量の小麦粉や米も加えられた。おかずの食材は天津産の野菜をメインとし、時折少量の豚肉（回族の場合は牛肉・羊肉）、魚介類も含む。汁物は粟、米やトウモロコシ粉の粥、大豆の豆乳などがある。

上記の主食とおかず・汁物という基本パターン以外に、一品の水餃子やあんかけ麵などの小麦粉と肉類の料理も時折ある。これらの料理は基本的に休日に出され、家族全員が揃って食べる場合に用意される。

行事食において、人々は基本的に自宅で作って家族と食べていた。毛沢東時代に人々がよく作って食べた行事食は、基本的に大晦日の団円飯の魚・肉料理、正月一日の「素餃子（野菜や干し豆腐の中身の水餃子）」及び誕生祝いの水餃子とあんかけ麵であった。これらの特別な料理は家族円満、無病息災や長寿の祝いなどの意味が込められ、伝統的な縁起物として当時の人々に依然として用意されていた。

ところが、毛沢東時代の共産党政府は伝統的な文化への批判という立場を持つため、年中行事に伝統的な行事を行うことを提唱せず、旧暦の正月以外の伝統的な節気や節句を国家の法定休日として設置しないようになった。そのため、正月以外の年中行事の際に、仕事の休みをとれない人々は伝統的な行事食を用意する時間が取れなかった。それゆえ、毛沢東時代の天津の都市住民は正月以外の年中行事に伝統的な行事を行わず、行事食をとらないことがよくあった。

以上のように、毛沢東時代における天津都市住民の家庭での食生活の常態（食物供給が極めて不足する一九五八〜六二年の時期を除き）は以下のような一般的特徴がある。すなわち、雑穀や野菜を中心とする日常食、及び小麦粉や魚・肉を基本にする行事食である。このような一般化された食生活の形成と維持は当時の食物の配給制の実行に緊密に関係すると言える。

毛沢東時代の天津都市部において、食材は国営の穀物販売店と食料品販売店を通じて、国家指定の種類、数量や値段によって販売されていた。それらの国営店舗で販売された食材は国営卸の供給先と仕入先の指定によって、基本的に天津の隣接する農村地域が生産したものであった。このように、市販食品の種類は国家計画の規制を受けると同時に、天津地域が所属する自然環境に制約されていた。多地域産の多種多様な食材が販売される民国期と異なり、毛沢東時代の天津都市部に出回る食材の種類は国家の規制や地域・季節の制約によって均質化されるようになった。

このような市販食材の種類の均質化によって、天津都市住民の食生活では民国期に存在した大きな格差がかなり縮小するようになった。それと同時に、食事内容の一般的なモデル、すなわち穀物と野菜を基本とし、少量の肉・魚介類を加えられるものが毛沢東時代の天津都市住民の家庭食卓を形成するようになった。

一方、食物販売に関する国家の規制や地域・季節の制約に対して、毛沢東時代の天津住民は既存の人間関係や経験の活用を頻繁に行い、自分や家族のニーズに応じた食材を確保できるようになった。例えば、第四章で述べたように、人々は家族、親族や友人・同僚との関係を生かして、当時の希少な市販食材（豚のリブ、海産物や他地域の調味料）を確保したり、他人との交換によって自分の欲しいものを入手したりしていた。また、冬の野菜供給不足を補うため、秋に野菜を大量に買いだめして、乾燥や塩漬けなどの工夫を加えて保存食を作っていた。

これらの対処方法に関しては、ケルドウェルが提示した旧ソ連時代のロシア都市住民の事例にも見られた。彼女によると、食物の配給制の実施以降、人々は国家規制による食物の供給不足に対して、食料を大量に買いだめして保存食を作ったり、あるいは人間関係の活用に基づく闇交換を頻繁に行ったりしており、食材を確保できるようになった［Caldwell 2009: 9-13］。要するに、買いだめ、保存食の手作り及び闇交換は社会主義体制下に暮らしていた人々が日常生活において共通に使っていた戦略的な手段であると言える。

上記のように、毛沢東時代の都市住民は多種の戦略的な手段を尽くして社会主義の現実を生きながら、約三〇年にわたる食生活を送っていた。このような食生活において人々は天津地域産の食材を家庭の食事に常に用いているため、天津料理の特徴的な組み合わせや味付けに関する文化的伝統を維持できるようになった。それと同時に、買いだめ、野菜の保存及び闇交換を頻繁に行っていた人々は、食材の確保に関する消費観念、野菜の季節の種類とそれに関する保存方法、及び希少品の入手に関わる人間関係の利用方法を身につけるようになった。これらの食に関する習慣・観念及び人間関係の利用に関する意識は毛沢東時代に暮らしていた都市住民に定着し、維持されるようになり、さらに彼らの食生活に現在までも影響し続けている。

以上のように、本書は天津都市住民を事例とし、計六二世帯の調査データの整理及び三人のライフヒストリーの記述を通して、一九四九年から二〇一八年までの七〇年にわたる中国都市住民の食生活を描いた。このような食生活に関する歴史民族誌は、社会主義体制下の中国人の食生活の実態を明らかにし、今までの先行研究上のブランク、すなわち毛沢東時代の都市家庭の食生活に対する記述の不足を埋めることができた。

　それと同時に、家庭食事の持続と変化のメカニズムも家族関係や社会制度において明らかにした。具体的には、家族内部において、夫婦関係と親子関係が食事のとり方、料理の組み合わせ・味付けに与える影響を解明した。一方、食物配給制の実施と廃止を含む社会制度の変化に対する人々の対処方法に利用されている多種多様な縁故関係を、家族外部の人間関係として捉えて、それらの縁故関係の利用が人々の食材の入手・確保に果たした重要な役割を明らかにした。これらを通して、中国人の家庭食事に関する実践が家族内部と外部の人間関係に緊密に関係することを解明して、序論で指摘した先行研究の欠点、すなわち家族内部の食事事情に対する考察の不足を補うことができたと言える。

　本書で取り上げた天津都市部の食生活に関する歴史民族誌はあくまでも一つの事例を示したものであるが、社会主義体制下の都市住民の食生活の実態を解明したこと、及び家庭食事を社会関係と実践との関係から捉えたことで、現代中国の食をめぐる人類学的研究の展開に新たな一歩を踏み出していくことが期待できる。さらに、本書で取り上げた中国の事例は、社会主義体制下の食と日常生活という大きな研究テーマに該当し、東ヨーロッパを含む元社会主義諸国に関する事例と比較的研究を行うことも今後に展望しておきたい。

あとがき

本書は、筆者が二〇一九年十一月に総合研究大学院大学文化科学研究科へ提出した博士論文を加筆・編集したものである。本書の作成にあたり、多大なるご協力を賜った皆様に、心より感謝申し上げる。

まず、本書の基礎となった博士論文をまとめる過程において、日本と中国の両国で多くの貴重な出会いに恵まれた。すべての方々のお名前を挙げることは叶わないが、特に博士課程の指導教員である朝倉敏夫先生、韓敏先生、池谷和信先生には深く感謝申し上げる。朝倉先生には、博士課程への進学を希望した筆者を温かく迎え入れていただき、一年生ゼミや投稿論文の指導、さらには現地調査への同行を通じて、食文化研究の楽しさを教えていただいた。韓敏先生には、未熟な筆者に対し、まるで家族のように温かく接していただくとともに、博士論文の完成に向けて多くの時間を割き、丁寧にご指導いただいた。また、池谷和信先生には、博士論文の全体構造や論点、題目に関して率直なご指導を賜った。

さらに、指導教員以外にも、博士論文の執筆・作成に際し、総合研究大学院大学ならびに国立民族学博物館の諸先生方に多くのご助言をいただいた。石毛直道名誉教授には、研究および執筆に関する著書のご恵贈や、中国人の家族構造の変化と家庭食事の実践に関する貴重なご助言を賜った。河合洋尚先生には、中国食文化に関する先行研究の整理について貴重なご意見をいただき、論文の理論的展開の方向性を示していただいた。宇田川妙子先生と野林厚志先生には、論文の初稿をお読みいただき、序論および結論における方法論と論点について貴重なコメントをいただいた。また、一年生のリサーチプロポーザル、論文ゼミ、博士課程の研究生活において横山廣子先生、塚田誠之先生、岸上伸啓先生、小長谷有紀先生、太田心平先生をはじめとする多くの先生方にご支援を賜った。

調査地である中国・天津市では、多くの地元住民や研究者の方々に支えられた。ここですべての方々のお名前を挙げることはできないが、インタビューや調査に協力してくださった方々、家族のように迎え入れ、気遣ってくださった方々、友人として支えてくださった方々など、そのすべての出会いに心から感謝申し上げる。特に、天津社会科学院の羅澍偉先生、天津図書館研究員の高成鳶先生、天津市公文書館の倪部長と事務員の高栄様、「票証（配給券・購入証）」収集家の陳嘉栄様、天津市料理協会の趙永強様、天津の市場調査会社の社長である張国華様には、貴重な文献資料や歴史データだけでなく、研究方法や調査データに関する多くのご助言もいただいた。

また、博士論文の調査・研究にあたり、学外の先生方にも多くのご指導を賜った。特に、筆者を国立民族学博物館の朝倉先生に紹介してくださった味の素食の文化センター元主任研究員の太田泰弘先生には、深く感謝申し上げる。二〇一〇年に中国・浙江省杭州市での出会いをきっかけに、二〇一三年の博士課程入学以降も、食文化に関する資料のご提供など、多大なるご支援をいただいた。また、武蔵大学の西澤治彦先生には、博士論文の初稿に関して、題目や全体構造、各章の内容および論点について貴重なご意見・ご助言をいただいた。

さらに、味の素食の文化センターの鈴木郁男様、津布久孝子様、草野美保様からは、中国都市部の食生活に関する貴重な歴史資料をご提供いただき、多大なるご支援を賜った。一九三二年に天津市内の日本租界で生まれた近藤久義様には、当時の天津都市部の様子をお話しいただき、近代天津の地図や歴史資料をご提供いただいた。また、園田学園女子大学名誉教授の河合利光先生には、食文化研究に関する重要な参考書をご恵贈いただくとともに、論文内容について貴重なご助言を賜った。

博士論文の校正・校閲および助言をくださった総合研究大学院大学の先輩・同輩・後輩、並びに学外の先生方にも深く感謝申し上げる。同級生の田村卓也さん、喬旦加布さん、邱君妮さんとは、学問や日々の生活を共にし、多くの刺激を受け、楽しい思い出を作ることができた。また、博士論文の日本語チェックと修正には、学内の松永千紗さん、八木風輝さん、星野麗子さん、手話研理事長の神田和幸先生にお世話になった。さらに、一年生ゼミや論文ゼミの発表では、高木仁さん、中田梓音さん、今村広之さんから、日本語表現や研究に関する貴重なコメントをいただいた。

本書の調査・研究を順調に進めることができたのは、以下の機関・財団からのご支援があったからである。「総合研究大学院大学海外派遣事業」（二〇一三年度、二〇一四年度、二〇一五年度、二〇一六年度）、「公益財団法人アサヒグループ学術振興財団」（二〇一四年度）、および国立民族学博物館のリサーチ・アシスタント事業の支援を受け、短期間のフィールド調査を積み重ねることができた。これらの経済的支援がなければ、博士論文としてまとめることは叶わなかったと思う。深く感謝申し上げる。

博士論文の審査にあたり、武蔵大学の西澤治彦先生、立命館大学の朝倉敏夫先生、国立民族学博物館の野林厚志先生、樫永真佐夫先生、池谷和信先生には、多大なるご指導を賜った。頂戴したご意見を、今後の研究の糧として活かしていきたい。

本書の刊行にあたり、風響社の石井雅社長のお力添えを賜り、実現することができた。心より石井社長と校正スタッフのご尽力に謝意と敬意を表す。

最後に、院生生活を支えてくれた中国の両親、そして留学の苦楽を共にした妻の劉陽に、心からの感謝を捧げる。彼らの支えがなければ、ここまで来ることはできなかった。本当にありがとう。

二〇二五年二月

劉　征　宇

付録1　表

付表―1　インフォーマントの所在地域及び世帯構成

世帯番号	所在地域	世帯構成
1	A区	二人の核家族：会社に就職する六〇代夫、退職した六〇代妻
2	A区	三人の核家族：退職した六〇代夫婦、大学に就職する三〇代息子
3	A区	四人の拡大家族：退職した六〇代祖母、会社に就職する三〇代息子夫婦、二歳の孫 ＊息子の嫁は回族である。
4	A区	四人の拡大家族：退職した七〇代祖父と六〇代祖母、売店に就職する三〇代娘、幼稚園に通う六歳の孫娘
5	A区	二人の核家族：退職した六〇代の夫婦
6	A区	三人の核家族：区役所出張所に就職する五〇代夫と四〇代妻、大学生の一〇代息子
7	A区	一人の単身世帯：退職した八〇代女性
8	B区	一人の単身世帯：退職した六〇代女性
9	B区	二人の父子世帯：工場に就職する五〇代父親、金融機関に就職する二〇代娘
10	B区	三人の核家族：バイトする五〇代夫、退職した五〇代妻、および製図会社に就職する二〇代娘 ＊妻は仏教に帰依する「居士」である。
11	B区	二人の母子世帯：退職した五〇代母親、銀行に就職する二〇代娘 ＊母は仏教に帰依する「居士」である。
12	B区	三人の核家族：バイトする五〇代夫、大学に就職する五〇代妻、大学生の二〇代娘
13	B区	三人の核家族：退職した五〇代夫婦、会社に就職する三〇代娘
14	B区	三人の核家族：食品会社を経営する六〇代夫、同社に就職する五〇代妻と三〇代娘
15	B区	二人の核家族：鋼材売買の会社を経営する五〇代夫、退職した五〇代妻

世帯番号	所在地域	世帯構成
16	B区	二人の核家族：北京に就職する五〇代夫、退職した五〇代妻
17	B区	四人の拡大家族：退職した五〇代祖母、印刷会社を経営する五〇代娘婿、会社に就職する三〇代娘、四歳の孫娘 ＊祖母と娘は回族である。
18	B区	三人の核家族：設計会社に勤める六〇代夫、退職した六〇代妻、および大学に就職する三〇代息子
19	B区	三人の核家族：大学に就職する四〇代夫、産前休業する三〇代妻、および中学校生の一〇代息子
20	B区	三人の母子世帯：退職した八〇代母親と六〇代次女、病院に就職する五〇代三女
21	B区	四人の拡大家族：退職した八〇代祖父、売店に就職する四〇代長女、国営企業に就職する四〇代長女婿、および大学生の二〇代孫
22	C区	二人の核家族：フリーターの四〇代夫、学校に就職する四〇代妻 ＊夫は回族である。
23	C区	二人の核家族：退職した七〇代夫婦
24	C区	二人の核家族：退職した五〇代夫婦 ＊夫婦はカトリック教徒である。
25	C区	一人の単身世帯：退職した五〇代女性
26	C区	四人の拡大家族：退職した七〇代祖母、家で仕事する四〇代娘、北京で仕事する四〇代娘婿、および小学校生の一〇代孫娘
27	C区	二人の核家族：退職した六〇代夫婦
28	C区	二人の核家族：公務員である五〇代夫、大学に就職する五〇代妻
29	C区	二人の母子世帯：退職した五〇代母親、会社に就職する三〇代娘 ＊母と娘はカトリック教徒である。
30	C区	三人の核家族：働く五〇代夫婦と二〇代息子
31	C区	三人の核家族：会社を経営する四〇代夫、公務員である四〇代妻、および中学校生の一〇代息子
32	C区	一人の単身世帯：退職した八〇代女性
33	C区	二人の核家族：退職した七〇代夫と六〇代妻 ＊夫婦は回族であり、イスラム教徒である。
34	D区	四人の拡大家族：バイトする五〇代夫婦、会社に就職する二〇代息子、および公務員である二〇代息子の嫁
35	D区	五人の拡大家族：退職した六〇代祖父と祖母、飲食店を経営する三〇代息子の嫁、および小学校生の一〇歳孫と三歳の孫娘

世帯番号	所在地域	世帯構成
36	D区	三人の核家族：会社に就職する三〇代夫、大学に就職する三〇代妻、小学校生の一〇代娘 ＊妻は回族である。
37	D区	二人の核家族：退職した七〇代夫婦
38	D区	一人の単身世帯：退職した七〇代女性
39	D区	一人の単身世帯：退職した八〇代女性
40	D区	二人の核家族：小商いをする五〇代夫婦
41	D区	一人の単身世帯：退職した七〇代女性
42	E区	五人の拡大家族：退職した八〇代祖父（共産党幹部）と祖母、六〇代息子と五〇代息子の嫁、および会社に就職する三〇代孫娘
43	E区	一人の単身世帯：退職した六〇代女性
44	E区	二人の核家族：働く五〇代夫、退職した五〇代妻
45	E区	三人の拡大家族：建築会社を経営した五〇代祖母、設計仕事で働く三〇代娘、および二歳の孫娘
46	E区	二人の核家族：バイトする五〇代夫、退職した五〇代妻 ＊妻は仏教に帰依する「居士」である。
47	E区	三人の核家族：退職した六〇代夫と五〇代妻、区役所出張所に就職する三〇代息子
48	E区	二人の核家族：貿易会社を経営する六〇代夫、病院に就職する五〇代妻
49	E区	二人の核家族：退職した七〇代夫婦 ＊夫婦はキリスト教徒である。
50	F区	三人の核家族：建築会社を経営する四〇代夫、主婦である四〇代妻、会社に就職する二〇代息子 ＊夫と息子は回族である。また、夫はイスラム教徒である。
51	F区	一人の単身世帯：建築会社を経営する六〇代男性
52	F区	二人の核家族：退職した七〇代夫婦
53	F区	三人の核家族：大学に就職する五〇代夫、退職した五〇代妻、大学生の二〇代娘
54	F区	三人の核家族：大学に就職する三〇代夫、中学校に就職する三〇代妻、幼稚園に通う五歳息子 ＊妻は回族である。
55	G区	二人の核家族：専門学校に就職する五〇代夫、退職した五〇代妻（二〇〇九年ごろにC区から転居した）

世帯番号	所在地域	世帯構成
56	G区	三人の核家族：会社に就職する五〇代夫、家で働く五〇代妻、会社に就職する二〇代娘（二〇〇〇年ごろにB区から転居した）
57	G区	二人の核家族：不動産会社に就職する五〇代夫、病院に就職する五〇代妻（二〇〇六年ごろにE区から転居した）
58	H区	五人の拡大家族：バイトする六〇代夫婦、小商いする三〇代息子夫婦、および幼稚園に通う五歳孫（二〇一二年前後にF区から転居した）
59	I区	四人の拡大家族：退職した五〇代夫婦、働く三〇代娘と娘婿（二〇一〇年ごろにA区から転居した）
60	I区	二人の母子世帯：退職した五〇代母親、仕事なしの三〇代息子（二〇〇〇年代にA区から転居した）
61	J区	一人の単身世帯：退職した六〇代女性（二〇一五年にC区から転居した）
62	J区	三人の核家族：飲食店を経営する四〇代夫婦、大学生の二〇代娘（二〇一〇年ごろにF区から転居した） ＊夫は回族である。

・世帯メンバーの年齢は二〇一八年にもとに計算する。

付表—2　天津地域の地方誌に記録された年中行事に関わる食

号番	日付	節句名	清王朝（食に関わる記録・合計一四項目）	民国時期（食に関わる記録・合計二三項目）
1	正月	立春	カブを食べる。「春を噛む」という意味がある。宴会をひらい、春餅を食べる。〈一六七六年版〉前日に春餅を食べる。	春餅を食べる。具体的に、大餅、燻製の肉類、ホウレンソウやニラ、ハクサイ、春雨、鶏卵の炒め物である。紅心大根を食べる。春を噛むという意味がある。
2	正月一日	元旦	宴会をひらき、「春を誘う」という意味があるお酒を飲む。水餃子を食べる。〈一八七〇年版〉正月一日から五日まで、生米を炊いてはいけないというタブーがある。	「年餅」を食べる。正月一日から五日までの五日間に焼くこと、あるいは煎ることを忌む。
3	正月二日		節句の記録がない。	庶民や商人は財神（福の神）に羊、鶏や魚を供える。
4	正月八日		節句の記録がない。	星の神を祭る。元宵あるいは水餃子を供える。
5	正月十五日	上元日	白玉を手作りして食べる。「元宵」と呼ぶ。	家族全員が揃って元宵を食べる。
6	正月十九日	燕九	節句の記録がない。	「燕九節」と呼ぶ。自宅で水餃子あるいは春餅を食べる。
7	二月二日	竜抬頭	焼きもちを食べる。	「竜抬頭」と呼ぶ。大餅と煎「燜子」を食べる。
8	三月三日	上巳	〈一八七〇年版〉節句の記録が出現、食に関するものがない。	「菀豆黄（豌豆で作った羊羹のような菓子）」を食べる。
9	四月八日	仏誕日	〈一七三九年版〉「仏誕日（灌仏会）」と呼ばれ、茹で豆（「結縁豆」・縁を結ぶ豆）を他人に贈る。	ニレの実、砂糖や小麦粉で作った具ありの餅を食べる。具ありの饅頭を食べる。中身はハマナスあるいはフジの花、砂糖や小麦粉で作られる。
10	五月五日	端午	「角黍（粽）」を親族に贈る。菖蒲酒や雄黄酒を飲む。	粽を贈ったり仏前に供えたりする。
11	六月	夏至	〈一八七〇年版〉節句の記録が出現、食に関するものがない。	麺類を食べる。ニンニクの甘酢漬けを作る。

番号	日付	節句名	清王朝（食に関わる記録・合計一四項目）	民国時期（食に関わる記録・合計二三項目）
12	六月六日		豆スープを飲む。麺類を食べる。	節句の記録があるが、食に関するものがない。
13	六月	初伏	〈一七三九年版〉麺類を食べる。	水餃子を食べる。
14	六月	中伏	節句の記録がない。	麺類を食べる。
15	六月	末伏	節句の記録がない。	大餅と鶏卵炒めを食べる。
16	七月	立秋	〈一八七〇年版〉節句の記録が出現、食に関するものがない。	瓜を食べる。秋を噛むという意味がある。
17	七月七日	乞巧	果物をおいて、織女に祀る。	果物をおいて、織女に祀る。
18	八月十五日	中秋	月餅を親族に贈る。 月に瓜や月餅を供える。 親族と飲み会を行う。	果物や月餅、枝豆、ケイトウ、カブ、レンコンをおいて、月に供える。 家族が揃って飲み会を行う。 月に供える月餅を人数分に切って食べる。この月餅は「団円餅」と呼ばれる。また、団円餅を残しておいて、大晦日に食べる人もいる。 商人の場合、夕食に宴会をひらく。
19	九月九日	重陽	節句の記録があるが、食に関するものがない。	ラム肉の火鍋を食べる。 「花糕」を食べる。「花糕」は小麦粉で作った餅の上に、棗、栗、砂糖や果物をおいて作られる。
20	十一月	冬至	〈一八七〇年版〉ワンタンを食べる。	ワンタンを食べる。 特に「冬至にワンタン、夏至に麺を食べる」という諺がある。
21	十二月八日	臘八	「臘八粥」を飲む。「臘八粥」の食材は米、豆、棗、栗を含む。	「臘八粥」を飲む。「臘八粥」の食材は米、豆、棗、栗、蓮の実を含む。また、作ったおかゆの上に、クルミ、アンニン、ピーナッツ、ひまわりの種、レーズン、砂糖漬け、砂糖や黒砂糖を飾りつける。 「臘八粥」を祖先や仏に供えてから、親族や友人に贈る。

号番	日付	節句名	清王朝（食に関わる記録・合計一四項目）	民国時期（食に関わる記録・合計二三項目）
22	十二月二十三日	祭灶	〈一八七〇年版〉節句の記録が出現、食に関するものがない	飴（「糖瓜」）、餅（「年餅」）やクルミを竈神に供える。
23	十二月二十四日		飴（「糖瓜」）、餅（「年餅」）やクルミを竈神に供える。	節句の記録がない。
24	十二月二十九日	小除夕	〈一八七〇年版〉節句の記録が出現、食に関するものがない。	「小除夕」と呼ぶ。 家で飲み会を開く。
25	十二月三十日	除夕	年守る。 祖先を祭る。 家族と会食する。	水餃子を供える。 家族が揃って団円飯を食べる。団円飯は水餃子を基本に、少量のお酒、乾燥果や砂糖漬けなど。

・清王朝のデータに参照する地方誌は『（康熙）天津衛志』（一六七六年）、『（乾隆）天津府誌』（一七三九年）、『（乾隆）天津県誌』（一七三九年）、『（同治）続天津県志』（一八七〇年）、『（光緒）天津府誌』（一八九九年）に基づく筆者作成。
・民国時期のデータは『天津志略』（一九三一年）に基づく筆者作成。

付表―3　一年間における各季節の一週間の食事メニュー（老婦人Z）

季節	日付	朝食	昼食	夕食
春	2017/3/20 月	・クルミケーキ（「胡桃酥」と呼ぶ中華式の菓子）、ビスケット ・ゆで卵、六つの蒸し棗 ・オートミール（お湯入れ）	・水餃子（豚ミンチ、ニラ、ハクサイ、エビ、鶏卵の餡） ＊末娘が休む	記録なし
	2017/3/21 火	・パン ・ゆで卵、六つの蒸し棗 ・オートミール（お湯入れ）	・水餃子 ・栗のお粥	記録なし
	2017/3/22 水	・パン、四つの水餃子 ・六つの蒸し棗 ・オートミール（お湯入れ）	・ワンタン（豚ミンチの餡）	記録なし
	2017/3/23 木	・パン ・ワンタン	・米飯 ・鶏卵、キュウリとキクラゲの炒め、ニンジン、キャベツと豚肉の醤油煮 ・栗のお粥	記録なし
	2017/3/24 金	・パン ・オートミール（お湯入れ）	・ワンタン	記録なし
	2017/3/25 土	・饅頭 ・ソーセージ、六つの蒸し棗 ・オートミール（お湯入れ）	・米飯 ・タチウオの醤油煮 ニンジン、タマネギと豚腎臓の炒め 干しエビ、春雨とハクサイの炒め ・ハツカダイコンのスープ ＊末娘が休む	・焼餅 ・ソーセージ 千切りの押し豆腐の和え物 ・ホウレンソウのうどん
	2017/3/26 日	・半分の焼餅 ・ソーセージ、六つの蒸し棗 ・オートミール（お湯入れ）	・あんかけ麺（かけあんはシイタケやキクラゲ、厚揚げ、エビ、豚肉、鶏卵、干しキンシンサイの醤油煮） ＊末娘の夫と娘が来る	記録なし

付録1　表

季節	日付	朝食	昼食	夕食
夏	2017/7/24 月	・三分の一の饅頭 ・ゆで卵、七つの蒸し棗 ・オートミール（お湯入れ）	・肉饅頭（豚ミンチ、ジュウロクササゲの餡） ・白米と緑豆のお粥 ＊末娘が休む	記録なし
	2017/7/25 火	・四分の一の饅頭 ・ゆで卵、七つの蒸し棗 ・オートミール（お湯入れ）	・米飯 ・ピーマンと鶏肉炒め キクラゲ、鶏卵とニラの芽の炒め レタス炒め ・トウガンと春雨のスープ ＊末娘が休む	記録なし
	2017/7/26 水	・ゆで卵、七つの蒸し棗 ・オートミール（お湯入れ）	・米飯 ・コウライハスの揚げ物 ナスの醤油煮 ジャガイモとピーマン炒め クルマエビの醤油煮 エリンギ炒め ・トマトと鶏卵のスープ ＊末娘が休む	記録なし
	2017/7/27 木	・半分の饅頭 ・ナスの醤油煮、七つの蒸し棗 ・オートミール（お湯入れ）	・米飯 ・キャベツ炒め マコモダケ炒め ゴーヤー炒め クルマエビの醤油煮 ・トウガンや豚団子のスープ ＊末娘が休む	記録なし
	2017/7/28 金	・米飯 ・マコモダケの炒め、七つの蒸し棗 ・オートミール（お湯入れ）	・大餅 ・ナスのひき肉はさみの天ぷら レンコンの天ぷら ・白米と緑豆のお粥 ＊末娘が休む	記録なし

季節	日付	朝食	昼食	夕食
	2017/7/29 土	・大餅 ・いり卵、七つの蒸し棗 ・オートミール（お湯入れ）	・米飯 ・揚げ団子やキャベツ、ニンジン、ジュウロクササゲの醤油煮 レンコンの甘酢炒め ・トマトと鶏卵のスープ ＊末娘が休む	記録なし
	2017/7/30 日	・米飯 ・前日の残りのおかず	・飲食店で外食する また、「韮菜盒子（ニラ、いり卵、春雨、干しエビなどの食材を小麦粉で作った生地で包んで焼いたもの）」を持ち帰った ＊末娘夫婦と一緒に	・「韮菜盒子」 ・オートミール（お湯入れ）
秋	2017/9/4 月	・煎餅餜子（末娘から購入してもらう）	・あんかけ麺（かけあんは鶏卵と燻製の押し豆腐、ピーマン、ニンジンの炒めもの） 水餃子（豚ミンチ、エビ、鶏卵、ニラ、ズッキーニの餡）	記録なし
	2017/9/5 火	・菓子、パン ・七つの蒸し棗 ・オートミール（お湯入れ）	・米飯 ・ナスの醤油煮 豚肉、キュウリとモウコシメジ炒め 蒸し海カニ ＊末娘が休む	記録なし
	2017/9/6 水	・菓子、パン ・七つの蒸し棗 ・オートミール（お湯入れ）	・米飯、水餃子 ・ナスの醤油煮	記録なし
	2017/9/7 木	・饅頭 ・ナスの醤油煮、七つの蒸し棗 ・オートミール（お湯入れ）	・饅頭 ・トウガンの醤油煮 コウライハスの醤油煮	記録なし

季節	日付	朝食	昼食	夕食
	2017/9/8 金	・四分の一の饅頭、クルミケーキ ・七つの蒸し棗 ・オートミール（お湯入れ）	・饅頭 ・キャベツと豚肉の醤油煮 コウライハスの醤油煮 ・トマトと鶏卵のうどん ＊末娘が休む	記録なし
	2017/9/9 土	・半分のパン、菓子 ・七つの蒸し棗 ・オートミール（お湯入れ）	・饅頭 ・ジャガイモ、ピーマン、キュウリと豚肉炒め ・トマトと鶏卵のうどん	記録なし
	2017/9/10 日	・半分の饅頭 ・ソーセージ、七つの蒸し棗 ・オートミール（お湯入れ）	・あんかけ麺（かけあんはシイタケやキクラゲ、厚揚げ、エビ、豚肉、鶏卵、干しキンシンサイの醤油煮）	記録なし
冬	2017/11/27 月	・小豆餡の饅頭 ・七つの蒸し棗 ・「藕粉（蓮根から採った澱粉で作る葛湯のようなもの）」	・粟と白米の米飯 ・タチウオの醤油煮 モヤシ炒め ナスの醤油煮 ・ダイコンや干しエビのスープ ＊末娘が休む	記録なし
	2017/11/28 火	・小豆餡の饅頭 ・七つの蒸し棗 ・藕粉	・あんかけ麺（かけあんは麦味噌と豚肉炒め） ホウレンソウとニンジンの茹で野菜	記録なし
	2017/11/29 水	・サンザシ餡の饅頭 ・七つの蒸し棗 ・藕粉	・粟と白米の米飯 ・ナスの醤油煮 豚肉の醤油煮込み ビートの炒め ・ダイコンと春雨のスープ ＊末娘が休む	記録なし
	2017/11/30 木	・小豆餡の饅頭、米飯 ・ナスの醤油煮、七つの蒸し棗 ・藕粉	・あんかけ麺（かけあんは麦味噌と豚肉炒め） ホウレンソウ、ニンジンやハクサイの茹で野菜	記録なし

季節	日付	朝食	昼食	夕食
	2017/12/1 金	・サンザシ餡の饅頭 ・七つの蒸し棗 ・藕粉	・長女と一緒に飲食店で外食する： 水餃子 ナマコ、タケノコと鶏肉の炒め	記録なし
	2017/12/2 土	・饅頭 ・燻製の鶏卵、七つの蒸し棗 ・藕粉	・米飯の炒め、饅頭 ・ソーセージ	記録なし
	2017/12/3 日	・饅頭 ・ソーセージ ・藕粉	・水餃子（豚ミンチとハクサイの餡） ＊末娘が休む	・ワンタン

注：下線をつけた料理は残り物である。

付表―4　一年間における各季節の一週間の食事メニュー（息子L夫婦）

季節	日付	朝食	昼食	夕食
春	2017/4/3 月	記録なし	・米飯 ・セロリと燻製の押し豆腐炒め ナマコ炒め（夫） ヒラメの醤油煮（妻）	・ワンタン（豚ミンチ、アブラナの餡）
	2017/4/4 火	・焼きパン ・ゆで卵、ソーセージ ・雑穀のお粥	・あんかけ麺（ジャージャー麺）	・半分の大餅 ・蒸しニンジン（夫） 豚肉の醤油煮（夫） ナマコ炒め（夫） ヒラメの醤油煮（妻） ・159（妻）
	2017/4/5 水	・焼きパン ・ソーセージ ・雑穀のお粥	・水餃子（豚ミンチ、ニンジン、パクチー）	・キャベツ、ナマコ、鶏卵のうどん（夫） ・159（妻）
	2017/4/6 木	・焼きパン ・ゆで卵、ソーセージ、クルミ ・雑穀のお粥（夫）、牛乳（妻）	・スパゲッティ（手作りソースはキャベツ、セロリ、トマトソース、ニンジン炒めである。また、煎た豚肉。）	・うどん（夫） ・159（妻） ・焼き餃子
	2017/4/7 金	・「棗饅頭（棗入れの饅頭）」 ・ゆで卵、ソーセージ、クルミ ・牛乳	・米飯 ・キュウリ、キクラゲとエビ炒め セロリと燻製の押し豆腐炒め ＊妻と友人が家で食べる。夫は外食する。	・キャベツ、ナマコ、鶏卵のうどん（夫） ・159（妻）

季節	日付	朝食	昼食	夕食
	2017/4/8 土	・棗饅頭 ・ゆで卵、ソーセージ、クルミ、甘グリ ・雑穀のお粥（夫）、牛乳（妻）	・饅頭（夫）、米飯（妻） ・カリフラワー、ニンジンとキクラゲ炒め 豚肉炒め モヤシ炒め	・少量の饅頭や棗饅頭 ・燻製の牛肉 ・ホウレンソウのうどん
	2017/4/9 日	・棗饅頭 ・ゆで卵、ソーセージ、クルミ、甘グリ ・雑穀のお粥（夫）、牛乳（妻）	・饅頭（夫）、米飯（妻） ・燻製の牛肉 キャベツ炒め 茎レタス炒め	・少量のスライスした饅頭の焼き物 ・トマトと鶏卵のうどん
夏	2017/6/5 月	・棗饅頭 ・ゆで卵、クルミ ・雑穀のお粥（夫）、159（妻）	・あんかけ麺（かけあんはトマトと鶏卵の炒め）	・半分の大餅 ・キャベツとサヤインゲンの醤油煮
	2017/6/6 火	・棗饅頭 ・ゆで卵、ソーセージ、クルミ ・雑穀のお粥（夫）、159（妻）	・米飯 ・豚リブの白煮 キャベツ炒め 干しキンシンサイ、キクラゲとキュウリ炒め	・米飯（夫）、159（妻） ・ニンジン、ジャガイモとサヤインゲンの醤油煮
	2017/6/7 水	・油条 ・雑穀のお粥	・米飯 ・キュウリとキクラゲ炒め 豚リブの白煮 ・トマトと鶏卵のスープ	・糊塌子
	2017/6/8 木	・棗饅頭 ・ゆで卵、ソーセージ、クルミ ・雑穀のお粥（夫）、159（妻）	・あんかけ麺（かけあんは干しキンシンサイ、キクラゲ、シイタケ、干しキヌガサタケ、豚肉の醤油煮）	・糊塌子

季節	日付	朝食	昼食	夕食
	2017/6/9 金	・棗饅頭 ・ゆで卵、ソーセージ、クルミ ・雑穀のお粥（夫）、159（妻）	・大餅 ・クルマエビの醤油煮 ・トマトとキャベツのスープ	・半分の大餅（夫） ・159（妻） ・キャベツとサヤインゲンの醤油煮
	2017/6/10 土	（夫） ・ソーセージ、クルミ、蒸しカボチャ ・牛乳 （妻） ・饅頭 ・ソーセージ、蒸しカボチャ ・牛乳	・米飯 ・ジャガイモとトマトの炒め ＊夫は外食する。	・糊塌子 ・トマト、キュウリと鶏卵のスープ
	2017/6/11 日	（夫） ・煎餅餜子 ・牛乳 （妻） ・棗饅頭 ・ソーセージ ・159	・あんかけ麺（かけあんはトマトと鶏卵の炒め）	夫婦は妻の友人と外食する。
秋	2017/9/4 月	・スライスした饅頭の焼き物 ・ゆで卵、チーズ、ソーセージ ・牛乳	・焼き餃子（豚ミンチ、ニラ、鶏卵、エビの餡）	・9個の焼き餃子 ・レンコンの甘酢炒め セロリの和え物 ・トマトと鶏卵のうどん
	2017/9/5 火	・スライスした饅頭の焼き物 ・ゆで卵、チーズ ・手作りのオレンジジュース、牛乳	・米飯 ・レンコン、サトイモと豚肉の醤油煮 キャベツ炒め	・饅頭 ・レンコン、サトイモと豚肉の醤油煮 キャベツ炒め ・トウガンのスープ

季節	日付	朝食	昼食	夕食
	2017/9/6 水	・スライスした饅頭の焼き物 ・ゆで卵、チーズ ・手作りのオレンジジュース、雑穀のお粥	・米飯 ・セロリ炒め ジャガイモやサヤインゲン、梅干菜、豚肉の醤油煮	・トマトと鶏卵のうどん ・蒸しナマコ
	2017/9/7 木	・焼きパン ・ゆで卵、チーズ、ソーセージ ・雑穀のお粥	夫は就職先の食堂から昼食をとる。妻は飲食店で外食する。	・ユーマイサイのうどん ・蒸しナマコ
	2017/9/8 金	・焼きパン ・ゆで卵、チーズ、ソーセージ ・雑穀のお粥	・水餃子（豚ミンチ、ニラ、鶏卵、エビの餡）	・ワンタン（豚ミンチとアブラナの餡）
	2017/9/9 土	・油条 ・雑穀のお粥	・米飯 ・燻製の押し豆腐とセロリ炒め アブラナ炒め 豚肉の醤油煮	・トマトと鶏卵のうどん
	2017/9/10 日	・油条 ・ワンタン ＊朝食店で外食する。	昼食を食べず、コーヒーだけを飲む。 ＊買い物の売り場にコーヒーを飲む	・米飯 ・キャベツ炒め 燻製の押し豆腐とセロリ炒め
冬	2018/1/8 月	・元宵	・肉饅頭（豚ミンチ、白菜の餡）	・蒸しニンジン、焼き芋 ・トマト、鶏卵やハクサイのうどん
	2018/1/9 火	・焼きパン ・ゆで卵、ソーセージ ・雑穀のお粥	・米飯 ・ハクサイ炒め ＊夫は外食する	・大餅 ・キャベツ炒め 千切りの燻製押し豆腐の和え物 蒸しナマコ
	2018/1/10 水	・元宵	・肉饅頭 ・ホウレンソウと鶏卵のスープ	・焼き芋 ・ホウレンソウ、ナマコと鶏卵のうどん

季節	日付	朝食	昼食	夕食
	2018/1/11 木	（夫） ・焼きパン、蒸しニンジンとナガイモ ・ゆで卵 ・雑穀のお粥 （妻） ・焼きパン ・ホウレンソウと鶏卵のうどん	・米飯 ・燻製の押し豆腐とセロリの炒め カリフラワーとブロッコリーの和え物 エビの醤油煮	・トマトと鶏卵のうどん
	2018/1/12 金	（夫） ・焼きパン、 ・ゆで卵、蒸しニンジンとナガイモ ・雑穀のお粥 （妻） ・焼きパン ・牛乳	・肉饅頭（豚ミンチ、ハクサイの餡） 蒸し餃子（豚ミンチ、ウイキョウの餡） ・緑豆と米のお粥	・六個の肉饅頭 ・緑豆と米のお粥
	2018/1/13 土	・焼きパン ・ゆで卵、蒸しニンジンとナガイモ（夫） ・牛乳	・チャーハン（ニンジン、鶏卵とソーセージ入れ） ・レタス炒め	・ラム肉のしゃぶしゃぶ *飲食店で外食する
	2018/1/14 日	・焼きパン ・ゆで卵、蒸しニンジンとナガイモ（夫） ・雑穀のお粥（夫）、159（妻）	・あんかけ麺（ジャージャー麺）	・肉饅頭 ・粟のお粥

注：下線をつけた料理は残り物である。

付表―5　日記に記入した一年間における行事食のまとめ（老婦人Z）

番号	ハレの日あるいは当日の行事	当日の食べ物	西洋暦の日付
1	正月一日	・朝食：布袋像に供えた菓子 ・昼食：素餃子	2017/1/28 土
2	娘婿の日・正月二日	・朝食：饅頭、棗、ソーセージ、オートミール ・昼食：四礫麵	2017/1/29 日
3	「合子往家轉（合子が家に回転してくる）」・正月三日	・朝食：饅頭、マナガツオの醤油煮、オートミール ・昼食：水餃子と合子（餡はハクサイとラム肉で作ったもの）	2017/1/30 月
4	初五であり、厄介な人の口を挟むことをする	・朝食：饅頭、ホウレンソウのスープ ・昼食：水餃子	2017/2/1 水
5	立春	・朝食：菓子、棗、ソーセージ、オートミール ・昼食：饅頭、ニンジン、ジャガイモと牛肉の煮込み、ニンニクの芽と豚肉炒め、スナップエンドウ炒め、およびダイコン、干しエビと春雨のスープ	2017/2/3 金
6	兄の家に兄弟の家族と会食する	・朝食：記録なし ・昼食：兄の家で四礫麵を食べる ・夕食：北京ダックの専門店で外食する	2017/2/5 日
7	正月十三日であり、ネズミやハリネズミのような饅頭を蒸す	この行事のみ、食事と関係ない	2017/2/9 木
8	正月十五日	・朝食：鶏卵、ワンタン ・昼食：水餃子	2017/2/11 土
9	填倉	・朝食：パン、棗、オートミール ・昼食：鮒やハクサイのウドン、鶏肉、ハクサイ、ニンジンと春雨の醤油煮込み	2017/2/21 火
10	二月一日	・朝食：菓子、鶏卵、オートミール ・あんかけ麵（かけあんには豚肉、エビ、鶏卵が入っていた）	2017/2/26 日
11	二月二日の龍擡頭	・朝食：菓子、オートミール ・昼食：大餅、燻製の押し豆腐、ニラとモヤシ炒め、鶏卵とエビ炒め、および煎「焖子」	2017/2/27 月

番号	ハレの日あるいは当日の行事	当日の食べ物	西洋暦の日付
12	二月十五日、あんかけ麵を食べる	・朝食：菓子、鶏卵、オートミール ・昼食：あんかけ麵（かけ餡はニンジンやキクラゲ、鶏卵、大豆、ピーマン、燻製の押し豆腐の炒め物である）	2017/3/12 日
13	兄弟の家族と一緒に、自分の両親の墓参りを行う	・朝食：記録なし ・昼食：飲食店に外食する ・夕食：飲食店に外食する（饅頭、魚の煮物、ラム肉の煮込み、ソーセージなど）	2017/4/4 水
14	子女と一緒に、亡父の墓参りを行う	・朝食：菓子、生姜、棗、オートミール ・昼食：饅頭、コウライハスの揚げ物、ヒラメの醤油煮込み、クルマエビの醤油煮込み、豚リブの醤油煮込み、タケノコ炒め、白キクラゲとハスの実のとろりとしたスープ	2017/4/9 日
15	四月八日であり、釈迦の誕生日である	・朝食：饅頭、鶏卵、棗、藕粉 ・昼食：あんかけ麵（かけあんは豚肉、エビや鶏卵を入れて作ったものである）	2017/5/3 水
16	誕生祝い ＊自分の誕生日は旧暦の六月十日である（2017/7/3・月）	・朝食：記録なし ・昼食：飲食店に外食する ・夕食：家で四碟麵を食べる	2017/7/9 日
17	初伏	・朝食：菓子 ・昼食：水餃子	2017/7/12 水
18	兄の誕生祝い	・朝食：記録なし ・昼食：兄の家で四碟麵を食べる ・夕食：飲食店に外食する	2017/7/22 日
19	立秋であり、「秋色を食う」	・朝食と昼食：記録なし ・夕食：水餃子	2017/8/7 月
20	末伏	・朝食：菓子、鶏卵、棗、オートミール ・昼食：大餅、鶏卵の炒め、モヤシとニラの炒め、キュウリの和え物、白米と緑豆のお粥	2017/8/11 金
21	七月一日	・朝食：菓子、棗、オートミール ・昼食：大餅、鶏卵、キュウリとキクラゲの炒め、トマトのウドン	2017/8/22 火

番号	ハレの日あるいは当日の行事	当日の食べ物	西洋暦の日付
22	八月一日	・朝食：菓子、オートミール ・昼食：あんかけ麺（かけあんはトマトやキクラゲ、干しシンキンサイ、鶏卵の醤油煮である）	2017/9/20 水
23	兄の家で兄弟の家族と会食する	・朝食：記録なし ・昼食：兄の家で焼餅、蒸しカニ、一〇品のおかずを食べる ・夕食：兄の家であんかけ麺（かけあんはトマトと鶏卵の炒めである）、および昼食の残りおかずを食べる	2017/10/5 木
24	九月十五日	・朝食：パン、棗、牛乳とオートミール ・昼食：あんかけ麺（かけあんは麦味噌と豚肉炒めである）	2017/11/3 金
25	立冬であり、水餃子あるいはワンタンを食べる	・朝食：菓子、棗、牛乳とオートミール ・昼食：ワンタン（豚ミンチの餡）	2017/11/7 火
26	臘八	・朝食：菓子、棗、オートミール ・昼食：水餃子（豚ミンチ、ニラ、エビ、鶏卵の餡）、臘八粥	2018/1/24 水
27	立春	・朝食：菓子、棗、牛乳とオートミール ・昼食：饅頭、米飯、サヤインゲンと豚リブの醤油煮込み、ハクサイのウドン	2018/2/4 日
28	臘月二十八、白面發（臘月二十八日に、こねた小麦粉を発酵させる）	この行事のみ、食事と関係ない	2018/2/13 火
29	大晦日	・朝食：棗饅頭、ソーセージ、棗、牛乳とオートミール ・昼食：米飯、赤カブの醤油煮、ニンニクの芽と豚肉炒め、鶏肉スープ ・夕食：家族と会食する、一〇品のおかず	2018/2/15 木

注：老婦人の日記における西暦五月十日から七月八日までの間は記録がない。

付表―6　日記に記入した一年間における行事食のまとめ（息子L夫婦）

番号	ハレの日あるいは当日の行事	当日の食べ物	西洋暦の日付
1	正月一日	・零時頃：姑の家で素餃子を食べる ・朝食：記録なし ・昼食：（妻）米飯、ニンジンの炒め、アブラナ炒め、緑豆のお粥 （夫）姑の家で素餃子を食べる ・夕食：家でお粥	2017/1/28 土
2	初五であり、厄介な人の口を挟むことをする	・朝食：記録なし ・昼食：水餃子（餡はニンジン、鶏卵やハクサイで作ったものである） ・夕食：（夫）友達と外食する （妻）米飯、ハクサイ炒め	2017/2/1 水
3	息子の誕生祝い ＊旧暦の誕生日	・朝食：ゆで卵、お粥 ・昼食：蒸し餃子（餡は豚ミントとダイコンで作ったものである） ・夕食：あんかけ麺	2017/3/5 日
4	夫が姑と一緒に墓参りを行う	・朝食：棗饅頭、鶏卵、ソーセージ、クルミ、甘グリ、お粥（夫）、159（妻） ・昼食：米飯（妻）、饅頭（夫）、燻製の牛肉、キャベツ炒め、ステムレタス炒め ・夕食：饅頭、トマトと鶏卵のウドン	2017/4/9 日
5	墓参り ＊弟と一緒に両親の墓参りを行う	・朝食：前日と同じである ・昼食：（夫）外食する （妻）家でジャージャー麺を食べる ・夕食：友達から食事を招待してもらう	2017/4/22 土
6	夫が粽を注文すること ＊親友への贈答用	この行事のみ、食事と関係ない	2017/5/21 日
7	姑の誕生日	・朝食：月餅、雑穀のお粥 ・昼食：飲食店に外食する ・夕食：姑の家で四碟麵を食べる	2017/7/9 日

番号	ハレの日あるいは当日の行事	当日の食べ物	西洋暦の日付
8	初伏	・朝食：トウモロコシ、棗饅頭、鶏卵、お粥 ・昼食：水餃子（餡は豚ミンチ、ズッキーニやニラで作ったもの） ・夕食：水餃子、アブラナのウドン	2017/7/12 水
9	姑の兄の誕生日	・朝食：記録なし ・昼食：姑の兄の家で麺類を食べる ・夕食：飲食店に外食する	2017/7/22 土
10	翌日は自分の誕生日	・朝食：記録なし ・昼食：水餃子（餡は豚ミンチ、ニラ、エビや鶏卵で作ったものである） ・夕食：水餃子、トマトと鶏卵のスープ	2017/8/3 木
11	自分の誕生日	・朝食：菓子、コーヒー ・昼食：（夫）友達と外食する （妻）家であんかけ麺を食べる（かけあんはトマトと鶏卵の炒めである） ・夕食：ウドン	2017/8/4 金
12	夫の誕生日	・朝食：レストランでバッフェをとる ・昼食：とらない ・夕食：隣人の家で会食する（あんかけ麺、豚肉の醤油煮込み、燻製の鶏卵）	2017/8/6 日
13	妹の誕生日	北京に住んでいる妹と会食する 具体的な記録がない ＊筆者が確認：誕生日の前日に水餃子、当日にあんかけ麺を食べることであった	2017/8/16 水
14	夫が注文した月餅を取りに行く ＊親友への贈答用	この行事のみ、食事と関係ない	2017/9/23 土
15	中秋節の祝い	北京の親族と会食する 具体的な記録がない	2017/10/4 水
16	立冬	・朝食：焼きパン、雑穀のお粥、ゆで卵、漬物 ・昼食：水餃子（餡は豚ミンチとウイキョウで作ったもの） ・夕食：焼き餃子、焼き芋、カリフラワーの和え物、ダイコン、パクチーと干しエビのスープ	2017/11/7 火

番号	ハレの日あるいは当日の行事	当日の食べ物	西洋暦の日付
17	姑の妹の誕生日	・朝食：雑穀のお粥、ゆで卵 ・昼食：飲食店に麺類を食べる ・夕食：飲食店に外食する	2017/12/10 日
18	冬至、水餃子を食べる	・朝食：元宵 ・昼食：水餃子（餡は豚ミンチ、ニンジンやパクチーで作ったものである） ・夕食：水餃子、小豆のお粥	2017/12/22 金
19	臘八粥を炊く ＊寝る前に臘八粥を炊く	この行事のみ、食事と関係ない	2018/1/23 火
20	立春	・朝食：大餅、煎り鶏卵、牛乳 ・昼食：家で春餅を食べる（おかずは干しキンシンサイ、キクラゲ、豚肉と春雨炒め、ニラと豚肉炒め、モヤシ炒め、ホウレンソウと豚肉炒め、鶏卵炒め、ソーセージである） ・夕食：残った春餅とおかず、カリフラワーとブロッコリーの和え物、ハクサイの和え物	2018/2/4 日
21	大晦日	・朝食：パン、ソーセージ、ピーナッツソース、牛乳 ・昼食：レタスや鶏卵のウドン ・夕食：姑の家で食事する	2018/2/15 木

付表—7　インフォーマントの購入した食材の種類及びその購入ルート

世帯番号	食材の購入ルートと主な種類
1	市場（行きつけのカウンターや八百屋）：野菜、肉類、水産物、調味料 スーパー：穀物、調味料、豚肉、および輸入品のサーモンやステーキ
2	市場（行きつけの露店・カウンター）：野菜、牛・羊肉（回族経営）、鶏卵、水産物 スーパー：豚肉、穀物、調味料 ネット通販：調味料（輸入品）
3	市場：野菜、牛・羊肉（回族経営）、鶏卵、水産物 スーパー：調味料、ステーキ（輸入品） 水産物の専門店：サーモン（輸入品） *穀物の入手は主に息子や息子嫁の職場から支給してもらう。
4	市場（行きつけのカウンター）：野菜、肉類、鶏卵、水産物 スーパー：穀物、調味料 ネット通販：水産物（旧正月お歳暮の詰め合わせ）
5	市場：野菜、鶏卵、水産物 スーパー：豚肉、穀物、調味料 豚肉の専門店：豚肉
6	市場（行きつけのカウンター）：野菜、豚肉、牛・羊肉（回族経営）、鶏卵、水産物、米 スーパー：小麦粉、調味料
7	市場：野菜、豚肉、鶏卵、水産物 コンビニ：調味料 *穀物の入手は末娘夫婦に購入してもらう
8	市場：野菜、鶏卵、水産物 スーパー：野菜、肉類、穀物、調味料
9	市場（行きつけのカウンター）：野菜、肉類、鶏卵、水産物 スーパー：穀物、調味料
10	市場：野菜、肉類、鶏卵、水産物 スーパー：穀物、調味料
11	市場（行きつけのカウンター）：野菜、豚肉、鶏卵、水産物 スーパー：野菜、穀物、調味料
12	市場：野菜、豚肉、牛・羊肉（回族経営）、鶏肉、鶏卵、水産物 スーパー：野菜、豚肉、穀物、調味料
13	市場：野菜、肉類、鶏卵、水産物 スーパー：穀物、調味料
14	*ほぼ全ての食材を、スーパーから購入する。
15	市場（行きつけのカウンター）：野菜、豚肉、牛・羊肉（回族経営）、鶏卵、水産物 スーパー：穀物、調味料 ネット通販：穀物、調味料 *二〇一〇年から郊外の市民農園入会した。ところが、二〇一六年から海外において長時間で滞在するために退会した。
16	市場：野菜、鶏卵、水産物 スーパー：豚肉、穀物、調味料
17	市場：野菜、牛・羊肉（回族経営）、鶏卵、水産物 スーパー：穀物、調味料 ネット通販：輸入品のステーキ、ハッシュドポテト
18	市場（行きつけのカウンターあるいは八百屋）：野菜、豚肉、鶏卵 スーパー：水産物、穀物、調味料

世帯番号	食材の購入ルートと主な種類
19	市場：野菜、鶏卵、水産物 スーパー：穀物、調味料 豚肉の専門店：豚肉
20	市場（行きつけの八百屋）：野菜、豚肉、鶏卵、穀物、調味料 ＊水産物の入手は姉に購入してもらう。
21	市場：野菜、牛・羊肉（回族経営）、水産物 スーパー：鶏卵、穀物、調味料 コンビニ：豚肉
22	最近の一、二年間は家で料理をあまり作らず、デリバリーサイトで注文する。 ＊時折食材を購入する場合、 市場（行きつけのカウンター）：野菜、豚肉、牛・羊肉（回族経営）、水産物
23	市場（行きつけの露店）：野菜、水産物 スーパー：野菜、鶏卵、穀物、調味料 豚肉の専門店：豚肉
24	市場（行きつけの露店あるいはカウンター）：野菜、肉類、鶏卵、水産物 スーパー：穀物、調味料
25	市場（行きつけの露店あるいはカウンター）：野菜、豚肉、鶏卵、水産物、穀物 スーパー：豚肉、穀物、調味料
26	市場：野菜、鶏卵、水産物、雑穀 スーパー：肉類、米、小麦粉、調味料 ネット通販：ステーキ（輸入品）

世帯番号	食材の購入ルートと主な種類
27	市場：野菜、肉類、鶏卵、水産物 スーパー：穀物、調味料
28	市場：野菜 スーパー：肉類、鶏卵、水産物、雑穀、調味料
29	＊被調査者の母が普段に買い物をしている。そのため、詳しい情報を取れない。
30	市場：野菜、牛・羊肉（回族経営）、鶏卵、水産物 スーパー：穀物、調味料 豚肉の専門店：豚肉
31	市場（行きつけのカウンター）：野菜、豚肉、牛・羊肉（回族経営）、鶏卵、水産物 スーパー：野菜、豚肉、穀物、調味料、および輸入品のステーキや水産物 ＊以前、ネット通販でステーキを購入していた。スーパーで購入できるから、スーパーから購入し始めた。 　また、二、三年前に市民農園入会した。しかし、収穫期に週一、二回で野菜を摘み取りに行くのは時間や人力の余裕がなかった。そのため、一年間の契約完了後に退会した。
32	市場：野菜、豚肉、鶏卵、水産物 スーパー：穀物、調味料
33	市場：牛・羊肉（回族経営） スーパー：野菜、鶏卵、水産物、穀物、調味料
34	市場（行きつけのカウンター）：野菜、肉類、鶏卵、水産物 スーパー：穀物、調味料

世帯番号	食材の購入ルートと主な種類
35	市場（行きつけの露店あるいは八百屋）：野菜、豚肉、鶏卵、水産物、穀物 スーパー：野菜、豚肉、鶏卵、水産物 ＊家族が料理店を経営するため、卸売市場から仕入れる。そのため、卸売市場から日常用の野菜や調味料を購入することが時折ある。
36	市場（行きつけの露店あるいは八百屋）：野菜、牛・羊肉（回族経営）、鶏卵、水産物、小麦粉 スーパー：調味料 ネット通販：米
37	市場（行きつけの露店あるいは八百屋）：野菜、豚肉、牛・羊肉（回族経営）、水産物 スーパー：調味料 ＊穀物の入手は娘夫婦に購入してもらう。
38	市場：野菜、豚肉、鶏卵、水産物 ＊穀物や調味料の入手は娘に購入してもらう。
39	＊年をとっているため、外で買い物をしない。主に子女、近隣や知り合いに食材を購入してもらう。
40	市場：野菜、肉類、鶏卵、水産物 スーパー：穀物、調味料
41	＊術後の回復中で、娘に買い物をしてもらう。
42	市場（行きつけの露店あるいはカウンター）：野菜、豚肉、鶏卵、水産物、穀物 スーパー：豚肉、穀物、調味料
43	市場：野菜、豚肉、鶏卵、水産物 スーパー：小麦粉、調味料 ネット通販：米

世帯番号	食材の購入ルートと主な種類
44	市場：野菜、鶏卵、水産物 スーパー：豚肉、穀物、調味料
45	市場：豚肉、牛・羊肉（回族経営）、鶏卵、水産物 スーパー：豚肉、穀物、調味料 ネット通販：輸入品の牛肉や水産物 ＊野菜の入手は主に別荘において自ら栽培する。時折、市場から購入する。
46	市場（行きつけのカウンターあるいは八百屋）：野菜、鶏卵、水産物 スーパー：穀物、調味料 豚肉の専門店：豚肉
47	市場（行きつけのカウンター）：野菜、豚肉、鶏卵、水産物 スーパー：肉類、穀物、調味料 ネット通販：穀物、調味料
48	市場（行きつけの露店あるいはカウンター）：野菜、豚肉、鶏卵、水産物、調味料 スーパー：小麦粉 ＊米の入手は夫の知り合いを通して東北地域から直接購入する。
49	市場（行きつけのカウンターあるいは八百屋）：野菜、鶏卵、水産物、穀物 スーパー：調味料 肉類の専門店：豚肉、輸入品の牛肉
50	市場：野菜、牛・羊肉（回族経営）、水産物 スーパー：穀物、調味料
51	市場：野菜、肉類、鶏卵、水産物 スーパー：穀物、調味料

世帯番号	食材の購入ルートと主な種類
52	市場：野菜、鶏卵 スーパー：調味料 豚肉・穀物の専門店：豚肉、穀物 ＊水産物の入手は息子に購入してもらう。
53	市場（行きつけの露店あるいはカウンター）：野菜、牛・羊肉（回族経営）、鶏卵、水産物 スーパー：穀物、調味料 豚肉の専門店：豚肉
54	＊夫婦共働きのため、買い物の時間があまりない。普段は妻の母に買い物をしてもらう。時折、妻は市場から野菜や牛・羊肉（回族経営）を購入する
55	市場：野菜、鶏卵、水産物 スーパー：野菜、豚肉、鶏卵、タチウオ、穀物、調味料 ネット通販：牛・羊肉、輸入品のエビ
56	市場（行きつけのカウンター）：野菜、鶏卵、水産物 スーパー：野菜、肉類、鶏卵、穀物、調味料 ネット通販：調味料 市民農園：野菜 ＊時折、卸売市場からカニ、シャコやエビなどの水産物を購入する。

世帯番号	食材の購入ルートと主な種類
57	市場（行きつけの八百屋）：野菜、肉類、鶏卵、穀物、調味料 スーパー：肉類、水産物、食用油
58	市場：野菜、牛・羊肉（回族経営）、鶏卵、水産物 スーパー・穀物、調味料
59	市場：野菜、豚肉、牛・羊肉（回族経営）、鶏卵、水産物 スーパー：穀物、調味料
60	市場：野菜、鶏卵、水産物 スーパー：穀物、調味料 豚肉の専門店：豚肉
61	＊現住所は新築団地であるため、周りの市場やスーパーは建設中である。普段は娘に買い物をしてもらう。
62	＊普段は経営する飲食店において日常食をとっている。主に卸売市場から食材を購入する。

付録2　年表

年表―1　老婦人Z

○歳	一九三六年	天津市F区梁家嘴地域に、五人兄弟の三人目、次女として生まれる
八歳	一九四四年	F区十三小学校に入学する
十四歳	一九五〇年	天津中西女中に入学する
十六歳	一九五二年	華北後勤職工子弟学校に教師として就職する 就職先が自宅から遠いため、寮に寄宿する
二十歳	一九五六年	天津出身の夫と結婚する（結婚後、夫が北京に単身赴任をする） Zは嫁ぎ先（A区）の一階の部屋で住む、当時嫁ぎ先で同居する家族メンバーはZと夫の祖母や両親、姪（姉の娘）、甥（妹の息子）を含む六人
二十一歳	一九五七年	長女が誕生する ※夫の祖母が他界する
二十四歳	一九六〇年	息子Lが誕生する 夫が天津に転職してくる ※夫の末の弟が結婚する 夫が両親と分家する、夫婦は一階の部屋で住む
二十六歳	一九六二年	夫が近郊において長時間の政治運動に参加する 夫の甥（末の弟の息子）が誕生する
三十歳	一九六六年	末娘が誕生する
三十一歳	一九六七年	人民公園小学校に転勤する 姑が他界する ※夫の末の弟が他界する

三十二歳	一九六八年	夫が天津の物資局に転勤する 夫の末の弟の妻が再婚して、別居する 夫婦は舅との分家の状態を終わらせる
	一九七〇年	夫の姪が下放される
	一九七一年	夫の甥（末の弟の息子）が継父の家に引越しする
	一九七二年	十五歳の長女が紡績工場に就職する
	一九七四年	夫の姪が下放地から戻る
	一九七五年	夫の甥（妹の息子）が「運輸廠」に運転手として就職する
	一九七六年	夫の姪が結婚して別居する
	※一九七〇年代中期	夫が天津都市部の石油供給の管理勤務を担当する
	一九七九年	夫の甥（末の弟の息子）が継父の家から戻る
	一九八二年	夫の甥（妹の息子）、長女が相次いで結婚して別居する
四十七歳	一九八三年	舅が他界する 夫婦は嫁ぎ先の二階の部屋に住むことになる
	一九八四年	息子Lが結婚して別居する
	一九八五年	孫（息子の息子）が誕生する
五十五歳	一九九一年	定年退職になるが、勤務が四年間延長する（中国語で「補差」と呼ぶ）
五十八歳	一九九四年	夫と新たな住所（A区）に引越しする 末娘が結婚して別居する 夫の甥（末の弟の息子）が別居する
五十九歳	一九九五年	延長勤務が終了、すでに退職する
七十一歳	二〇〇七年	夫が他界する
八十二歳	二〇一八年	現在、末娘夫婦に世話をしてもらいながら、一人暮らしの生活を送る

※は年代を特定できないことを示している

年表―2　老婦人の息子L

○歳	一九六〇年	天津市A区小白樓地域に、三人兄弟の二人目、長男として生まれる
三歳	一九六三年	天津市市委幼稚園に入園する 月曜日から土曜日までに幼稚園に寄宿する
八歳	一九六八年	天津市浙江路小学に入学する
十三歳	一九七三年	天津市南海路中学に入学する
十七歳	一九七七年	天津市工芸美術学校に入学する
二十歳	一九八〇年	天津城市職業学院に社会人向けの四年間の大学コースに入学する 同校に就職する
二十四歳	一九八四年	天津にある移民家庭の出身である妻と結婚する 妻とともに天津市B区に引越しする
二十五歳	一九八五年	息子が誕生する
	※一九九〇年代初期	美術関係の副業をする
四十九歳	二〇〇九年	妻とともに天津市G区に引越しする
五十五歳	二〇一五年	本業の勤務を復職する それと同時に、副業もしている
五十八歳	二〇一八年	退職した妻とともに暮らす 学期内に授業の勤務をしながら、美術関係の副業を行う

※は年代を特定できないことを示している

年表―3　息子の妻S

〇歳	一九六一年	北京市に長女として誕生する 同年に両親と天津に移籍し、D区に入居する
四歳	一九六五年	幼稚園日中預かりに入園する
七歳	一九六八年	小学校に入学する
十三歳	一九七四年	中学校に入学する
十六歳	一九七七年	高校に入学する
十八歳	一九七九年	高校二年生の時に、病気になった母親の退職のために、母親の職場に就職する
二十三歳	一九八四年	天津地元家庭の出身である夫と結婚する 夫とともに天津市B区に引越しする
二十四歳	一九八五年	息子が誕生する
	※一九九〇年代初期	職場で上納利潤額の請負制が導入されるとともに、Sは昼間の勤務時間を自ら管理できるようになる（年度分の利潤額を夫に上納してもらう）
	※二〇〇〇年代初期	Sは一人息子と夫の世話に専念するため、昼間のすべての勤務を自らやめて、専業主婦になる（ただし、職場に在籍している）
	二〇〇三年以降に	息子は大学・大学院に進学するため、家から出ることになる
四十八歳	二〇〇九年	夫とともに天津市G区に引越しする
五十五歳	二〇一六年	退職する
五十七歳	二〇一八年	夫とともに二人で暮らす

※は年代を特定できないことを示している

参考文献

【日文文献】
朝倉敏夫
二〇〇〇「韓国の食事の場にみられる老若・男女の空間分離」、竹井恵美子（編）『食とジェンダー』、第六四―八一頁、東京：ドメス出版。
池上彰英
一九九四「中国における食糧システムの転換」、『農業総合研究』四八（二）、第一―五二頁。
石毛直道
一九八〇「なぜ食の文化なのか」、石毛直道（編）『人間・たべもの・文化』、第九―三三頁、東京：平凡社。
一九八一「食の文化――世界の中の東アジア」、石毛直道（編）『東アジアの食の文化』、第一三―四〇頁、東京：平凡社。
一九九二「食事における享楽と禁欲の思想」、熊倉功夫、石毛直道（編）『食の思想』、第二一七―二二九頁、東京：ドメス出版。
一九九四「食文化変容の文明論」、田村眞八郎、石毛直道（編）『国際化時代の食』、第一九三―二一〇頁、東京：ドメス出版。
一九九五「都市化と食事文化」、高田公理、石毛直道（編）『都市化と食』、第一八九―二〇四頁、東京：ドメス出版。
石毛直道・井上忠司（編）
一九九一『現代日本における家庭と食卓――銘々膳からチャブ台へ』（国立民族学博物館研究報告別冊16）、大阪：国立民族学博物館。
宇田川妙子
一九九二「『スパゲッティ』とイタリア――『食』に関する人類学的考察の試み」、『国際関係学部紀要』（九）、第四三―五九頁。
内田知行
一九九〇「戸籍管理・配給制度からみた中国社会――建国―一九八〇年代初頭」、毛里和子（編）『毛沢東時代の中国』、第

二五八―二九〇頁、東京：日本国際問題研究所。
内山完造
一九七九「中国の子供」、『中国人の生活風景――内山完造漫語』、第四二―四八頁、東京：東方書店。
賈蕙萱・石毛直道
二〇〇〇『食をもって天となす――現代中国の食』、東京：平凡社。
何彬
二〇〇四「儀礼食・節句食のシンボリズムとアイデンティティ――中国北方漢族の場合」、國學院大学日本文化研究所（編）『東アジアにみる食とこころ――中国・台湾・モンゴル・韓国・日本』、第三一―三七頁、東京：おうふう。
清水盛光
一九四二『支那家族の構造』、東京：岩波書店。
韓敏
一九九七「漢族の女性――天の半分を支える」、綾部恒雄（編）『女の民族誌1――アジア篇』、第一三―三八頁、東京：弘文堂。
一九九九「人類学のフィールドワークで出会った『衣・食』民俗」、『中国21』（六）、第一〇九―一二四頁。
二〇〇九「序論「中国の社会変化と再構築――革命の実践と表象の視座」」、韓敏（編）『革命の実践と表象――現代中国への人類学的アプローチ』、第一―一五頁、東京：風響社。
河合利光
二〇一一「食とコミュニケーション」、河合利光（編）『世界の食に学ぶ：国際化の比較食文化論』、第三三―五一頁、東京：時潮社。
金光億
二〇一九「国家・社会の関係から文化の政治学を考察する――中国における人類学的研究の外観」（奈良雅史訳）、韓敏（編）『家族・民族・国家――東アジアの人類学的アプローチ』、第二五九―二八四頁、東京：風響社。
小長谷有紀
二〇一〇「序」、小長谷有紀、川口幸大、長沼さやか（編）『中国における社会主義的近代化――宗教・消費・エスニシティ』、第ⅰ―xiii頁、東京：勉誠出版。
櫻田涼子・稲澤努・三浦哲也（編）
二〇一七『食をめぐる人類学――飲食実践が紡ぐ社会関係』、京都：昭和堂。
周達生

一九八九『中国の食文化』、東京：創元社。
杉田浩一・石毛直道
一九九七『日本の食・100年〈つくる〉』、東京：ドメス出版。
瀬川昌久
二〇一七「死者への供食、死者との共食――香港新界の儀礼にみる関係性の維持と断絶」、櫻田涼子、稲澤努、三浦哲也（編）『食をめぐる人類学――飲食実践が紡ぐ社会関係』、第二四―四五頁、京都：昭和堂。
園田茂人
二〇〇一『中国人の心理と行動』、東京：日本放送出版協会。
高谷紀夫・沼崎一郎
二〇一二「序章」、高谷紀夫、沼崎一郎（編）『つながりの文化人類学』、第九―三一頁、仙台：東北大学出版会。
高田公理
一九九四「情報化と食の文化」、井上忠司（編）『食の情報化』、第二四三―二六一頁、東京：農山漁村文化協会。
天津地域史研究会（編）
一九九九『天津史――再生する都市のトポロジー』、東京：東方書店。
中村喬
一九九三『中國歳時史の研究』、京都：朋友書店。
西澤治彦
一九八四「米国における中国食物史研究の動向―― Food in Chinese Culture の評価をめぐって」、『風俗：日本風俗史学会会誌』二三、第一五―二四頁。
一九九〇「中国の食事作法とその思想」、井上忠司、石毛直道（編）『食事作法の思想』、第三九―五五頁、東京：ドメス出版。
二〇〇九『中国食事文化の研究――食をめぐる家族と社会の歴史人類学』、東京：風響社。
野林厚志
二〇〇〇「『悪い魚』と『真の魚』――台湾ヤミの魚食における食物規制」、竹井恵美子（編）『食とジェンダー』、第四六―六三頁、東京：ドメス出版。
林滋子
一九八六『中国・忘れえぬ日々』、東京：亜紀書房。

費孝通
二〇一九［一九四八］『郷土中国』（西澤治彦訳）、東京：風響社。
フィールドハウス、ポール
一九九一『食と栄養の文化人類学——ヒトは何故それを食べるか』（和仁皓明訳）、東京：中央法規。（Fieldhouse, P. 1986. *Food and Nutrition: Customs and Culture*. London ; Dover, N.H. : Croom Helm.）
ミンツ、シドニー・W
一九八八『甘さと権力：砂糖が語る近代史』（川北稔、和田光弘訳）、東京：平凡社。（Mintz, S. W. 1985. *Sweetness and Power : the Place of Sugar in Modern History*. New York:Viking.）
山田七絵
二〇一一「中国におけるコミュニティ支援型農業（Community supported agriculture）の広がり——北京市小毛驢市民農園の事例（特集 中国農業の持続可能性）」、『アジ研ワールド・トレンド』一七（一〇）、第三一—三五頁。

【中文文献】
陳衛民（編）
二〇〇四『天津的人口変遷』、天津：天津古籍出版社。
陳運飄・孫簫韻
二〇〇五「中国飲食人類学初論」、『広西民俗研究』二〇〇五（三）、第四七—五三頁。
仇潤喜（編）
二〇〇四『郵筒里的老天津』、天津：天津楊柳青画社。
鄧慶瀾（編）
一九三五『天津市工業統計 第二次』、天津：天津市社会局。
耿忱
一九九八「六十年代初天津市開放攤販市場的前前後後」、中国人民政治協商会議天津市委員会文史資料委員会（編）『天津文史資料選輯』（第七十九輯）、第一一八—一二六、一一〇頁、天津：天津人民出版社。
費孝通
一九八三「家庭結構変動中的老年贍養問題——再論中国家庭結構的変動」、『北京大学学報（哲学社会科学版）』二〇（三）、第六―一五頁。
馮華年
一九八五［一九四七］『郷土中国』、北京：生活・読書・新知三聯書店。
二〇〇四［一九三二］「民国16年至17年天津手芸工人家庭生活調査之分析」、李文海（主編）『民国時期社会調査叢編》城市（労工）生活卷（上）、第四五九―四九八頁、福州：福建教育出版社。
付燕鴻
二〇一三『窩棚中的生命――近代天津城市貧民階層研究（1860-1937）』、太原：山西人民出版社。
国家統計局天津調査總隊
二〇一六「天津市居民網購調査報告」（http://www.tjdczd.gov.cn/dcfw/system/2016/04/22/010001573.shtml、最終閲覧日二〇一九年五月三十一日）
郭立珍
二〇一一「近代天津居民飲食消費変動及影響探究――以英斂之日記為中心」、『歴史教学（下半月刊）』二〇一一（三）、第二〇―二六頁。
韓敏
二〇〇七『回応革命与改革――皖北李村的社会変遷与延続』（陸益龍、徐新玉訳）、南京：江蘇人民出版社。
二〇一七「日本的食文化的展示与研究――以日本国立民族博物館為例」、万建中（編）『第二届中国食文化研究論文集』、第一七―二八頁、北京：中国軽工業出版社。
河合洋尚・劉征宇（編）
二〇一八『社会主義制度下的中国飲食文化与日常生活』、国立民族学博物館調査報告144、大阪：国立民族学博物館。
尖山街調査組
一九八五「天津市尖山街紅星二委家庭状況的調査」、五城市家庭研究項目組（編）『中国城市家庭――五城市家庭調査報告及資料匯編』、第五七―九六頁、済南：山東人民出版社。
李競能（編）
一九九〇『天津人口史』、天津：南開大学出版社。
李哲敏
二〇〇七「近50年中国居民食物消費与営养発展的変化特点」、『資源科学』二九（一）、第二七―三五頁。

劉金明
　二〇〇七「天津歴史文化発展中的回族因素」、『黒竜江民族叢刊』（三）、第八四―八七頁。
劉明
　一九九九「対我市中外資連鎖超市発展問題的思考」、『天津商務職業学院学報』（一）、第一四―一五頁。
劉英
　一九八六「京津沪寧蓉五城市家庭調査初析」、『社会学研究』一九八六（四）、第七六―八五頁。
劉征宇
　二〇一八「毛沢東時代下的食物供応与日常生活――以天津城市居民的蔬菜消費為例」、河合洋尚、劉征宇（編）『社会主義制度下的中国飲食文化与日常生活』、第六九―八八頁、大阪：国立民族学博物館。
羅澍偉
　二〇一八「享誉華夏的天津近代西餐業」（https://mp.weixin.qq.com/s/ewvGbtiNL90CC2mVAb1biw、最終閲覧日二〇一九年八月二十七日）
羅澍偉（編）
　一九九三『近代天津城市史』、北京：中国社会科学出版社。
彭兆荣
　二〇一三「中国飲食的人類学研究概貌」、彭兆栄『飲食人類学』、第五〇―六四頁、北京：北京大学出版社。
濮文起・莫振良
　二〇〇四「天津宗教的歴史与現状」、『世界宗教研究』（二）、第九八―一〇七頁。
Sabban, Francoise
　二〇一四「近百年中国飲食史研究総述（1911–2011）」（董子云訳）、趙栄光、邵田田（編）『健康与文明―第三届亜洲食学論壇（二〇一三紹興）論文集』、第一―一三頁、杭州：浙江古籍出版社。
阮丹青・周路・布労（P. M. Blau）・魏昂徳（A.G. Walder）
　一九九〇「天津城市居民社会網初析――兼与美国社会網比較」、『中国社会科学』一九九〇（二）、第一五七―一七六頁。
唐江月
　二〇〇六「飲食類電視節目大有可為」、『声屏世界』二〇〇六（一一）、第一〇頁。
湯水清

二〇〇八『上海粮食計画供応与市民生活（1953-1956）』、上海：上海辞書出版社。

万建中・李明晨
二〇一三『中国飲食文化史——京津地区巻』、北京：中国軽工業出版社。

魏東波（編）
一九八五『天津地方誌考略』、長春：吉林省図書館学会。

仵宗卿・柴彦威・張志斌
二〇〇〇「天津市民購物行為特征研究」、『地理科学』一三（六）、第五三四—五三九頁。

徐吉軍・姚偉鈞
二〇〇〇「二十世紀中国飲食史研究概述」、『中国史研究動態』二〇〇〇（八）、第一二—一八頁。

許静・李揚・郭麗霞
二〇一四「食品安全風険交流視域下的媒体話語分析——以央視『毎週質量報告』相関調査節目為例」、『中国食品衛生雑誌』二六（二）、第一八九—一九二頁。

厳昌洪
一九九二『中国近代社会風俗史』、杭州：浙江人民出版社。

楊大辛（編）
二〇〇四『天津的九国租界』、天津：天津古籍出版社。

楊美恵
二〇〇五『礼物、関係学与国家——中国人際関係与主体建構』（趙旭東、孫珉訳）、台北：南天書局。（Yang, M. M.. 1994. *Gifts, Favors, and Banquets: The Art of Social Relationships in China.* Ithaca, N.Y.: Cornell University Press.）

張展鴻
二〇〇八「飲食人類学」、招子明等（編）『人類学』、第二四〇—二五四頁、北京：中国人民大学出版社。

趙栄光
二〇一五「20世紀80年代以来中国大陸食学研究歴程」、『社会システム研究 特集号』、第三九—四七頁。

趙煒・何宏
二〇一〇「国外対中国飲食文化的研究」、『揚州大学烹飪学報』二〇一〇（四）、第一—八頁。

【英文文献】

Anderson, E. N.

1988 *The Food of China*. New Haven: Yale University Press.

Badica, Simina

2012 Eating Well in Times of Scarcity: Reactions, Perceptions, and Negotiation of Shortages in 1980s' Romania. In D. Kola（ed.）*Negotiating Normality: Everyday Lives in Socialist Institutions*, pp.121–149, New Brunswick ; London : Transaction Publishers.

Brown, Jeremy

2012 *City versus Countryside in Mao's China: Negotiating the Divide*. New York: Cambridge University Press.

Caldwell, Melissa L.（ed.）

2009 *Food & Everyday Life in the Postsocialist World*. Bloomington, Ind. : Indiana University Press.

Caldwell, Melissa L.

2009 Introduction: Food and Everyday Life after State Socialism. In M. L. Caldwell（ed.）*Food & Everyday Life in the Postsocialist World*, pp. 1–28, Bloomington, Ind. : Indiana University Press.

Chang, K. C.

1977 Introduction. In K. C. Chang（ed.）*Food in Chinese Culture: Anthropological and Historical Perspectives*, pp. 1–21, New Haven: Yale University Press.

Chang, K. C.（ed.）

1977 *Food in Chinese Culture: Anthropological and Historical Perspectives*. New Haven: Yale University Press.

Croll, Elisabeth

1983 *The Family Rice Bowl: Food and Domestic Economy in China*. Geneva, Switzerland: United Nations Research Institute for Social Development.

Douglas, Mary

1982 Food as a System of Communication（reported in 1973）. In *In the Active Voice*, pp.82–124, London ; Boston : Routledge & K. Paul.

Goody, Jack

1982 *Cooking, Cuisine and Class: A Study in Comparative Sociology*. New York: Cambridge University Press.

Guo, Yuhua

2000 Food and Family Relations: The Generation Gap at the Table. In J. Jing (ed.) *Feeding China's Little Emperors: Food, Children, and Social Change,* pp. 56–73, Stanford, Ca.: Stanford University Press.

Hershatter, Gail

1986 *The Workers of Tianjin, 1900–1949.* Stanford, Calif. : Stanford University Press.

Hu, Teh-wei, Bai, Jushan and Shi, Shuzhong

1987 Household Expenditure Patterns in Tianjin, 1982 and 1984. *The China Quarterly* (110) :179–195.

Jankowiak, William

2009 Practicing Connectiveness as Kinship in Urban China. In S. Brandtstädter and G. D. Santos (ed.) *Chinese Kinship: Contemporary Anthropological Perspectives*, pp.67–91, London : Routledge, Taylor & Francis Group.

Jing, Jun

2000 Introduction: Food, Children, and Social Change in Contemporary China. In J. Jing (ed.) *Feeding China's Little Emperors: Food, Children, and Social Change*, pp. 1–26, Stanford, Ca. : Stanford University Press.

Jing, Jun (ed.)

2000 *Feeding China's Little Emperors: Food, Children, and Social Change*. Stanford, Ca. : Stanford University Press.

Klatt, W.

1977 Cost of Food Basket in Urban Areas of the People's Republic of China. *The China Quarterly* (70) : 407–408.

Klein, Jakob. A.

2007 Redefining Cantonese Cuisine in Post-Mao Guangzhou. *Bulletin of the School of Oriental and African Studies* 70 (3) : 511–537.

2014 Connecting with the Countryside? "Alternative" Food Movements with Chinese Characteristics. In Y. Jung, J. A. Klein and M. L. Caldwell (ed.) *Ethical Eating in the Postsocialist and Socialist World*, pp.116–143, Berkeley : University of California Press.

2015 Eating Green: Ecological Food Consumption in Urban China. In K. O. Kim (ed.) *Re-Orienting Cuisine: East Asian Foodways in the Twenty-First Century*, pp.238–262, New York: Berghahn Books.

Lang, Olga

1946 *Chinese Family and Society.* New Haven : Yale University Press.

Ledeneva, Alena V.

1998 *Russia's Economy of Favours: Blat, Networking and Informal Exchange.* Cambridge; New York: Cambridge University Press.

Liu, Zhengyu

2019 Western Cuisine Culture in Contemporary China: A Case Study on Haute French Cuisine in High-class Hotels and Restaurants in Urban Tianjin. In K. Ikeya（ed.）*The Spread of Food Cultures in Asia*（Senri Ethnological Studies 100）, pp. 159–171, Suita: National Museum of Ethnology.

Messer, Ellen

1984 Anthropological Perspectives on Diet. *Annual Review of Anthropology* 13: 205-249.

Mintz, Sidney W. and Du Bois, Christine M.

2002 The Anthropology of Food and Eating. *Annual Review of Anthropology* 31: 99–119.

Patico, Jennifer and Caldwell, Melissa L.

2002 Consumers Exiting Socialism: Ethnographic Perspectives on Daily Life in Post-Communist Europe. *Ethnos* 67（3）: 285–294.

Skinner, G. William

1978 Vegetable Supply and Marketing in Chinese Cities. *The China Quarterly* 76:733–793.

Swislocki, Mark

2009 *Culinary Nostalgia: Regional Food Culture and the Urban Experience in Shanghai*. Stanford: Standford University Press.

Vogel, Ezra F.

1965 From Friendship to Comradeship: The Change in Personal Relations in Communist China. *The China Quarterly*（21）: 46–60.

Waston, James L.（ed.）

1997 *Golden Arches East: McDonald's in East Asia.* Calif.: Stanford University Press.

Yan, Yunxiang

1997 McDonald's in Beijing: The Localization of Americana. In J. L. Watson（ed.）*Golden Arches East: McDonald's in East Asia,*

pp. 39–76. Stanford, Calif. : Stanford University Press.
2000　Of Hamburger and Social Space: Consuming McDonald's in Beijing. In D. S. Davis (ed.) *The Consumer Revolution in Urban China*, pp. 201-225, Berkeley: University of California Press.
2009　The Politics of Consumerism. In *The Individualization of Chinese Society*, pp. 207–241. Oxford : Berg.
2015　From Food Poisoning to Poisonous Food: The Spectrum of Food-Safety Problems in Contemporary China. In K. O. Kim（ed.）*Re-Orienting Cuisine: East Asian Foodways in the Twenty-First Century*, pp. 263–286, New York: Berghahn Books.

【歴史資料】

（1）正史

宋濂
（明）『元史』全十五冊、北京：中華書局、一九七六年。

（2）公文書

陳雲
一九五七「一定要把蔬菜供応問題解決好」、『陳雲文選（第三巻）』（一九九五年第二版）、第六四―六七頁、北京：人民出版社。

公安部政策法律研究室（編）
一九八〇『公安法規匯編：1950-1979』、北京：群衆出版社。

国務院
一九五五「市鎮糧食定量供応暫行弁法」、『人民日報』一九五五年八月二五日、第二版。

天津市第三商業局
一九六〇「天津市第三商業局 1960 年春節供応安排方案」、一九六〇年一月五日。（天津檔案網 http://www.tjdag.gov.cn/tjdag/wszt/zdzs/bjdazsdqz/5982367/index.html、最終閲覧日二〇一八年六月十一日）

天津市商務委市場建設處
二〇一三「天津市標準化菜市場建設管理導則（試行）」（http://www.tjcoc.gov.cn/html/2013/zhengcefagui_1107/36627.html、最終閲覧日二〇一七年十一月十三日）

中国食品報社・科技市場報社（編）

一九八三『中国食品衛生法匯編』、北京：中国標準出版社。

（3）地方誌
東亜同文会（編）
一九〇七『支那経済全書（第一輯）』、東京：東亜同文会。
一九二〇『支那省別全誌（第一八巻・直隷省）』、東京：東亜同文会。
清国駐屯軍司令部（編纂）
一九〇九『天津誌』、東京：博文館（近代中国都市案内集成第一九巻、吉澤誠一郎監修・解説、東京：ゆまに書房、二〇一二年）。
天津市地方志編修委員会（編著）
一九九四『天津通志・商業志（糧食巻）』、天津：天津社会科学院出版社。
二〇〇一『天津通志・人事志』、天津：天津社会科学院出版社。
二〇〇一『天津通志　旧志点校巻』（上、中、下）、天津：天津社会科学院出版社。
天津市地方志編修委員会辦公室・天津二商集団有限公司（編著）
二〇〇五『天津通志・二商志』、天津：天津社会科学院出版社。
宋蘊璞
一九三一『天津誌略』、北京：蘊興商行。
呉惠元（修）、蔣玉虹、兪樾（纂）
一八七〇『続天津県志』（李福生校、天津市地方志編修委員会編『天津通志　旧志点校巻』（中）、第二五五―四九一頁、天津：天津社会科学院出版社、二〇〇一年）。
張志奇、朱奎揚（主裁）、呉廷華等（集）
一七三九『天津県志』（李福生校、天津市地方志編修委員会編『天津通志　旧志点校巻』（中）、第一―二五四頁、天津：天津社会科学院出版社、二〇〇一年）。

（4）統計年鑑
天津市統計局（編）
一九九一『天津統計年鑑 1991』、北京：中国統計出版社。

一九九九『天津統計年鑑 1999』、北京：中国統計出版社。
二〇一二『天津統計年鑑 2012』、北京：中国統計出版社。
二〇一四『天津統計年鑑 2014』、北京：中国統計出版社。

（5）紀行・案内記

甘眠羊（編）
一九二七『新天津便覧』、天津：絳雪斎書局。
燕帰来簃主人（張次溪）
一九三六『天津遊覧誌』、北京：中華印書局。
羊城旧客
一八九八『津門紀略』（天津風土叢書、未新夏主編・張守謙点校、天津：天津古籍出版社、一九八八年）。

（6）新聞記事

「售貨員馬玉蘭公正熱心」、『人民日報』、一九六二年一月二四日、第二版。
単煒煒
二〇一六「尋味津城之天津大白菜」、『毎日新報』、二〇一六年九月一〇日第八版。
張瑩
二〇〇九「天津人均網購 消費 828 元 居全国第二」、『毎日新報』、二〇〇九年三月三一日第一〇版。

【事典】

天児慧 ほか（編著）
一九九九『岩波現代中国事典』、東京：岩波書店。

【付録】

写真図表一覧

な

は

ま

や

ら

わ

中国語の語彙

（日本の漢字読み 50 音順）

ナ

タ

サ

索　引

（➡：中国語語彙参照）

著者紹介

劉征宇（りゅう　せいう・LIU Zhengyu）

1985年、中国天津市生まれ。

2020年、総合研究大学院大学文化科学研究科博士後期課程修了。博士（文学）。

専攻は文化人類学、食文化研究、中国及び東アジア地域研究。

現在、国立民族学博物館外来研究員、龍谷大学非常勤講師、アジア食学学会（The Society of Asian Food Studies）副事務総長。

編著として、『社会主義制度下的中国飲食文化与日常生活』（国立民族学博物館、2018年、共編）、論文として、「食のドキュメンタリーから美食のショートビデオへ：中国における食文化発信の多元化」（『中国21』56号、2022年）、「現代中国の食を対象とする研究の動向」（『立命館食科学研究』4巻、2021年）、「Western Cuisine Culture in Contemporary China : A Case Study on Haute French Cuisine in High-class Hotels and Restaurants in Urban Tianjin」（*The Spread of Food Cultures in Asia* (Senri Ethnological Studies No. 100), edited by Kazunobu Ikeya, National Museum of Ethnology, 2019）など。

天津市民の食生活　社会主義制度下の歴史人類学

2025年3月20日　印刷
2025年3月30日　発行

著者　劉　征宇
発行者　石井　雅
発行所　株式会社　風響社

東京都北区田端4-14-9（〒114-0014）
Tel 03(3828)9249　振替 00110-0-553554
印刷　モリモト印刷

ISBN978-4-89489-047-3 C3039